이재명 시대
파워엘리트

새 정부를 이끌 인물 140명 심층분석

이재명 시대
파워엘리트

매일경제신문 정치부 지음

매일경제신문사

책을 내면서

이재명 더불어민주당 후보가 대한민국 21대 대통령에 당선되며 새로운 시대의 문이 열렸습니다.

20대 대선에서 0.73%포인트 차이로 윤석열 전 대통령에게 석패했던 그는 휴지기 없이 재보궐선거를 통해 국회의원으로 정치에 복귀했습니다. 당 대표를 연임하며 민주당을 리모델링하고, 21대 대선 준비에도 일찌감치 착수했습니다. 사법 리스크가 그의 어깨를 짓눌렀지만 예상 밖에 일찍 찾아온 재도전의 기회를 놓치지 않았습니다.

2024년 12월 3일 밤 비상계엄으로 시작된 정국의 변화는 2025년 4월 4일 윤 전 대통령 파면, 6월 3일 대통령 선거로 이어졌습니다. 민주당에 절대적으로 유리한 선거 구도로 보였지만 크고 작은 변수가 발생했습니다.

하지만 이재명 대통령 특유의 돌파력, 민주당의 단결력, 진보 지지층의 결집력으로 끝내 대선 승리를 쟁취했습니다. 민주당으로선 불과 3년 만의 정권 탈환입니다.

이 대통령은 잘 알려진 대로 어린 시절 신산한 삶을 살았습니다. 중학교조차 다닐 수 없었던 어려운 가정 형편으로 인해 '소년공'이 됐습니다. 그러나 중앙대학교에 장학생으로 입학하고, 사법시험에 합격하며 인생 경로를 스스로 바꿨습니다. 정치도 중앙이 아니라 변방에서 시작했습니다. 성남시장과 경기도지사를 차근차근 거치며 대통령까지 오른 정치 역정은 놀랍습니다. 주변 사람들이 이 대통령을 노회한 정치인이 아니라 유능한 행정가라고 평가하는 이유일 것입니다.

하지만 그의 짧았던 '여의도 정치'는 상반되는 평가를 남겼습니다. 지난 정부에서 민주당의 행보는 진영 대결을 완화하기보다 오히려 강화했다는 비판을 새겨야 합니다. 국민의 피와 눈물로 힘겹게 쌓아 올린 한국 민주주의는 불법 계엄 사태로 흔들렸습니다. 헌정사상 두 번째 대통령 탄핵과 조기 대선을 거치며 겨우 고비를 넘었습니다.

민주주의 원리가 제대로 작동하고, 시장경제가 마음껏 꽃피우는 선진국을 만들어 후손에게 물려주는 일은 이제부터가 시작입니다.

많은 사람이 '코리아 피크'를 말합니다. 지금이 역사상 가장 잘사는 순간이고, 앞으로는 내리막길만 남았다는 비관론입니다.

하지만 역사의 길은 비관론자가 아니라 낙관론자가 만들어갑니다. 도널드 트럼프 미국 대통령이 세계의 기존 질서를 뒤흔드는 것은 한국에 오히려 기회가 될 수 있습니다. 지체됐던 산업구조 개혁을 서둘러 새로운 먹거리를 준비하고, 사회 곳곳에 방치돼 있는 비효율을 제거해야 합니다. 무엇보다 논리보다 감정에 치우친 진영 간 증오를 줄여나가야 합니다. 소모적인 정쟁을 줄일 제도적 개혁도 필요합니다.

이런 과제는 이 대통령 혼자만의 몫은 아닐 것입니다. 수많은 강호의 인재가 진영을 떠나 새 정부를 도울 때 비로소 가능해집니다.

'진짜 대한민국'을 외친 이재명 시대에는 '진짜 인재'가 등용돼야 합니다. 이 대통령 측근 인사에 대한 분석과 검증이 첫 단추입니다.

대통령실과 행정부처 곳곳에 포진할 이재명의 사람들, 그리고 국회에 남아 행정부를 뒷받침할 사람들은 누구일까요.

이 대통령의 인맥은 '동심원'을 연상케 합니다. 그를 중심에 두고 여러 개의 원이 새롭게 만들어지고 또 합쳐지기도 했습니다.

성남과 경기도 인맥이 첫 번째 원입니다. 이 대통령이 성남시장과 경기도지사를 거치는 동안 지근거리에서 보좌했던 심복들입니다.

이 대통령이 중앙정치에 입문할 때부터 그를 도운 7인회, 당 대표가 되면서 지도부로 함께 일한 이른바 신명(新明)계, 기초단체장 출신 정치인 모임인 KDLC 인맥, 외곽에서 정책 자문을 해온 전문가 그룹까지 다양한 동심원이 만들어졌습니다. 대선후보가 된 뒤로는 계파에 상관없이 능력 있는 원내 인사들을 대거 중용했습니다. 학연이나 지연을 떠나 개개인의 능력을 검증한 뒤 적재적소에 기용하는 것이 이 대통령의 인사 스타일입니다. 출신보다 실력을 중시하고, 기능 중심으로 인재풀을 세분화하는 용인술입니다. 이 대통령은 중도보수 진영까지 시야를 넓혀 인재를 두루 발탁하겠다고 말해왔습니다. 새 정부가 부디 진영에 함몰되지 않고 최고의 인재를 기용하기를 기대합니다.

매일경제신문은 1998년 국내 언론사 중 최초로 대통령 당선인의 인맥을 심층 분석한 'DJ시대 파워엘리트'를 출간했습니다. 이후 노무현, 이명박, 박근혜, 문재인, 윤석열을 거쳐 이재명 시대까지 그런 노력은 계속됐습니다. 인터넷 검색을 넘어 생성형 인공지능(AI)까지 등장한 시대에 인물을 분석한 책을 계속 내놓는 이유는 분명합니다. 역사의 기록물이자 한 번에 읽는 인맥 지침서라는 가치는 유효하기 때문입니다. 이 대통령의 사진은 사진부가 협조해주셨고, 교열은 교열부에서 도와주셨습니다. 책 디자인과 편집은 주간국에서 맡아주셨습니다.

현대 민주주의 국가에서 실질적인 권력은 여전히 사람에 의해 움직입니다. C. 라이트 밀스가 '파워엘리트'라고 명명한 이들에 대한 분석은 그래서 지금도 유효합니다. 물론 소수의 엘리트가 주도하던 세상은 이제 훨씬 다원화됐고, 권력 집중에 대한 비판의 목소리도 커졌습니다. 그러나 국가 운영도 결국 사람이 하는 일입니다. 우리는 국가 권력의 중심에 서게 된 사람들에 대해 더 많은 관심을 갖고 지속적 감시를 할 필요가 있습니다.

이 책에 포함됐어야 할 인물이 더 많지만 지면 제약이 아쉬움으로 남습니다. 새로운 인물에 대한 소개와 그들에 대한 검증 작업은 앞으로 보도를 통해 이어가겠습니다. 독자 여러분의 관심과 성원을 부탁드립니다.

2025년 6월 매일경제신문 정치부 일동

목차

2부 이재명의 공약

3부 이재명 시대 파워엘리트

01

대통령 이재명

진흙 속에서도 꽃은 핀다, 가난과의 사투

이재명 대통령 16세 대양실업 소년공 시절.

"어린 시절은 참혹했다. 다른 아이들이 중고등학교에 다닐 때 나는 내내 소년공이었다. 나와 우리 가족은 시장에서 버린 썩은 과일로 배를 채우며 살았다. 열여섯에 스스로 목숨을 끊으려 했다."

이재명 대통령이 이번 대선을 앞두고 펴낸 '결국 국민이 합니다'의 한 구절이다. 책에서 이 대통령은 성남 상대원시장에 얽힌 추억을 회고했다. 그의 가족은 1976년 2월 비 오던 날 새벽에 짐을 이고 세 들어 살 언덕 꼭대기 집으로 들어갔다. 아버지는 청소 노동자로, 어머니는 상대원시장 2층 건물의 공중화장실에서 일했다.

그는 낙선했던 20대 대선 때 상대원시장 유세에서 시장 어귀에 있는 공중화장실을 가리키면서 "내 어머니는 화장실을 지키며 대변 20원, 소변 10원을 받았다. 먹고살기 위해 그렇게 살았다"고 힘들었던 가족사를 고백했다.

변방의 신산한 삶처럼 정치 인생도 쉽지 않았다. 민주당 계열 정당을 노크했지만 중앙정치인들은 엘리트 코스와는 거리가 멀었던 그를 외면했다. 다시 지역으로 내려가 성남시장부터 경기도지사까지 차곡차곡 성과를 내며 스스로 주목도를 높여온 정치인이 이재명이다. 대선 패배 직후에 여의도 국회로 들어가 '이재명의 민주당'을 만든 뒤 마침내 대통령에 당선된 동인은 이렇게 상처투성이의 삶을 살아내며 체득한 추진력이었다.

"희망은 희망밖에 없는 사람
들의 편"이라는 그의 소신처
럼 이재명의 희망을 믿고 같
은 꿈을 꾸며 모여든 사람들
이 늘어나면서 마침내 대통령
이재명이 탄생했다.

이 대통령이 고백한 대로 산
골 출신 소년공에서 대통령

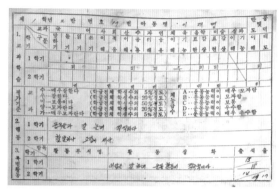

이재명 대통령의 삼계초등학교 1학년 시절 성적표.

당선까지 그의 궤적은 결코 평범하다고 말할 수 없다. 더불어민주당 계열 정당에서
배출한 전직 대통령들(김대중·노무현·문재인)과도 닮은 듯 다르다.

그는 1987년 직선제 개헌 이후 기초단체장, 광역단체장, 국회의원을 모두 경험하
고 대통령에 당선된 첫 사례. 스스로 "평생을 겁 없이 싸우며 살았다"고 고백한 것
처럼 거침없는 도전 정신이 있었기에 가능했다. 그리고 그 싹은 태어나면서부터 시
작된 지긋지긋한 가난과의 싸움에서부터 출발했다.

이 대통령은 1964년 경상북도 안동군 예안면 깊은 산골에서 5남2녀 중 다섯째로
태어났다. 경북 안동시 삼계국민학교(현 월곡초 삼계분교)를 다녔다. 땔감 모으는
일, 밭일을 돕느라 코스모스를 심는 학교 환경 미화 작업을 하지 못해 교사에게 맞
은 일을 이렇게 회고했다. "선생님에게 내 사정은 통하지 않았다. 맞아야 하는 이유
를 이해하지 못했던 나는 맞으면서도 선생님을 똑바로 바라봤다. 고개를 숙이지 않
았다. 그래서 더 많이 맞았을 것이다."

1976년 삼계국민학교 졸업 후 온 가족이 아버지가 일하던 경기 성남으로 올라가 터
를 잡았다. 그는 성남시 상대원동에 있던 '동마고무' 공장에서 소년공 생활을 시작했
다. 야구 글러브 공장에서 일하다 프레스에 왼쪽 팔뚝을 찍혀 장애등급 판정을 받고
군대는 면제됐다.

가난과 굶주림 속에서 공장 생활을 하던 그의 꿈은 "남에게 쥐어 터지지 않는 것, 배
불리 먹는 것, 자유롭게 다니는 것"이었다. 공장에서 본인을 괴롭히던 고졸 출신 대
리처럼 간부가 되기 위해 공부를 시작했다. 그 무렵에도 이 대통령 가족은 반지하

단칸방에서 여덟 식구가 함께 살았다. 하지만 부친이 공부하는 것을 반대하는 데다 장애인이 된 본인 처지를 비관하며 두 차례 자살을 시도했다고 자서전 '이재명은 합니다'에 적었다.

우여곡절 끝에 1년여 만에 중고등학교 검정고시를 통과했다. 1980년 전두환 정권이 본고사를 폐지하고 학력고사만으로 대입 제도를 바꾼 것이 이 대통령에겐 기회가 됐다.

그는 1982년 전액 장학금과 매달 생활비 20만원을 지급하는 중앙대 법학과에 입학했다. 이 대통령은 그 시절을 회고하며 대학에서 접한 5·18 민주화운동의 실상이 "삶을 통째로 바꾸게 된 계기"라고 밝혔다. 법학과 동기생에게 운동권에 들어오라는 권유를 받았지만 선뜻 수락하지 못했다.

장학금을 포기하게 될 경우 학업까지 중단해야 하는 부담감이 컸다. 그는 학생운동을 권유했던 친구 이영진 씨에게 "나는 지금 당장 결단을 내릴 수가 없어. 먼저 공부를 해서 사법시험에 합격해야 돼. 너는 지금 학생운동을 하고, 나는 나중에 제도권 안에서 싸울게. 그때 함께하자. 무슨 일이 있어도 이 약속만큼은 꼭 지킬게"라고 말했다. 지긋지긋한 가난 속에서 먹고살기 위해 시작했던 공부가 기득권과의 싸움을 위한 긴 여정으로 바뀌는 순간이었다.

이재명 대통령이 중앙대
입학식에서 교복을 입고
어머니 고 구호명 씨와
함께 사진을 찍고 있다.

판자촌 도시 성남서 '희망'을 찾다

1977년 '창작과 비평-여름호'에 실린 '아홉 켤레의 구두로 남은 사내'는 경기도 성남시를 배경으로 한 윤흥길의 단편소설이다. 2021년 12월 유시민 전 노무현재단 이사장은 정치비평가로 컴백해 그의 '알릴레오' 유튜브 채널에서 당시 대선후보였던 이재명 대통령과 이 작품을 두고 문학비평 토론을 했다.

성남지구 택지 개발이 시작될 무렵 벌어진 '광주 대단지 사건'과 관련해 소시민들을 주인공으로 이야기를 풀어낸 작품이다. 고생 끝에 집을 마련한 초등학교 교사 오씨가 일용직으로 근근이 살아가던 권씨 일가를 세입자로 들이면서 겪는 수도권 개발 시기의 시대적 애환이 담긴 소설이다. 1971년 판자촌을 강제 정리하자 주민들이 집단 봉기를 일으켜 경찰과 물리적으로 충돌한 사건이 모티브가 됐다.

유 전 이사장이 이 작품을 들고 이 대통령과 토론을 한 건 성남이라는 도시가 이 소설의 배경이고 작품 속 인생 스토리가 이 대통령의 삶과 닮았기 때문일 것이다. 이 대통령이 성남에서 만난 사람들과 그가 겪었던 험난한 삶은 그의 정치 철학에도 그대로 녹아 있다.

성남은 대한민국 도시 개발 근대 역사의 아픔과 그늘을 담고 있다. 1968년 서울시는 경기도 광주군 중부면 일대(현재의 성남) 350만평을 개발해 공단과 생활시설을 건설하고 50만명이 살아갈 수 있는 자족도시를 만들겠다고 발표했다. 박정희 정부는 빈민 문제에 대한 본질적 해결책을 찾지 못한 상황에서 서울에 산재한 판자촌을 속속 철거한 뒤 주택, 도로 등 기본 시설이 채 건설되기도 전에 이주시켰다.

1976년 이 대통령 가족이 고향을 떠나와 자리 잡게 된 곳도 강제 이주민이 살던 판자촌과 비슷했다. 월세를 살며 6개월마다 이사를 다녀야 했던 이 대통령은 "당시를

1990년대 중후반 인권 변호사 시절 어느 토론회장에서 찍은 사진.

회상하면 이사했던 기억밖에 안 난다"고 할 정도로 환경이 불안정했다. 특히 아버지의 '집을 가져야 한다'는 목표 때문에 학교 대신 공장을 다녀야 했던 이 대통령으로서는 집에 대한 애환이 남다를 수밖에 없었다.

유 전 이사장은 토론 중 소설 속 주인공인 집주인 오 선생과 세입자 권씨 중 누구에게 감정이입이 되는가를 물었다. 이 대통령은 주저 없이 '세입자 권씨'라고 답했다. 그의 인생이 '태생적 부르주아'가 아니라 '성공한 프롤레타리아'이기 때문일 것이다.

낮에는 소년공으로서 공장에서 일하고, 밤에는 학원을 다니며 중고등학교 과정을 검정고시로 통과한 그는 사법시험에 합격하면서 이제 '도시 빈민'의 삶에서 벗어나 판검사를 하며 소위 '성공 가도'를 달릴 수도 있었다.

하지만 이 대통령은 어머니에게 "점수가 모자라서 변호사를 해야 한다"고 둘러대고 다시 성남으로 돌아왔다. 변호사 사무소를 차리고 인권 변호사의 길을 걷겠다고 마음먹었다.

사법시험 합격 직후 1986년 11월 4일자 경인일보에 실린 인터뷰에서 "성남에서 변호사 사무실을 열어 억울한 사람을 위해 일하겠다"고 했던 약속을 지킨 것이다. 변호사를 개업할 때 '전태일 평전'을 집필한 고(故) 조영래 변호사가 은행 대출을 받을 수 있도록 보증을 서줬다고 한다.

젊은 변호사 이재명은 가난한 사람들의 사정을 잘 알았다. 그 시절 이 대통령은 성남에서 노동과 인권 사건 변호를 주로 맡았다. '민주사회를 위한 변호사모임'에도 가입했다. 특히 성남시민모임을 만들어 2000년 분당 백궁 · 정자지구 용도 변경 특혜 의혹, 2002년 분당 파크뷰 특혜 분양 사건 의혹을 제기했다. 분당 파크뷰 특혜 분

이재명 대통령이 변호사 시절 2000년 분당 부당 용도 변경 반대 집회에 참석하고 있다.

양 의혹을 취재하던 방송국 PD가 당시 김병량 성남시장과 통화하면서 검사를 사칭하고 대화를 녹음한 사건이 발생했을 때, 이 대통령은 그 PD를 도와준 혐의로 150만원의 벌금형을 선고받은 적이 있다. 먼 훗날까지 이 대통령에게 족쇄가 됐던 사건이다.

2004년 성남 구시가지의 대형 병원들이 문을 닫자 그는 공공의료원 설립을 목표로 주민 발의 조례를 만들었다. 하지만 당시 한나라당이 다수였던 성남시 의회에서 시 의료원 설립안이 부결됐다. 좌절한 그는 바로 이때 정치 입문을 결심한다.

이 대통령은 2006년 열린우리당에 입당해 성남시장 선거에 나섰지만 낙선했다. 2007년 대선에선 정동영 대통합민주신당 후보의 비서실 수석부실장을 맡았고, '정동영과 통하는 사람들'을 조직해 정 후보 당선을 위해 힘을 보탰지만 승리하지 못했다. 2008년 18대 총선에선 성남 분당갑에 출마했지만 떨어졌다. 2009~2010년 정세균 대표 체제에서 민주당 부대변인을 지냈다. 정치인으로서 본격적으로 도약하기 위한 축적의 시간이었다고 볼 수 있다.

성남시장 이어 경기도지사로, 승부사 행정가의 진면목

2010년 성남시장에 당선된 이재명 대통령은 취임 직후 '성남시 모라토리엄(채무불이행)'을 선언하며 전국적으로 주목을 받았다. 이후 무상 교복, 청년 배당 등 파격적인 정책을 추진하며 전국적인 주목을 끌어냈다.

2014년에는 성남시장 재선에 성공해 소셜미디어의 열성적 지지층을 중심으로 '전국구 정치인'으로 급부상했다. 야권 잠룡으로 몸값을 높이기 시작한 시점이다. 어린 시절 가난과 상처투성이 가족사, 정치 입문 뒤 수차례 낙선이라는 어두운 터널을 지나 처음으로 이재명에게 더 큰 무대에 도전할 수 있다는 희망이 생겨났다.

2016년 6월 박근혜 정부의 지방재정 개편안에 반발해 광화문광장 앞에서 11일간 단식농성을 벌인 적도 있다. 그는 단식농성을 하며 뒤쪽에 이런 문구가 적힌 플래카드를 내걸었다.

'김대중 대통령이 살리고, 노무현 대통령이 키우고, 박근혜 대통령이 죽이는 지방자치를 지키겠습니다.'

그는 중앙정부, 경기도, 중앙 정치권 등과 논쟁을 피하지 않았고 이 과정에서 '리틀

2013년 6월 매경미디어그룹이 주최하고 산업통상자원부가 후원해 선정된 '2013 창조경제리더'들이 기념촬영을 하고 있다. 윗줄 오른쪽에서 여섯 번째가 이재명 당시 성남시장.

2018년 제7회 지방선거에서 경기도지사로 당선됐던 이재명 대통령이 부인 김혜경 씨와 함께 환호하고 있다.

노무현'이라는 평가도 받았다. 성남시장 재선 후인 2016년 10월 박근혜 국정농단 의혹이 불거지자 민주당 정치인 중 가장 먼저 '탄핵과 하야'를 주장하며 당원 사이에서 인기가 상승했다.

2017년 민주당 대선 경선에 나서 문재인 전 대통령, 안희정 전 충남도지사에 이어 3위를 기록했다. 득표율 21.2%를 기록하며 단숨에 차세대 대선주자로 부상했다. 하지만 대선과 경기도지사 경선 과정에서 친문재인계와 경쟁하면서 갈등의 골이 깊어진 것은 상처로 남았다. 치열한 선거를 치르며 '혜경궁 김씨' '형수 욕설' '여배우 스캔들' 등 각종 논란으로 곤욕을 치르기도 했다.

그는 2018년 6월 경기도지사 선거에 출마해 16년간 보수 정당이 차지했던 경기도 지사직 탈환에 성공했다. 그러나 역대 경기도지사들의 대선 도전사를 보면 '대선주자의 무덤'이라고 불릴 정도로 흑역사였다.

이인제, 손학규, 남경필 등 쟁쟁한 전직 경기도지사들 가운데 이인제 전 지사를 빼면 나머지는 그동안 본선에도 오르지 못했다. 모두 유력한 대선주자로 꼽혔지만, 정치적 한계를 극복하지 못하고 결국 대통령이 되지 못했다.

이들은 모두 경기도를 토양 삼아 대권을 꿈꿨다가 정치 여정의 내리막길을 걸은 공통점이 있다. 대선이란 큰 산은 그동안 경기도지사에게 호락호락하지 않았던 셈이다. 하지만 21대 대선에서는 이 대통령과 김문수 국민의힘 후보가 나란히 경기도지사 출신으로 맞붙는 상황이 연출됐다. 서울시장이나 국무총리를 지낸 사람들은 이번에 본선 링에 오르지 못했다.

그는 2018년 경기도지사 취임 직후 인터뷰에서 '경기도지사 무덤론'에 대해 "전임 도지사들은 정치인이었고, 저는 실무적 행정가"라며 "정치 활동하듯 하면 경기도에서 성과를 내기 어렵다"고 차별화를 시도했다. 그러면서 "무덤이란 표현을 안 했으면 한다"며 "도민이 서글프다. 밟고 지나가는 돌멩이도 아니지 않은가"라고 선을 그었다.

이 대통령의 2022년 대선 슬로건은 '이재명은 합니다'였다. 정책 일관성과 추진력을 강조한 것이다. 성남시장 때부터 사용한 슬로건이다. 그는 성남시장 · 경기도지사를 지내며 어려운 문제를 결단과 추진력으로 돌파하며 성과를 보여줬다. 2025년 대선에선 '진짜 대한민국, 지금은 이재명'을 사용했다.

코로나19 확산은 행정가로서 이재명의 강점을 국민에게 선보일 수 있는 기회가 됐다. 종교단체 집합금지 긴급명령 등은 코로나19 확산으로 불안한 국민에게 정치인 이재명의 결단력을 보여줬다는 평가를 받는다. 모든 경기도민에게 재난기본소득을 먼저 지급해 문재인 정부의 전국적인 지원금 편성을 이끌어내는 촉매제 역할을 했다. 그는 하천 계곡의 불법 영업을 정비했고 최초로 수술실에 CCTV를 설치해 의료사고 피해자들의 요구를 들어주기도 했다. 이 대통령이 제안한 수술실 CCTV 설치 의무화법은 국회 문턱을 넘어 2023년부터 전면 실시됐다.

그는 대선 출마를 선언하면서 "정쟁 정치가 아니라 누가 잘하나 겨루는 경쟁 정치의 장을 열겠다"며 "실용적 민생개혁에 집중해 작더라도 삶을 체감적으로 바꿔가겠다"고 강조했다.

그가 행정가로서 내세우는 또 하나의 자랑거리는 실행력이었다. 가능한 것만 약속했고, 한번 한 약속은 지켰다는 주장이다. 경기도지사로서 공약 이행률 평균 96%를 기록한 것은 그가 대선후보로서 유세할 때 가장 많이 강조했던 성과였다.

'명낙대전' 승리 후 첫 대선 본선…
0.73%포인트 차이 패배

20대 대선을 앞두고 이재명 대통령을 비롯해 더불어민주당 대권주자들이 서서히 몸을 풀던 2020년은 당내에서 '이낙연 대세론'이 퍼지던 시점이었다.

이낙연 전 국무총리는 2017년 5월부터 문재인 정부 초대 국무총리를 지냈다. 대정부질문에서 야당 의원들의 공세를 잘 막아내면서 인기가 올랐다. 이 전 총리는 2020년 4월 21대 총선 때 서울 종로에서 당선됐고, 같은 해 8월 당권을 거머쥐며 세력 기반도 탄탄하게 구축했다.

한국갤럽의 2020년 1월 차기 정치지도자 조사에서 이 전 총리 지지율은 27%, 이 대통령은 4%에 불과했다. 하지만 이 전 총리는 당 대표가 된 이후 오히려 지지율이 하락하는 모습을 보였다. 2021년 1월 신년사에서 이명박·박근혜 전 대통령 사면 발언으로 민주당 지지층의 반발을 사며 지지율이 급락했다. 그러면서 이 대통령이 이 전 총리와 격차를 벌리기 시작했다. 2021년 1월

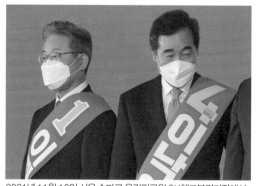

2021년 11월 10일 서울 송파구 올림픽공원 SK핸드볼경기장에서 열린 더불어민주당 제20대 대선후보 선출을 위한 서울 합동연설회에서 이재명 대통령(왼쪽)과 이낙연 전 국무총리.

20대 대선에 출마한 이재명 대통령(왼쪽)과 윤석열 전 대통령.

한국갤럽 차기 정치지도자 조사에서 이 대통령은 23%로 1위를 차지했고, 이 전 총리는 10%로 떨어졌다. 1년 만에 분위기가 뒤바뀐 것이다.

그는 여세를 몰아 2021년 7월 1일 20대 대통령 선거 출마를 공식 선언한다. 그는 "불공정과 불평등이 성장동력을 훼손한다"며 "강자의 욕망을 절제시키고 약자의 삶을 보듬는 억강부약(抑强扶弱·강한 자를 누르고 약한 자를 돕다) 정치를 하겠다"고 밝혔다.

당시에는 그의 브랜드인 '기본 시리즈'도 전면에 내세웠다. 이 대통령은 지속적 성장을 위해 '경제적 기본권'을 강조했다. "모두가 최소한의 경제적 풍요를 누리는 사회여야 지속적 성장이 가능하다"고 했다. 구체적인 정책으로 자신의 트레이드 마크인 기본소득과 기본주택을 제시했다. 기본소득을 도입해 누구나 최소한의 경제적 풍요를 누리고, 충분한 기본주택 공급으로 더 이상 집 문제로 고통받지 않게 하겠다고 주장했다. 또 "동일노동 동일임금이 보장되는 합리적 노동 환경을 만들겠다"고도 약속했다.

당시에도 성장의 또 다른 축으로 기업을 위한 정부의 지원 확대를 제시했다. 이 대통령은 "경제는 민간과 시장의 몫이지만, 대전환시대의 대대적인 산업경제구조 재편은 민간 기업과 시장만으로 감당하기 어렵다"며 "대공황시대 뉴딜처럼 대전환시대에는 공공이 길을 내고 민간이 투자와 혁신을 감행할 수 있게 해야 한다"고 주장했다. 이를 위해 규제 합리화, 인프라스트럭처 확충, 미래형 인재 육성 등을 제시했다.

민주당 경선 기간은 '명낙대전(이재명-이낙연 경쟁)'으로 불릴 만큼 갈등이 폭발했다. 이 전 총리 측이 이 대통령을 향해 대장동 개발 의혹 등을 제기하자 이 대통령 측도 정면 반박하는 등 치열한 신경전이 벌어졌다.

이 대통령은 2021년 10월 10일 누적 71만9905표를 얻어 50.29%의 득표율로 '본선 티켓'을 확보했다. 이 전 총리가 39.14%, 추미애 후보는 9.01%, 박용진 후보는 1.55%를 득표했다.

2022년 3월 9일 열린 20대 대선은 민주당의 정권 재창출에 나선 이 대통령과 5년 만의 정권 교체를 위해 외부에서 수혈된 국민의힘 소속 윤석열 전 대통령의 양강 구도로 치러졌다. 안철수 국민의당 후보는 사전투표 하루 전날인 3월 3일 윤석열 전 대통령과 단일화를 이루며 후보직을 사퇴했다. 반면 심상정 정의당 후보는 완주했다.

20대 대선은 여론조사에서 윤 전 대통령이 정권 교체 여론에 힘입어 앞서가다가 이 대통령이 추격하는 구도로 진행됐다. 막판까지 접전 양상이 이어진 박빙 승부였다. 개표 결과 1987년 민주화 이후 최소 득표 차를 기록한 대통령 선거가 됐다. 윤 전 대통령과 이 대통령의 득표율 차이는 불과 0.73%포인트였다.

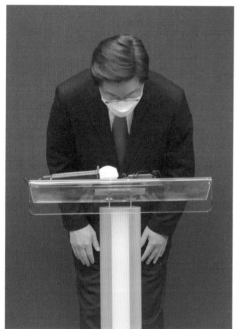

2022년 3월 10일 20대 대선에서 패배한 이재명 대통령이 "모든 것은 다 저의 부족함 때문이다. 여러분의 패배도 민주당의 패배도 아니다. 모든 책임은 오롯이 저에게 있다"며 패배를 선언한 뒤 인사하고 있다.

2022년 8월 28일 서울 송파구 올림픽 체조경기장에서 열린 제5차 정기전국대의원대회에서 당대표로 선출된 이재명 대통령이 당기를 흔들고 있다.

여의도 첫 입성, 이재명의 민주당 완성

그동안 대선에서 패배한 후보들은 해외로 외유를 떠나거나 정치적 재기를 위해 재충전의 시간을 가졌다. 하지만 이재명 대통령은 20대 대선 패배 이후 잠행의 시간이 길지 않았다. 첫 번째 대선 본선에서 약점으로 거론됐던 것이 '0선'이라는 점이었다. 여의도 정치 경험이 없었던 그에게 본선만큼 치열했던 당내 경선은 오히려 여의도에 진출해야 하는 하나의 이유가 됐다. 정권 교체 이후에 찾아올 사법 리스크도 이 같은 정치 행보에 고려됐다.

기회는 금방 찾아왔다. 송영길 당시 민주당 의원이 2022년 6월 1일 열리는 8회 지방선거에서 서울시장에 출마하기 위해 4월 말 의원직을 사퇴한 것이다. 송 전 의원의 지역구인 인천 계양을은 2004년 17대 총선에서 처음 생긴 지역구로 단 2년을 제외하면 민주당 계열 정당이 모두 승리한 텃밭이다.

2023년 9월 21일 국회에서 '이재명 의원 체포동의안'이 가결된 후 의원들이 침울하게 모여 있다.

당시 지방선거와 함께 치러지는 국회의원 보궐선거는 전국 단위로 치러지는 등 '미니 총선'급으로 격상됐다. 대통령직인수위원장직을 맡고 있던 안철수 국민의힘 의원이 경기 성남 분당갑 보궐선거에 출마하며 판이 커졌다. 당 안팎에서 '거물급'을 후보로 차출해야 한다는 요구가 불거진 것도 이 대통령에겐 출마 명분이 됐다. 이 대통령은 보궐선거에서 55.24%를 득표하며 손쉽게 원내에 입성했다.

이 대통령은 같은 해 8월 28일 열린 더불어민주당 전당대회에서 77.77%를 득표하며 당 대표로 선출됐다. 이 대통령이 대선후보에 이어 금배지와 당 대표까지 거머쥐면서 민주당은 '친이재명 체제'로 재편되기 시작한다. 이 과정에서 친이재명계와 반이재명계의 갈등이 번지기 시작했다.

당내 세력 갈등의 분수령은 2023년 검찰이 이 대통령에 대해 청구한 두 차례 구속영장 청구와 국회 체포동의안 표결이었다. 그 결과는 '이재명 일극 체제'로 가는 중요 분기점이 됐다. 검찰이 대장동 의혹으로 청구한 첫 번째 영장은 2023년 2월 27일 국회에서 부결됐다.

이후 검찰은 백현동 용도 변경, 허위 사실 공표 혐의 등으로 두 번째 영장을 청구했는데 2023년 9월 21일에 국회에서 예상을 깨고 가결됐다. 재석의원 295명 중 가결이 149표나 나왔다. 당시 민주당에서 최소 29표의 찬성표가 나온 것이다. 무효와 기권을 고려하면 민주당에서 39표의 이탈이 발생했다는 분석도 있었다.

이 대통령은 8월 31일부터 단식을 시작해 가결 후 이틀 만에 단식을 멈췄다. 법원의 구속영장 기각 결정으로 위기를 겨우 벗어났다. 하지만 이 사건을 계기로 계파 갈등은 더욱 심화됐다.

2024년 1월 2일에는 부산 북항 방문 중 흉기에 목을 찔리는 정치 테러를 당했다. 서울로 옮겨져 응급수술을 받고 목숨을 건졌다.

2024년 22대 총선을 앞두고는 이른바 '비명횡사' 공천이 논란이 됐다. 체포동의안 표결 당시 찬성했을 것으로 추정되는 비이재명계 의원들이 잇따라 낙천된 것이다. 공천 과정의 잡음에도 불구하고 민주당(비례대표 위성정당인 더불어민주연합 포함)은 175석을 획득하며 압승을 거둔다. 민주당 계열이 하나의 당명 아래 총선 3연승을 이뤄낸 첫 사례다. 반면 윤석열 정권에 대한 매서운 중간 심판을 받은 국민의힘은 108석을 거두며 개헌 저지선을 지키는 데 만족해야 했다.

이 대통령은 총선을 승리로 이끌고 2024년 8월 85% 득표율로 당 대표 연임에 성공한다. 민주당 계열 정당에서 당 대표가 연임에 성공한 것은 1995~2000년 새정치국민회의(민주당 전신) 총재직을 맡은 김대중 전 대통령 이후 무려 24년 만이었다. '이재명의 민주당'이 완성되는 순간이었다.

이재명 대통령(앞줄 가운데) 등이 2024년 4월 10일 22대 총선에서 더불어민주당이 압승한 방송사 출구조사 결과를 지켜보며 환호하고 있다.

사법 리스크 속 갑작스러운 尹계엄…
마침내 대통령

2024년 12월 3일 계엄을 선포한 윤석열 전 대통령.

이재명 대통령이 더불어민주당을 완전히 장악했지만 사법 리스크는 끝나지 않았다. 검찰은 이 대통령이 대장동 개발 사업의 실무자였던 고(故) 김문기 전 성남도시개발공사 개발1처장과 관련해 발언한 것과 경기 성남시 백현동 한국식품연구원 용지 용도변경 특혜 의혹과 관련해 발언한 것에 허위사실 공표 혐의를 적용해 기소했다.

2024년 11월 15일 서울중앙지법은 징역 1년에 집행유예 2년을 선고했다. 징역형이 확정되면 피선거권이 10년간 박탈되기 때문에 차기 대선 출마도 불가능했다. 사실상 '정치 생명'이 끝나는 판결이었다. 무죄나 의원직이 유지되는 벌금 100만원 미만 벌금형을 기대했던 민주당은 충격에 빠졌다.

항소심에서 형량이 유지될 경우 대선에 출마조차 하지 못할 절체절명의 위기에 몰리던 상황에서 극적인 반전의 계기가 마련된다. 윤석열 전 대통령이 2024년 12월 3일 비상계엄을 선포한 것이다. 대통령의 권한 범위를 벗어난 불법적 계엄이라는 국민 여론이 비등하면서 윤 전 대통령에 대한 탄핵 정국이 빠르게 조성됐다. 헌법재판소 판결이 차일피일 미뤄지던 시점에 이 대통령에게 또 한 번 희소식이 찾아온다.

2025년 3월 26일 서울고법 형사6-2부는 징역형을 선고한 1심과 달리 이 대통령에게 무죄를 선고했다. 재판부는 이 대통령이 "김 전 처장을 모른다"는 취지로 발언한 것, 한국식품연구원 용도변경이 "국토교통부 압박에 따라 이뤄졌다"고 발언한 것 모두 허위사실에 해당하지 않는다고 봤다.

'윤석열 탄핵'을 외치며 촛불을 흔드는 민주당 지도부.

그리고 2025년 4월 4일 헌법재판소가 윤 전 대통령을 파면하면서 이 대통령은 6·3 조기 대선에서 가장 유력한 대권주자로 자리매김한다. 2025년 4월 김동연 경기도지사, 김경수 전 경남도지사와 함께 치른 민주당 대선후보 경선은 손쉬운 게임이었다. 네 차례 순회 경선과 국민 여론조사를 합산한 결과 이 대통령은 89.77%를 얻어 압도적인 1위를 기록하며 두 번째로 대선 본선에 나서게 됐다.

이 대통령은 후보 수락 연설을 통해 경제성장을 최우선 목표로 제시했다. 이를 위해 예송논쟁 같은 이념 대결이 아닌 실용주의 노선을 추구하겠다는 뜻을 분명하게 밝혔다. 이 무렵 각종 여론조사에서 그는 국민의힘 후보군은 물론 이준석 개혁신당 후보와의 가상 3자 대결에서도 꾸준히 45~50% 지지율을 얻으며 압도적 우위를 점유했다.

하지만 또다시 사법 리스크에 처하게 됐다. 대선을 한 달여 앞둔 2025년 5월 1일 대법원 전원합의체는 2심에서 무죄를 선고했던 선거법 위반 사건을 유죄 취지로 파기환송했다. 1심 선고에만 2년2개월이 소요됐지만 2심은 상대적으로 속도를 내서 4개월 뒤 결론을 내렸다. 대법원은 3월 26일 2심에서 무죄 판결이 선고된 이후 36일 만에 상고심 선고를 했다.

사법부 판단이 새로운 변수로 떠올랐지만 이 대통령에 대한 지지율은 크게 흔들리지

21대 대선 더불어민주당 후보로 선출된 이재명 대통령이 2025년 4월 27일 경기 고양시 킨텍스에서 큰절을 하고 있다.

않았다. 여기에 파기환송심을 맡게 된 서울고법 형사7부가 2025년 5월 7일 첫 공판기일을 대선 이후로 미루면서 이 대통령은 대선 전에 발생할 수 있는 사법 리스크에서 완전히 벗어났다.

김문수 국민의힘 후보와 한덕수 전 국무총리가 보수 진영 후보 단일화를 놓고 갈등을 이어가는 동안 이 대통령은 민생 행보에 주력하며 앞서 달렸다.

이 대통령은 마침내 김문수 후보, 이준석 개혁신당 후보 등의 도전을 물리치고 2025년 6월 4일 새벽 대한민국 대통령에 당선됐다. 그는 당선 확정과 함께 정권인수위원회 없이 곧바로 대통령에 취임하고, 업무를 시작했다.

상처 많은 가족관계,
어머니 생각에 시장만 가면 울보로

이재명 대통령은 대한민국 최고 통치자의 자리에 올랐지만 어린 시절부터 아픔이 많았던 가족사를 지녔다. 아버지 이경희(1931~1986), 어머니 구호명(1931~2020) 씨는 재국, 재순, 재영, 재선, 재명, 재옥, 재문 등 5남2녀를 뒀다. 넷째 재선 씨는 2017년 11월, 여섯째 재옥 씨는 2014년 8월 세상을 떠났다.

그는 자서전 '이재명은 합니다'에 "일하던 공장의 간부가 되려면 적어도 고등학교 졸업장이 있어야 했기 때문에 나는 검정고시를 준비했다. 그런데 그 꿈을 가로막은 가장 큰 걸림돌이 아버지였다"라고 적었다. 가난을 벗어나기 위해 독하게 공부를 해도 단칸방에서 "불을 꺼라"고 윽박지르던 아버지를 미워했다. 중학교 검정고시를 거쳐 고등학교 검정고시까지 마쳐도 '수고했다' '잘했다'는 말 한마디 없는 아버지에 대한 원망을 키워가기도 했다고 자서전에 썼다.

아버지를 이해하고 화해한 건 그가 사법시험 2차에 합격한 뒤였다. 그 무렵 아버지는 말을 단 한마디도 못 할 정도로 병이 악화돼 집에서 세상과의 이별을 준비하고 있었다. "아버지, 사법시험에 합격했습니다." 아버지는 말을 할 수 없는 상태였지만 그의 목소리는 알아들은 것 같았다고 한다.

아버지의 볼을 타고 흘러내리는 눈물을 보면서 이 대통령은 혼자 이렇게 말했다.

'아버지, 사실은 제가 잘되기를 바라셨죠? 모른 척하면서도 저

성남으로 이사온 후 지하를 벗어나 처음 1층으로 이사한 날, 가족들과 밥을 나누어 먹는 장면을 셋째 형님이 촬영한 사진.

를 쭉 지켜봐주신 거죠? 제가 마음 단단히 먹고 살아가기를 바라신 거죠?'

안양시 청소 노동자이던 막내 여동생 재옥 씨는 2014년 새벽 청소를 나갔다 과로로 쓰러져 생을 마감했다.

성남시 분당 일대에서 건강음료 배달을 하던 여동생은 성남에서 다른 직장을 구하고 싶어도 "오빠가 성남시장에 당선돼 좋은 데 가냐"는 입방아를 듣기 싫어 배달을 계속했다. 이 대통령이 성남시장에 재선한 뒤에야 안양시 환경미화원으로 이직했다고 한다. 앞서 성남 상대원시장 청소부로 근무하던 아버지는 1986년 55세 나이로 생을 마감했다. 맏형은 건설 노동자로 일하다 한쪽 다리를 잃는 산업재해 사고를 당하기도 했다.

찔러도 피 한 방울 안 날 것 같은 냉철함을 유지하는 이 대통령은 시장에만 가면 유독 눈물이 많아진다고 했다. 2020년 3월 별세한 어머니를 떠올리기 때문이다. 어머니는 이 대통령이 소년공이던 시절, 상대원시장 공중화장실을 지키며 요금을 받고 휴지를 파는 일을 했다. 이 대통령의 일생을 다룬 책 '인간 이재명'에선 "어머니를 이렇게 살게 내버려두지 않겠다는 목표가 생겼다"는 대목이 등장한다.

이 대통령의 최측근으로 불리는 김영진 더불어민주당 의원은 "이재명에게 전통시장은 가족과의 애환, 인생의 모순과 희망이 응축된 공간"이라고 설명했다. 이 대통령의 20대 대선후보 시절 선거대책위원회에서 일한 한 당직자는 "좌판에 앉은 할머니만 만나면 주저앉아 대화를 이어가 일정 조정에 애먹은 적이 많다"고 전했다.

이 대통령의 가장 '아픈 손가락'은 형 재선 씨다. 이 대통령이 10대 때 소년공으로 삶을 버텨내던 시절에도 늘 힘이 되어줬다. 시민운동을 할 당시까지는 서로 힘을 합쳤다.

그러나 이 대통령이 성남시장이 된 뒤 재선 씨는 성남시 사안을 비판하기 시작했고 형제는 극심한 갈등 관계로 치달았다. 재선 씨는 2017년 11월 폐암으로 사망했다. 별세 소식에 성남시장이었던 이 대통령은 빈소를 찾았으나 유족 반대로 조문도 하지 못하고 발길을 돌려야 했던 아픔을 갖고 있다.

이후 이 대통령은 소셜미디어에 "동생을 용서하시고 하늘에서는 마음 편하게 지내시길, 불효자를 대신해 어머니 잘 모셔주시길 부탁 올린다"고 썼다.

김혜경 씨 만난 지 4일 만에 청혼, 평생의 지원자로

피아노를 전공한 부인 김혜경 여사와는 변호사 시절이던 1990년 같은 교회에 다니던 셋째 형수의 소개로 만났다고 한다. 약 1년간 열애한 끝에 결혼에 골인했다. 슬하에 동호 씨, 윤호 씨 등 두 아들을 두고 있다.

이재명 대통령은 성남시장 시절 한 방송에서 "아내와 연애를 1년 정도 했는데 매일 만났다. 아내에게 처음에 내가 장애가 있음을 숨겼다. 그러나 이후 장애 사실을 털어놓자 '그게 뭐 어떠냐'는 쿨한 반응을 보여 너무 고마웠다"고 연애 시절 이야기를 전했다. 여기에 더해 김 여사는 "송파에서 소위 말하는 007 미팅을 하고 당일에 바로 서해안으로 놀러갔다"고 밝히기도 했다.

이 대통령은 첫 만남 후 4일 만에 청혼을 했는데 답이 없자 10년간 쓴 일기장을 건

2021년 11월 18일 서울 고척돔에서 열린 프로야구 한국시리즈 4차전을 관람하며 귓속말을 주고받는 이재명 대통령과 김혜경 여사.

넸다고 한다. 힘든 과거를 밝히면 차일 가능성이 더 높았지만 본인의 인생을 모두 보여주고 싶었다고 언론 인터뷰에서 말했다. 그런데 일기를 본 김 여사는 결혼을 깜짝 승낙했다.

김 여사는 이 대통령이 정치를 시작할 때 말렸다고 한다. 그는 한 여성 잡지 인터뷰에서 "2006년 처음 성남시장 선거에 출마했을 땐 정말 이혼하려고 했어요. 첫 선거였고 가장 힘들었죠. 열심히만 하면 될 줄 알았는데 그게 아니더라고요. 그래도 어떻게 말려요. 본인이 정치를 하고 싶다는데요. 그때는 정말 정치인의 아내는 못할 짓이란 생각이 들었어요"라고 말했다.

김 여사는 20대와 21대 대선에서 유세 기간에 전국 사찰과 교회 등 종교시설을 방문하고 각종 봉사단체 등을 찾았다. 이 대통령이 직접 가지 못하는 곳에서 유세를 지원하며 내조 활동을 했다. 이 대통령의 지방자치단체장 시절에는 적극적으로 활동하는 모습도 보였으나 법인카드 사용 논란 등이 불거지고 검찰 조사까지 받게 되자 21대 대선 전까지 외부 노출을 피했다. 2024년 11월 법인카드 유용 사건과 관련해 1심 재판정에 나가는 김 여사를 향해 이 대통령은 절절한 글을 띄웠다. 이 대통령은 "법정으로 향하는 아내에게 죽고 싶을 만큼 미안하다"며 "언젠가 젊은 시절 가난하고 무심해서 못 해준 반지 꼭 해줄게. 귀하게 자라 순하고 착한 당신에게 고통과 불행만 잔뜩 안겨준 내가 할 수 있는 말인지는 모르겠지만. 혜경아, 사랑한다"고 적었다.

이재명 화법, 사이다에 감성이 더해지다

이재명 대통령을 말할 때 빠지지 않는 것이 '사이다 화법'이다. 화법의 핵심은 대중의 언어를 쓴다는 것이다.

특정 지역이나 단체에 가서 말할 때 그들의 언어를 사용한다. 어려운 개념의 경제원리도 매우 쉬운 말로 풀어낸다. 정책을 대중에게 설득할 때 힘을 발휘한다.

이재명식 화법에는 공격을 받으면 물러서지 않고 정면으로 돌파하는 특징도 있다. 과거 노무현 전 대통령이 그랬던 것과 흡사하다. 2021년 10월 그를 끈질기게 옭아맸던 대장동 의혹과 관련한 국정감사에서 그런 화법은 정점을 찍었다. 한 국민의힘 의원이 국감에서 대장동 사건을 두고 '설계자는 범인, 돈 가진 자는 도둑'이라는 팻말을 들고나와 "국민의힘 때문에 10가지 정도 공공개발을 못 했다고 했는데 남 탓하

2021년 11월 20일 국회 국토교통위원회의 경기도청에 대한 국정감사에서 의원 질의에 답변하고 있는 이재명 당시 경기도지사.

지 말고 겸허하게 사실을 말해달라"고 선공을 날렸다.

당시 이재명 경기도지사는 "도둑질한 물건을 가리거나 나눈 사람은 장물아비고, 막은 사람이 저"라며 "비행기를 설계했다고 해서 9 · 11 테러가 될 수가 없다"고 했다. 말싸움에 밀린 국민의힘 의원들은 혀를 내둘렀다.

유세 기간 그를 취재한 정치부 기자들의 공통된 기억은 "그 많은 숫자와 팩트까지 어떻게 일일이 다 외우냐. 한마디로 독하다"는 것이었다. 그의 정치적 동지인 정성호 더불어민주당 의원은 "이재명의 최대 강점은 인간의 한계를 초월한 것 같은 암기력"이라고 웃으며 전한다. 자신의 주장을 뒷받침하는 근거를 데이터를 이용해 정확히 제시하는 그의 화법은 TV토론에서도 효능을 충분히 발휘했다.

두 번째 대선에 나선 2025년 그의 화법은 변화했다. 더 이상 변방이 아닌 유력한 대통령 후보였기 때문일까. 중도층을 겨냥해 안정감을 높이는 데 주력했다. 2025년 4월 27일 대선후보 수락 연설문은 화제가 됐다. A4용지 11장 분량, 공백을 제외하고 4600자에 달하는 연설문이었다.

연설문에는 자신이 성남시장 출마를 결심했던 순간부터 3년 전 대선 패배에 대한 사과, 12 · 3 계엄에 대한 입장 등이 시계열 순으로 상세히 담겼다. 민주당 당원들의 감성을 충분히 자극하면서 국민 통합을 내세워 중도층 표심에도 다가가려는 메시지를 녹여냈다는 평가가 나온다. 내란 극복을 강조하면서도 윤석열 전 대통령을 아예 언급하지 않았다는 점 역시 눈길을 끌었다. 노무현 전 대통령을 소환한 대목이나 5개 문장을 함께 외치자고 제안하며 호응을 이끌어낸 장치도 호평을 얻었다.

연설문에는 '통합'(14회)과 '희망'(13회)이 가장 많이 등장했고 '진짜 대한민국'(10회)과 '민주주의'(9회)도 자주 언급됐다. 2025년 2월 국회 교섭단체 대표 연설에서 윤석열 정부 실정을 부각하는 비판적 내용이 주를 이뤘던 것과 달리 이번에는 국민 통합과 미래에 대한 비전을 중점적으로 제시한 것이다.

이번 연설문은 이 대통령이 당 대표를 연임하는 동안 가동됐던 '메시지 관리팀'에서 역할을 나눈 '연설문팀'이 초안을 작성한 것으로 알려졌다. 다만 이 대통령에게 보고되기 전에 초안을 수정 · 보완하는 작업은 경선캠프 대변인을 맡던 '신춘문예 3관왕' 강유정 의원과 측근인 권혁기 전 당 대표 정무기획실장이 맡은 것으로 전해졌다. 강 의원의 손을 거치며 문학적 표현이 좀 더 담기게 됐다는 얘기다. 여기에 이 대통

2025년 4월 27일 더불어민주당 대선후보로 선출돼 수락 연설을 하고 있는 이재명 대통령.

령이 당일 오전까지 메시지를 직접 수정했다.

다만 이 대통령의 다소 공격적인 화법은 대중에게 설득의 힘을 발휘하지만 그를 좋아하지 않는 사람들에겐 오히려 비호감의 원인이 되기도 했다. 모두가 이제 주목한다. 당 대표의 언어와 대통령의 언어가 어떻게 달라질 것인지. 이 대통령이 부디 모두에게 다가가는 온화하고 편안한 언어를 구사해주기를 바라는 국민이 많을 것이다.

02

이재명의 공약

먹사니즘과 잘사니즘

'먹사니즘'은 이재명 대통령이 내세운 핵심 정치 슬로건이다. '먹고사는 문제'에 '이 즘(ism · 이론화된 이념)'을 붙여 만들어낸 신조어다.

국민의 먹고사는 문제를 정치의 최우선 가치로 삼자고 주장한 셈이다. 경제 성장 과 민생 안정이 정치의 중심이 돼야 한다는 의미인데, 언론에서는 1992년 미국 대 선 때 빌 클린턴 대통령이 내세운 "문제는 경제야, 바보야(It's the economy, stupid)"라는 구호와 유사하다는 평가도 나왔다.

먹사니즘은 2024년 7월 이 대통령이 더불어민주당 대표 연임 도전을 공식 선언하 는 기자회견에서 처음 공개적으로 사용됐다. 이 자리에서 그는 "단언컨대 먹고사는 문제만큼 중요한 것은 없다. 먹사니즘이 유일한 이데올로기가 돼야 한다"고 말했고 이후 먹사니즘은 민주당의 정책 기조로 자리 잡았다.

이 대통령은 2025년 2월 10일 국회 교섭단체 대표연설에서는 한발 더 나아가 '잘사 니즘'을 새로운 비전으로 제시했다. 기존의 먹사니즘에 더해 '모두가 함께 잘사는 세 상'을 만들겠다는 포부로 내세운 담론이다.

경제 성장 전략 마련을 우선하되 분배와 선순환 구조를 만들어 성장의 과실이 고루 확산하도록 만들겠다는 것이다. 이 대통령은 "정치가 앞장서 합리적 균형점을 찾아 내 사회 대개혁을 완성하는 게 잘사니즘의 핵심"이라며 "공론화를 통한 사회적 대타 협"을 강조했다.

21대 대선에서 민주당이 발표한 공약 리스트를 봐도 먹사니즘과 잘사니즘의 기조하 에서 실용주의 노선을 강조하는 정책이 대거 포함돼 있다.

AI, K컬처, 방산 육성으로
신성장동력 구축

이재명 대통령은 2025년 6월 21대 대선에서 인공지능(AI) 분야를 국가 미래 성장 동력의 핵심으로 제시하면서 '인공지능(AI) 세계 3강 도약'과 '100조원 투자'를 약속했다. AI 분야에 대한 대규모 투자를 통해 인프라스트럭처를 확충하고 국민 체감형 서비스도 준비하겠다고 했다. 기술 개발에 국력을 집중하고 미래 인재를 양성하겠다는 구상인 것이다.

이 대통령은 AI 분야에 지속적인 관심을 보였다. 2025년 3월 더불어민주당 대표를 하면서 당에 AI강국위원회를 설치해 직접 위원장을 맡았다. 당 대표가 위원장을 겸임하는 것은 이례적인 경우다. 또 같은 달 베스트셀러 '사피엔스'의 저자이자 세계적인 석학 유발 하라리 전 히브리대 교수와 만나 AI를 주제로 대담을 진행했다.

당 대표를 그만두고 대선 출마를 선언한 뒤 처음 방문한 곳도 AI 반도체 스타트업 '퓨리오사AI'였다. 이곳에서 그는 "세상이 거의 문자 발명에 준하는 급격한 변화를 겪고 있다"며 "국가 공동체가 어떻게 AI 사회에 대비해야 할지 살펴봐야 한다"고 밝혔다.

이 대통령은 AI 관련 예산을 선진국을 넘어서는 수준까지 증액할 것을 예고했다. 민간과 정부가 공조해 100조원 수준의 투자를 집행하겠다는 뜻도 밝혔다.

AI 경쟁력의 기반이 되는 인프라 확충에도 힘을 쏟을 계획이다. 국가 AI 데이터 집적 클러스터를 조성해 글로벌 AI 허브의 기반을 마련하고, 고성능 그래픽처리장치 (GPU) 5만개 이상을 확보할 방침이다. AI 전용 신경망처리장치(NPU) 개발을 적극 지원해 AI 기술 주권을 확보하겠다는 계획도 내놓았다. 기업의 연구개발(R&D)

이재명 대통령이 더불어민주당 대선후보 시절인 2025년 4월 14일 서울 강남구 퓨리오사AI에서 백준호 대표와 악수하고 있다.

을 지원하기 위해 공공 데이터를 민간에 적극 개방하고, 대규모 AI 데이터센터를 건설해 'AI 고속도로'를 구축하는 것도 공약에 포함됐다.

2024년 윤석열 정부가 향후 4년간 65조원의 민간 AI 투자기금을 만들고 연간 고성능 GPU 1만개를 확보하겠다고 발표했는데, 규모를 더 키운 것이다. 관련 업계에 따르면 2025년 5월 기준 국내에 보유 중인 고성능 GPU는 2000개 정도다.

이 대통령은 '모두의 AI 프로젝트'도 추진한다. 이는 전 국민이 선진국 수준의 AI를 무료로 활용할 수 있도록 하는 정책으로, 한국형 챗GPT 개발 및 전 국민 무료 제공이 대표적이다. 'AI 기본사회'라는 비전 아래 AI를 보편적 공공재로 만들어 국민 모두에게 기술 접근성을 확대하겠다는 구상이다. 기존의 '기본소득'처럼 AI도 국가가 보장하는 '기본' 서비스로 제공하겠다는 의지를 드러낸 것이다.

혁신성장을 견인할 디지털 전문 인재 100만명 양성도 목표로 제시했다. AI 대학원 및 소프트웨어(SW) 중심대학 정원 확대, 글로벌 대학 협력, 해외 우수 인력 유치 등을 병행하고 R&D 성과가 산업 현장에 빠르게 적용될 수 있도록 산학연 협력체계도 강화할 방침이다. AI 생태계 활성화를 위해 민관 협력을 강화하고, 대통령 직속 국가인공지능위원회를 만들어 컨트롤타워 역할을 부여할 계획이다.

AI 윤리에 대한 고민도 담았다. 이 대통령은 하라리 전 교수와의 대담에서 "돈을 벌기 위해 윤리적으로, 규범적으로 통제되지 않은 알고리즘을 통제할 방법을 찾아야 하겠다"고 말했다. 하라리 전 교수는 "우리도 예측을 못 하는데 AI에 이런 정도까지 권한을 많이 넘겨서는 안 된다"며 정부가 알고리즘을 규제할 필요성이 있다고 주장했다. 이 대통령도 데이터의 안전한 활용과 AI 신뢰 및 안전 기반을 마련할 뜻을 밝혔다.

이 대통령은 문화강국에 대한 구상도 담았다. 다양한 'K시리즈'가 지금보다 더 전 세계의 주목을 받을 수 있도록 지원한다는 기조다. 이를 통해 대한민국을 '글로벌 소프트파워 빅5 문화강국'으로 도약시키겠다는 비전을 제시했다. 이 대통령은 "K컬처 글로벌 브랜드화와 K이니셔티브 실현으로 세계가 주목하는 문화강국을 만들겠다"고 밝혔다.

2030년까지 문화시장 규모 300조원, 문화 수출 50조원 달성이 핵심 목표다. K푸드, K뷰티, K팝, K드라마, K웹툰 등 한류 전 분야의 세계 시장 진출을 전폭 지원하고, 드라마·영화·웹툰·게임 등 K콘텐츠를 국가전략산업으로 지정해 세제 혜택, 정책금융, R&D 등 전방위적 인센티브를 제공할 방침이다. 이 대통령은 "우리 문화재정은 2025년 기준 국가 총지출의 1.33%에 불과하다"며 "문화강국에 부합하는 수준으로 대폭 늘리겠다"고 말했다

특히 K콘텐츠 창작의 전 과정에 대한 국가 지원을 강화하고, 온라인동영상서비스(OTT) 등 K컬처 플랫폼을 육성해 콘텐츠 제작부터 글로벌 진출, 유통까지 체계적으로 뒷받침할 방침이다. 영상 제작 인프라 확충, 버추얼 스튜디오 등 공공 제작시설 확대도 포함됐다. 웹툰산업에 대한 세제 혜택 확대와 번역과 배급, 해외 마케팅을 아울러 중소기업의 해외 진출도 적극 지원할 방침이다.

문화예술인들의 관심이 많은 복지와 창작권 보장 방안도 담았다. 문화예술인이 창작에만 전념할 수 있도록 인재 양성 및 지원 제도 확대, 전문조직 설립, 촘촘한 복지체계 구축을 약속했다. 이 대통령은 페이스북에 드라마 '오징어 게임'과 '폭싹 속았수다', 한강 작가의 노벨 문학상 수상 등을 사례로 제시하며 "대한민국에서 통하면 세계에서도 통한다. 대한국민의 안목이 세계의 기준이 되고 있다. 김구 선생이 꿈꾸었

던 문화강국 미래가 지금 바로 눈앞 가까이에서 펼쳐지고 있다"고 말했다.

또 이 대통령은 "대한민국을 글로벌 방위산업 4대 강국으로 만들겠다"면서 "K방산이 대한민국의 미래를 이끌 국가대표산업이 될 것"이라고 강조했다. 그는 "소총 한 자루도 만들지 못하던 대한민국이 매일 K방산의 새로운 역사를 쓰고 있다"며 2024년 말 국내 7개 주요 방산기업 수주 잔액이 100조원을 돌파한 사실을 언급했다.

국산 대공방어 무기체계와 초대형 최첨단 탄두 기술은 북한의 위협에도 굴하지 않는 '강한 안보'의 핵심 자산임을 분명히 했다. 향후 방산 수출 증대를 위한 범정부적 지원체계 강화와 컨트롤타워 신설을 핵심 공약으로 내세웠다. 그는 "강력한 제조업과 AI 등 첨단기술로 무장한 K방산이야말로 저성장 위기를 돌파할 신성장 동력이자 국부 증진의 중요한 견인차"라고 말했다.

이를 위해 대통령 주재 방산수출진흥전략회의를 정례화하고 방산 정책금융체계 재편, 방산 수출기업의 R&D 세액 감면 등 실질적 지원을 약속했다. 국방과학연구소의 원천기술 활용 지원, 방산 스타트업 육성, 방산 병역특례 확대, 지역 방산 클러스터 확대 운영 등도 공약에 포함됐다. 또 그는 "유럽, 중동, 동남아시아, 인도, 미국 등 권역별 특성을 고려한 협력 전략을 수립해 방산 협력국을 적극 확대하겠다"면서 글로벌 유지·보수·정비(MRO) 시장을 선점하기 위한 지원도 강조했다.

방산 분야에 관한 관심은 이 대통령이 과거 직접 주식 투자를 했던 사실에서도 확인된다. 그는 2025년 5월 경남 창원 유세 때 2022년 국회 국방위원회에서 활동할 당시 2억원대 방산주를 보유한 사실이 드러나 논란이 됐던 일을 언급하며 반박했다. 이 대통령은 "다른 의원들이 안 가려는 국방위원회에 갔더니 '이해충돌이다' '내부 정보를 이용해 주식을 샀다'고 하더라"며 "국회의원도 아닐 때 샀는데 무슨 내부 정보냐. 15% 손해 보고 팔았다"고 말했다.

이 대통령은 반도체, 2차전지, AI, 바이오, 우주·항공 등 첨단산업을 국제 경쟁력의 중심축으로 삼고 국민·기업·정부·연기금 등 모든 경제주체가 참여하는 '국민펀드' 조성도 약속했다. 그는 "국가 주도의 대규모 투자와 국민참여형 펀드를 통한 장기적이고 체계적인 산업 육성으로 세계를 선도하는 경제강국을 만들겠다"고 강조했다. 이른바 '한국판 엔비디아 국민펀드 조성' 프로젝트다.

이 공약의 핵심은 국민과 기업이 첨단전략산업에 투자할 경우 소득세·법인세 감면

이재명 대통령이 더불어민주당 대선후보 시절인 2025년 4월 28일 경기도 이천 SK하이닉스 이천캠퍼스에서 열린 AI 메모리 반도체 기업간담회에 참석하고 있다.

등 과감한 세제 혜택을 부여하는 것이다. 진성준 민주당 정책위의장은 "최소 50조 원 규모의 국민 참여형 펀드를 조성해 첨단전략산업 기업의 주식·채권 등에 집중 투자하고, 투자자에게 배당수익과 소득공제·비과세 등 파격적 혜택을 제공하겠다" 고 밝혔다. 정부와 연기금 등은 중·후순위 출자로 리스크를 분담해 국민이 보다 안 정적으로 참여할 수 있도록 설계한다는 방침이다. 다만 이 공약은 기본적으로 민간 이 소유해야 할 기업에 국가가 과도하게 관여하는 것 아니냐는 비판도 낳았다.

또 산업 생태계를 뒷받침하기 위해 기금을 설치해 맞춤형으로 자금을 공급하고 기 초·원천 R&D에 대한 장기적 투자, 벤처투자시장 육성, 모태펀드 및 스타트업 R&D 예산 대폭 확대 등 혁신성장 기반을 강화한다.

이 대통령은 2025년 4월 28일 SK하이닉스를 찾아 반도체 등 첨단산업 생태계 육 성 방안을 점검했다. 그는 이 자리에서 "미래 첨단산업 육성이 가장 중요한 과제인 데 반도체산업이 큰 타격 없이 앞으로도 세계를 주도할 수 있도록 해야 한다"며 반도 체 등 첨단기술 생태계 구축에 필요한 조건 등에 대해 업계 의견을 청취했다.

또 이 대통령은 "경남 우주항공국가산업단지를 글로벌 우주항공 중심지로 키우겠다"며 "발사체, 위성체, 지상 장비 등 우주산업 전반의 R&D를 대폭 확대해 선진국 수준의 기술력을 확보하겠다"고 약속했다.

벤처투자시장을 육성해 대한민국을 '글로벌 4대 벤처 강국'으로 도약시키겠다는 청사진도 제시했다. 모태펀드 예산과 벤처 · 스타트업 R&D 예산을 대폭 확대하고, 벤처투자 회수시장을 활성화하기 위해 인수 · 합병(M&A) 촉진 정책도 추진한다. 2023년 이 대통령은 "올해 모태펀드 예산을 4배로 늘려도 부족할 판에 40% 삭감했다"며 윤석열 정부의 소극적 태도를 비판한 뒤 "정부가 혁신기업의 자금난 해소에 앞장서야 한다"고 했다.

농업 분야에서도 첨단기술을 접목한 미래 농산업 전환을 약속했다. 스마트 데이터 농업 확산, 푸드테크 · 그린바이오산업 육성, R&D 강화, K푸드 수출 확대 등을 공약했다. 이 대통령은 "농업을 균형발전과 식량안보를 이끄는 국가전략산업으로 키우겠다"고 강조했다.

검찰·사법부 개혁 완성···
軍문민통제 강화

이재명 정부에서는 검찰, 사법부 등 권력기관의 힘을 빼고 견제를 강화하는 방향의 정책이 추진된다. 또 12·3 비상계엄 당시 주요 역할을 한 군부를 개혁하고 문민통제도 강화한다.

이재명 대통령은 검찰개혁 완성을 핵심 공약으로 제시했다. 더불어민주당은 이 대통령을 "정치검찰이 무리하게 기소한 피해자"로 보고 있다. 이번 정부에서 검찰이 자의적으로 정권 입맛에 맞게 보복성 기소를 남발하는 것을 막을 수 있는 장치를 만들겠다는 기조가 확고하다.

이 대통령이 대통령 당선 시점까지 5개 재판을 받고 있었던 점도 검찰개혁의 불을 댕겼다. 이 대통령은 공직선거법 위반 혐의(대법원 유죄 취지 파기환송), 위증교사 혐의(2심), 대장동·위례·백현동·성남FC 관련 혐의(1심), 쌍방울 불법 대북송금 혐의(1심), 경기도청 예산 사적 유용 혐의(1심) 사건으로 재판을 받고 있다. 부인 김혜경 여사는 2022년 20대 대선 당시 전현직 국회의원 배우자 등에게 10만원어치 음식을 제공한 혐의로 1·2심에서 모두 벌금 150만원을 선고받았고 대법원에 상고했다.

여기에 2025년 21대 대선 기간 검찰이 문재인 전 대통령을 사위 취업 의혹 관련 뇌물 혐의로 불구속기소하자 민주당에선 "검찰이 스스로 '정치검찰 해체'의 방아쇠를 당겼다"면서 "내란 공범 정치검찰은 내란 세력과 함께 반드시 청산될 것"이라며 검찰개혁에 대한 강한 의지를 드러냈다.

이재명 정부 검찰개혁의 골격은 수사·기소권 분리다. 민주당 선거대책위원회 관계

이재명 대통령이 더불어민주당 대표 시절인 2025년 3월 26일 서울중앙지법에서 열린 공직선거법 위반 사건 항소심에서 무죄를 선고받은 뒤 입장을 밝히고 있다.

자는 "경제 · 민생 살리기를 제외하고 제일 중요한 문제가 검찰개혁이고, 그 핵심은 수사권을 빼내는 것"이라고 설명했다. 검찰을 기소청이나 공소청으로 축소하는 방향은 정해졌다. 검찰이 담당해온 중대범죄 수사를 어떻게 이전할지가 관건이다. 중대범죄수사청을 신설하는 방안도 검토되고 있다. 다만 문재인 정부에서도 검찰의 수사권 분리를 추진했지만 너무 속도전에 주력한 나머지 부작용도 드러났다는 점에서 정교한 개편 과정이 필요하다는 목소리도 있다. 윤석열 전 대통령에 대한 내란죄 수사 과정에서 검찰, 경찰, 고위공직자범죄수사처 간 수사 범위 논란 등이 발생했기 때문이다.

또 검사 징계 파면 제도를 도입한다. 현행 검사징계법상 검사는 해임, 면직, 정직, 감봉, 견책 등 징계만 받을 수 있는데 여기에 파면까지 추가해 검사에 대한 제재 실효성을 높이겠다는 것이다.

검찰개혁에 비해 상대적으로 후순위였던 사법개혁은 이 대통령에 대한 공직선거법 위반 사건에 대법원이 유죄 취지로 파기환송을 선고하자 최대 화두로 부상했다. 민주당은 이 대법원 판결을 조희대 대법원장이 일으킨 '3차 내란'으로 규정했다. 이 대통령은 2025년 5월 14일 경남 창원 유세에서 "내란 세력을 반드시 찾아내 법정에 세워야 한다. 그리고 그 법정은 '깨끗한' 법정이어야 한다"며 사법부를 개혁하겠다는 강력한 의지를 보였다. 국민의힘은 이를 두고 입법부와 행정부에 이어 사법부까지 틀어쥐려는 "독재적 발상"이라며 반발했다.

민주당은 일단 대법관 정원 확대를 추진한다. 현행 대법관 14인 체제에서 사건 적체와 심리 지연 문제가 지속해서 제기돼왔다는 점을 명분으로 삼았다. 민주당에서는 대법관 숫자를 최대 100명까지 늘리는 법원조직법 개정안마저 등장했다.

또 국민참여재판 확대를 통해 사법부에 대한 견제를 강화하고 사법 불신을 해소한다는 방침이다. 국민참여재판은 국민이 배심원으로서 형사재판에 참여하는 제도다. 배심원이 된 국민은 재판에 참여한 후 유무죄에 관한 평결을 내리고 양형에 관한 의견을 제시한다. 재판부는 이를 참고해 판결을 선고한다.

이 제도는 2008년 2월 도입된 이래 2013년까지 실시 건수가 늘었다가 이후 감소하는 추세다. 강동범 이화여대 법학전문대학원 명예교수에 따르면 "제도 실시 이후 15년 동안 평균 신청률은 3.9%, 평균 실시율은 신청 사건 대비 30.7%, 대상 사건 대비 1.2%"다. 법원이 피고인의 국민참여재판 신청을 거부하는 배제율(접수건 대비 배제 결정 비율)도 2023년 31%로 10년 전(2013년 14.8%)과 비교하면 크게 상승했다. 이재명 정부는 국민이 직접 재판 과정에 적극 참여하도록 해 사법의 민주성을 높이겠다는 계획이지만 법조계에선 상당한 논란이 뒤따르는 문제다.

국민이 시간과 장소의 제약 없이 재판에 참여할 수 있도록 온라인 재판 제도 도입도 약속했다. 코로나19 이후 비대면 행정 확산 추세에 맞춰 재판 접근성을 높이고 절차를 효율화하는 데 목적이 있다. 온라인 재판이 시행되면 교통·시간·장애 등 다

조희대 대법원장이 2025년 5월 1일 대법원 대법정에서 이재명 당시 더불어민주당 대선후보의 공직선거법 위반 사건 상고심 선고를 하고 있다. 대법원은 무죄를 선고한 원심을 파기하고 유죄 취지로 사건을 서울고법으로 돌려보냈다.

양한 이유로 법정 출석이 어려운 국민에게 재판받을 수 있는 권리가 보장된다. 아울러 판결문 공개 범위도 확대할 방침이다.

김영삼 정부의 '하나회 척결' 이후 정치적 중립을 유지했던 군은 지난해 12월 3일 비상계엄 사태를 통해 비난의 중심에 섰다. '육군사관학교 카르텔'이 드러나면서 엘리트 군인 중심의 조직문화를 대폭 개혁할 필요성이 커졌다. 이 대통령은 '국민에게 봉사하는 군대'로 체질을 개선할 방침이다.

국방 문민화를 통해 군의 폐쇄적 문화와 권력 집중을 해소할 예정이다. 그동안 군의 인적 구성이나 지휘부의 폐쇄적 문화가 계엄 등 국가 위기 상황에서 위험성을 드러냈다고 보고 향후 국방부 장관을 민간에서 발탁하는 방안을 검토하고 있다. 민간 출신 국방부 장관이 탄생하는 것 자체가 군에 대한 민주적 통제와 투명성 강화를 위한 상징적 조치로 받아들여지기 때문이다.

군 정보기관 개혁도 핵심 과제다. 12 · 3 비상계엄 사태에서 국군방첩사령부 등 군 정보기관이 핵심 역할을 했다는 문제의식에서 출발한다. 진성준 민주당 정책위의장은 "방첩사를 비롯한 군 정보기관에 대한 편제 개혁은 반드시 필요하다"고 밝혔다. 3군(육해공군) 참모총장 인사청문회 제도도 도입할 계획이다. 현재 인사청문회법에선 합동참모의장만 국회에서 인사청문회를 거친다.

이 대통령은 감사원의 정치적 중립성과 독립성 강화를 강조한다. 윤석열 정부에서 감사원은 문재인 정권을 겨냥해 실시한 '표적 감사' '코드 감사' 논란에 휩싸였다. 최재해 감사원장은 "감사원은 대통령의 국정 운영을 지원하는 기관"이라고 말해 정치적 중립성 훼손 우려를 키웠다.

감사원 관련 공약은 자의적 감사 개시와 고발 남용을 막기 위한 견제 장치 도입이다. 앞으로 감사원이 감사를 시작하거나 고발 여부를 결정할 때는 반드시 감사위원회 의결을 거치도록 할 방침이다. 감사 개시·고발 결정이 정치적으로 악용될 소지를 차단하고 집단적 의사결정 구조를 통해 감사원의 독립성과 책임성을 높이겠다는 취지다.

또 감사원 내부를 감찰하는 감찰관을 외부 인사로 임명하는 것도 공약에 들어갔다. 조직 내 '셀프 감찰'의 한계를 극복하고 내부 비위나 권한 남용을 효과적으로 통제하겠다는 것이다.

공공기관장 임기를 대통령 임기와 일치시키는 법제화도 추진한다. 이는 정권 임기 말에 반복되는 '알박기 인사' 논란과 공공기관 경영의 비효율, 정책 일관성 저해 문제를 해소하기 위한 것이다. 대통령 임기 종료 시 공공기관장 임기도 자동으로 끝나도록 해 경영 책임과 정책 추진의 일관성을 강화할 방침이다.

민생·인권 친화적 사법제도 개선 방안도 제시했다. 국선변호인 조력 범위를 단계적으로 확대해 취약계층의 방어권을 실질적으로 보장할 방침이다. 한국형 디스커버리(증거 개시) 제도 도입, 피해자 진술권 강화를 통해 사법절차의 공정성을 높이려 한다.

대통령 계엄 권한에 대한 민주적 통제도 강화한다. 계엄 선포 시 국회의 계엄해제권 행사에 대한 제도적 보장을 명확히 해 국가 비상사태에서도 입법부가 민주적 견제 역할을 할 수 있게 한다. 또 직접민주주의 강화를 목표로 국회의원 국민소환제를 도입한다.

미디어·방송 개혁 분야에서는 방송통신위원회의 정파성 극복을 위한 법제 정비,

공영방송의 정치적 독립성 보장, 보도·제작·편성의 자율성 보장, 방송통신심의위원회 독립성 및 정치적 중립성 강화 등을 약속했다.

진실·화해를 위한 과거사정리위원회 3기 신속 출범도 약속했다. 2025년 5월 26일 2기 위원회의 조사 기간이 종료됐다. 이후 오는 11월 26일까지 종합보고서를 작성해 국회에 보고한 후 모든 활동이 종료된다. 이에 이 대통령은 빠르게 3기를 출범시켜 과거사 진상규명과 명예회복 사업을 연속성 있게 추진한다는 방침이다. 또 학교 역사교육 강화와 역사 연구기관 운영 정상화를 통해 역사 인식의 올바른 정립과 연구의 자율성을 보장하겠다고 밝혔다.

골목상권 활성화 및
코리아디스카운트 해소

이재명 대통령은 2025년 4월 소상공인연합회와의 간담회에서 "요즘은 경기도 나쁘고 민생 현장, 특히 골목 상권들이 워낙 나빠져서 참 얼굴을 들고 다니기가 민망할 정도"라며 "정치가 국민의 삶을 챙기는 것이 본연의 임무인데 정치 때문에 오히려 경제가 더 나빠지는 상황을 맞이하니 큰 책임감을 느낀다"고 말했다.

2024년 6월 말 기준 자영업자의 빚은 코로나19 팬데믹 직전인 2019년 말 대비 380조원 늘었고, 취약 차주만 43만명에 이른다.

이 대통령은 코로나19 시기 시행된 정책에 문제가 있다고 봤다. 그는 "코로나19 때 다른 나라가 국가 재정으로 위기 극복의 비용을 지출할 때 대한민국은 국민한테 돈을 빌려줘서 국민의 돈으로 위기를 극복하게 했다"며 "소상공인을 포함한 서민들의 빚이 엄청나게 늘어났고, 거기에 이자율이 올라가면서 지금은 엄청난 비용 부담으로 다가와 모두의 삶을 옥죄고, 국가 경제까지 어렵게 만들고 있다"고 밝혔다.

이런 문제의식 속에 이 대통령은 소상공인과 자영업자 지원을 위해 코로나19 정책자금 대출에 대한 채무조정부터 탕감까지 단계적으로 추진하는 종합 대책을 약속했다. 코로나19 시기 정책자금 대출을 받은 소상공인에 대해 저금리 대환대출, 이차보전 등 정책자금 확대, 맞춤형 장기 분할 상환 프로그램 도입 및 단계적 탕감 등을 대책으로 제시했다.

이 대통령은 가뜩이나 어렵던 경제가 2024년 12월 3일 벌어진 비상계엄 사태로 더 악화했다고 보고 있다. 그는 "경제는 안정성, 예측 가능성, 합리성이 생명인데 2024년 12월 3일 친위 군사 쿠데타 시도로 이 사회가 불안정 상태에 빠져버렸다"

이재명 대통령이 더불어민주당 대선후보 시절인 2025년 5월 4일 충북 단양군 단양구경시장에서 떡갈비를 사면서 지역화폐를 사용하고 있다.
연합뉴스

고 말했다. 비상계엄 이후 직접적인 피해를 본 소상공인에 대해 임대료, 인건비 등 경영 부담을 낮추는 지원 대책을 마련할 예정이다.

'소상공인 내일채움공제'도 도입한다. 내일채움공제는 중소기업에 취업한 근로자들이 일정 기간 근속하며 일정 금액을 내면 기업과 정부에서 추가로 지원금을 적립해 줘 목돈을 마련할 수 있는 제도다. 소상공인 역시 일정 돈을 내 사업을 이어가면 정부가 지원금을 적립해주는 방식으로 목돈을 마련할 기회를 주겠다는 취지로 볼 수 있다.

내수 진작과 소비 활성화를 위해 지역사랑상품권(지역화폐) 및 온누리상품권 발행 규모를 대폭 확대하고, 지역별 대표 상권 및 소규모 골목상권을 집중 육성하는 '상권 르네상스 2.0'도 추진한다. 지역경제를 활성화하고, 골목상권의 자생력을 높이겠다는 구상이다.

지역사랑상품권은 지방자치단체가 발행하는 지역 전용 상품권이다. 해당 지역 내 전통시장, 골목상권, 소상공인 매장에서만 사용할 수 있다. 이 대통령은 집권 시 발행 규모를 역대 최대 수준으로 확대해, 전국 거의 모든 지자체에서 상품권이 활발히 유통되도록 하겠다는 생각이다.

또 온누리상품권은 전통시장 및 상점가에서 사용할 수 있는 정부 발행 상품권인데, 2025년 발행 규모를 5조5000억원까지 늘리고, 설 등 주요 시기에는 할인율을 10~15%로 상향해 소비자도 혜택을 받도록 할 방침이다.

지역사랑상품권 발행을 확대하는 것은 단순한 소비 진작을 넘어 지역 내 소상공인 매출 증대와 지역경제 선순환 구조를 만들겠다는 목표가 있다. 실제 상품권 사용처의 80% 이상이 음식점, 유통업, 학원 등 생활 밀착형 업종이다.

다만 지역상품권의 장기적 경제효과에 대해선 민주당과 전혀 다른 분석도 제기되고 있다는 점은 유념해야 한다.

상권르네상스 2.0은 지역별 대표 상권과 소규모 골목상권을 집중 육성해 지역경제에 활기를 불어넣는 프로젝트다. 지역별로 특색을 살린 대표 상권(전통시장, 테마거리, 먹거리촌 등)과 소규모 골목상권을 선정해 집중 지원한다. 인프라 개선, 상권 환경 정비, 디지털 전환, 공동 마케팅, 상권별 맞춤형 정책자금 지원 등이 포함된다.

이 같은 정책 시행에 필요한 지역화폐를 확대하기 위해 이재명 정부는 대선 이후 빠르게 추가경정예산을 편성하고 집행하는 방안을 검토할 것이란 예상도 나온다. 2025년 5월 1일 국회가 정부안(12조2000억원)보다 1조6000억원 증액한 13조 8000억원 규모의 추경을 통과시켰지만 민주당은 침체된 경기를 되살리기엔 부족한 규모라고 봤다.

이 대통령도 앞서 2025년 4월 23일 민주당 대선 후보 경선 토론회에서 "민생이 너무 어렵다. 내수 진작을 위한 긴급 조치를 해야 하지 않겠는가"라며 "민생 추경부터 확실하게 챙겨야 한다"고 밝혔다. 5월 1일부터 진행한 '골목골목 경청투어'에서도 지역화폐를 직접 사용하는 등 여론전을 펼쳤다. 이 후보는 경북 예천군에서 "(지역화폐 발행을) 많이 해야 한다. 돈이 문제가 아니라 마음(결심)의 문제"라고 말했다. 이 때문에 지역화폐 사업이 추경의 핵심 내용이 될 가능성이 크다는 분석이다.

소상공인과 자영업자 사회안전망을 구축하기 위해 이 대통령은 육아휴직 급여 확대도 제시했다. 이 대통령은 "아이를 가진 부모라면 누구나 출산휴가와 육아휴직을 보장받아야 한다"는 입장이다. 육아휴직과 출산휴가 급여는 고용보험 기금으로 지급

된다. 고용보험에 의무 가입되는 근로자는 혜택을 보지만, 자영업자나 특수고용자(특고), 플랫폼노동자 등 미가입자는 소외돼 있다. 현 제도상 자영업자는 고용보험에 가입해도 육아휴직 급여를 받을 수 없다.

한국보건사회연구원이 2022년 추산한 결과에 따르면 육아휴직 급여를 특수고용자로 확대할 경우 육아휴직 급여는 연 463억~767억원(2023~2027년 총 3014억원), 자영업자로 확대할 경우 연 3777억~5000억원(2023~2027년 총 1조1772억원)이 추가로 든다.

또 이 대통령은 저소득 취업자에 한정된 상병수당(질병·부상 시 소득 보전)도 자영업자 등으로 단계적 확대하는 방안을 구상하고 있다. 누구나 아플 때 걱정 없이 쉴 수 있는 문화와 제도를 정착시키기 위함이다.

그 외 취약계층에 대한 중금리대출 전문 인터넷은행 설립도 추진하고, 가산금리 산정 시 법적 비용들을 금융소비자에 부당하게 전가하는 것을 방지해 원리금 상환 부담 자체를 줄이는 정책도 도입할 예정이다.

국내 증시 부양 구상도 공약에 담았다. 이 대통령은 페이스북에 "회복과 성장으로 코리아 디스카운트를 해소해 주가지수 5000시대를 열겠다"며 "주주 이익 보호를 위한 상법 개정을 재추진하겠다. 소액 주주를 대표하는 이사도 선임될 수 있도록 집중투표제를 활성화하겠다"고 밝혔다.

이를 위해 상장기업 특성에 따른 주식시장 재편 및 주주 환원 강화를 약속했다. 외국인 투자자 유입 확대를 위한 제도 정비 및 모건스탠리캐피털인터내셔널(MSCI) 선진국지수 편입도 적극 추진한다.

특히 상법상 주주 충실 의무 도입 등 기업 지배구조 개선을 통한 일반주주의 권익 보호에 나선다. 아울러 자본·손익거래 등을 악용한 지배주주의 사익 편취 행위를 근절하고, 먹튀·시세조종을 근절해 공정한 시장 질서를 만들겠다는 방침이다. '원스트라이크 아웃제'를 도입해 한 번이라도 주가 조작에 가담하면 다시는 주식시장에 발을 들일 수 없도록 할 예정이다.

감사위원 분리 선출 확대·경영 감시 기능 강화, 합병 시 기업가치 공정 평가, '쪼개기 상장' 시 모회사 일반주주에게 신주 우선 배정, 상장회사 자사주의 원칙적 소각 등도 약속했다.

가상자산 등 디지털자산 생태계를 정비해 신성장동력 기반을 마련할 방침이다. 이 대통령은 가상자산 현물 상장지수펀드(ETF)를 도입하고 통합 감시 시스템 구축을 약속했다. 가상자산 공약은 젊은 층 위주로 구성된 '코인 표심'을 사로잡기 위한 것이다. 한국은행에 따르면 2024년 11월 말 국내 가상자산 투자자 수는 1559만명에 달한다. 한국 전체 인구의 약 30%가 가상자산 투자 경험이 있는 셈이다.

중소기업협동조합 등 단체에 협상권을 부여해 제값 받는 공정경제를 실현하고, 중소기업 복지 플랫폼 예산 확대, 중소기업 상생금융지수 도입도 약속했다.

국익과 실용 기반 외교…
경제영토 확장

"외교 · 안보의 실패는 국가의 존망과 직결되는 문제이다. 그래서 외교 · 안보에는 여야가 따로 있을 수 없다."

이재명 대통령은 2023년 더불어민주당 대표 시절 이같이 외교 · 안보도 국익과 실용 중심으로 가야 한다는 점을 강조했다. 보수 진영에서 이 대통령의 외교 · 안보 정책에 우려 섞인 시선을 보낼 때마다 이 대통령은 실용 외교를 내걸었다.

2025년 4월 대선을 앞두고 발간한 '결국 국민이 합니다'에서는 "한미 동맹은 우리 외교 · 안보 근간이자 첨단 기술 협력과 경제 발전을 위한 주요 자산"이라고 했다. 앞서 같은 해 2월 워싱턴포스트(WP)와의 인터뷰에선 "미국은 한미 동맹에 대해 걱정할 필요가 없다. 민주당이 양국 관계를 손상해 얻을 수 있는 게 있겠느냐"고 했다.

그는 2025년 5월 대선 기간엔 '친중국'이라는 시선에 대해서도 적극 대응했다. 2024년 22대 총선을 앞두고 "중국에 셰셰(謝謝 · 고맙습니다) 하면 된다"는 취지로 발언했다가 논란이 된 사실을 스스로 언급한 뒤 당시 발언은 국익 중심의 외교를 하겠다는 뜻이었다고 강조했다.

이 대통령은 "한미 동맹도 중요하고 한 · 미 · 일 안보 협력도 해야 하지만, 그렇다고 다른 나라와 원수질 일은 없지 않나"라며 "국익 중심으로 중국 · 러시아와 관계도 잘 유지하면서 물건도 팔고 그래야 하는 것 아닌가"라고 말했다.

이 때문에 공약집에는 '국익과 실용의 기반하에 주변 4국(미국, 일본, 중국, 러시아)과의 외교관계 발전'을 담았다. 동시에 굳건한 한미 동맹을 기반으로 전방위적 억제 능력을 확보하고, 주한미군으로부터의 전시작전통제권 전환을 가속화할 뜻도 밝혔

이재명 대통령이 더불어민주당 대표 시절인 2025년 2월 7일 국회에서 김현종 전 대통령 외교안보특별보좌관에게 당대표 외교안보보좌관 임명장을 수여하고 있다.

다. 한국형 탄도미사일 성능 고도화와 한국형 미사일방어체계 고도화에도 힘쓸 예정이다.

국제 통상 환경 변화에 빠르게 대응하고 경제 외교를 강화하겠다는 뜻도 밝혔다. 우선 성공적인 '2025 경주 APEC(아시아태평양경제협력체) 정상회의' 개최를 위해 전방위적 지원에 나설 방침이다. 이 대통령은 대선 후보 시절인 2025년 5월 9일 경주에서 "준비가 좀 부실하단 소문이 있던데 국회 차원에서도 잘 챙기라고 이야기해놨다"고 말했다.

주요 20개국(G20), G7 등 다자 외교에도 적극 참여한다는 방침이다. 유엔을 중심으로 한 국제 협력 체계하에서 한반도 평화와 비핵화, 경제 안보, 인권, 개발, 보건 등 분야에서 한국의 목소리를 높이겠다는 방침이다

또 동남아시아, 아프리카, 중남미 등 신흥국이 밀집된 '글로벌사우스(Global South)' 공약에도 적극 나선다. 글로벌사우스는 최근 도시화와 중산층 확대에 힘입어 소비 수요가 급증하는 시장으로, K푸드 · 뷰티 등 한국 상품에 관한 관심이 높아

소상공인 제품의 진입 가능성이 크다는 전망이 나온다. 유럽연합(EU)과는 공급망, 방산, 인프라 등 분야에서 실질적 협력을 확대하고 기후 위기 대응에도 힘을 합치는 방안을 모색한다.

민주당 정부에서 강조해온 남북 관계 개선도 언급했다. 이 대통령은 북핵 위협의 단계적 감축을 통한 군사적 긴장 완화 및 평화 분위기 조성에 초점을 맞췄다. 이 대통령은 한반도의 군사적 충돌 위험을 낮추고 평화 분위기를 조성하기 위해 우발적 충돌 방지, 군사적 긴장 완화, 신뢰 구축 조치 등을 추진하겠다고 약속했다. 또 9·19 남북 군사합의를 복원하고 대북 전단과 오물 풍선, 대북·대남 방송을 상호 중단해 접경지역의 평화와 안전을 지키겠다는 입장도 내놓았다. 이산가족 상봉 등 남북 교류·협력도 추진하겠다고 밝혔다. 이 대통령은 2024년 11월 "평화가 경제이고, 안보가 곧 민생"이라고 강조했다.

산업·무역 안보 강화 및 공급망 대응 방안도 담았다. 국산 둔갑 우회 수출, 국가 핵심기술 유출 등 불법행위 단속을 강화한다. 또 글로벌 공급망 위기 선제 포착, 핵심 소재·연료 광물 확보, 전략물자 국적 선박 확보 등으로 산업 주권과 물류 안보를 두껍게 한다는 방침이다. 쌀 등 주요 농산물 공급 기반도 확대해 식량 안보를 강화하고 불법 중국어선 단속 등을 통해 해양 주권 수호에도 힘쓸 계획이다.

촘촘한 사회 안정망 구축 및 공공의료 강화

"매일매일 희망을 일구며 성실하게 살아가는 사람들의 소중한 꿈이 보이스피싱 같은 범죄로 하루아침에 무너지는 일이 없도록 해야 한다."

이재명 대통령은 2022년 20대 대선에서 "보이스피싱 범죄를 반드시 근절해 서민들이 눈물 흘리는 일 없도록 하겠다"며 경기도 특별사법경찰 모델을 전국으로 확대 시행하겠다고 밝혔다.

이 대통령은 2018년 경기도지사로 취임한 이후 경기도 특사경의 조직 및 관련 업무를 대폭 확대해 민생범죄에 대응하도록 했다. 그 결과 윤석열 검찰총장 시절 대검찰청이 실시한 '2020년 특별사법경찰 업무 유공 평가'에서 '최우수' 기관에 선정됐다.

이처럼 이 대통령은 지방자치단체장 시절부터 민생 침해, 특히 금융 범죄에 대한 강한 대응을 주문했다. 보이스피싱, 다중사기 등 서민을 겨냥한 대규모 금융 범죄에 대해 범죄 이익 몰수를 추진한다. 2023년 법원은 보이스피싱 조직원에게 징역형과 함께 1억여 원의 범죄수익 몰수를 선고했다. 이런 판례를 제도적으로 확립해 범죄수익이 조직원에게 환수되는 일을 원천 차단하겠다는 취지다.

금융사고에 대한 엄중 처벌도 담았다. 금융감독원이 2025년부터 금융사 임직원의 책임을 세분화하는 '책무구조도' 제도를 도입해 내부 통제 체계 전반에 대해 점검을 강화하고 있지만 횡령 등 금융사고는 끊이지 않고 있다.

지난해 5대 은행(KB국민 · 신한 · 하나 · 우리 · NH농협)에서 발생한 금융사고가 1774억원에 달한다. 앞으로 금융사고 발생 시 책임자를 끝까지 추적해 엄정하게 처벌하고, 금융기관의 보안 의무 위반에는 징벌적 과징금을 부과한다는 방침이다.

이재명 대통령이 더불어민주당 대표 시절인 2024년 9월 4일 서울 성북구 고려대학교 안암병원 권역응급의료센터를 의료대란 대책특위 위원들과 함께 방문한 뒤 취재진의 질문에 답하고 있다.

이재명 정부는 '아플 때 국민 누구도 걱정 없는 나라, 제대로 치료받을 권리'를 보장하기 위해 지역·필수·공공의료를 강화하고 국민이 공감하는 의료개혁을 공약으로 내세웠다. 윤석열 정부에서 의대 정원 확대로 발생한 의료대란을 빠르게 수습하고 향후 사회적 합의를 바탕으로 한 의료체계 개혁을 강조한다.

우선 지역·필수·공공의료 인력을 확충하기 위해 지역의사제, 지역의대, 공공의료사관학교 신설을 약속했다. 공공의료사관학교 졸업생은 일정 기간 군의관 등 공공의료 분야에서 의무 복무하도록 해 의료 취약지 의사 부족 문제를 해소하겠다는 구상이다.

또 전국 70개 중진료권에 공공의료기관을 확충하고, 국립대병원의 지역거점병원 역할을 강화해 의료 사각지대를 해소할 계획이다. 중진료권이란 몇 개 시군구를 지리적으로 묶으면 입원 환자의 대부분이 지역 내에 있는 병원을 이용하게 되는 것을 말한다. 지역 의료 불평등을 측정하는 지표인 입원 환자 사망률은 중진료권 간 최대 2배 차이가 나는 것으로 조사됐다.

응급환자 신속 이송-수용-전원 체계를 구축해 '응급실 뺑뺑이' 문제를 해결하고 24시간 중증·응급 전문의 대응체계를 마련할 방침이다. 주치의 중심 맞춤형 일차 의료체계화 방문·재택 진료 확대, 의료의 질과 안전성을 고려한 비대면 진료 제도화도 추진된다.

이 대통령은 국민 참여형 의료개혁 공론화위원회 설치를 공약했다. 의료계·정부·환자·국민이 함께 논의하고 사회적 합의를 기반으로 한 의료개혁을 추진하겠다는 뜻이다. 이는 윤석열 정부의 일방적 의료정책 추진이 실패한 경험을 반면교사로 삼고 향후 국민이 원하는 '진짜 의료개혁'을 실현하겠다는 의지를 담았다. 희귀·난치질환, 소아비만·소아당뇨 등 취약질환에 대한 국가 책임도 강화한다.

범죄로부터 안전한 사회 구축도 약속했다. 흉악 범죄·묻지 마 범죄(이상동기범죄) 예방을 위해 범죄 경력자에 대한 관리·감독을 대폭 강화하고, 전자감독 등 첨단 감시체계를 확대한다. 교제 폭력 범죄에 대한 처벌도 강화하고, 피해자 보호명령제도(접근 금지, 상담 위탁 등)를 도입해 제도의 실효성을 높인다.

아울러 대규모 재난 발생 시 현장 지휘권을 강화하고, 중앙-지방-유관기관 간 협업체계를 구축해 신속하고 효율적인 대응체계를 마련할 예정이다. 사회재난 발생 시 사고조사위원회를 즉각 설치해 원인 규명과 재발 방지 대책도 마련한다.

교통사고 예방을 위해 오토바이 전후방 번호판제 도입, 고령 운전자 운전 능력 평가 및 교통안전교육 강화도 공약집에 담았다. 항공 사고를 방지하기 위한 항공사·공항시설 안전 투자 확대, 건설공사 전 과정(발주·설계·시공·감리) 안전대책 강화 방안도 마련할 예정이다.

세종행정수도,
'서울대 10개 만들기'로 국토 균형발전

이재명 대통령은 수도권 집중 해소 및 국가 균형발전을 위해 '5극3특' 전략을 제시했다. 수도권 '1극'에서 수도권 · 동남권(부산 · 울산 · 경남) · 대구경북권 · 충청권 · 호남권의 '5극'과 제주 · 강원 · 전북 3개의 특별자치도를 국토 균형발전의 중심축으로 삼겠다는 것이다. 성남시장과 경기도지사를 경험한 대통령답게 지방자치 강화 및 지방 균형발전을 중요시한다.

이를 위해 세종특별자치시를 행정수도로 완성하는 것을 대표 공약으로 내세웠다. 노무현 전 대통령이 2003년 첫 삽을 뜬 지 22년 만에 세종 행정수도가 재추진된다. 이 대통령은 "국회 세종의사당과 대통령 세종 집무실을 임기 내 건립하겠다"며 "국회 본원과 대통령 집무실의 세종시 완전 이전도 사회적 합의를 거쳐 추진하겠다"는 뜻을 밝혔다. 또 "2019년부터 중단된 공공기관 이전도 조속히 재개하겠다"고 덧붙였다.

윤석열 전 대통령이 청와대에서 용산으로 대통령 집무실을 옮기면서 21대 대선 전부터 새롭게 선출되는 대통령은 어디를 집무실로 사용할지가 뜨거운 감자였다. 인수위원회 없이 임기를 시작한 이 대통령은 이미 국민에게 개방된 청와대에 바로 들어가는 것은 보안 등을 고려했을 때 불가하다고 봤다.

그래서 일단 집무실은 용산 대통령실을 쓰고 청와대 보수 후 이전하는 등 방안을 병행하되 장기적으로 세종이 최종 종착지가 돼야 한다고 대선 기간에도 말했다.

세종 행정수도 완성 및 제2차 공공기관 지방 이전은 국토 균형발전, 수도권 일극 체제 해소를 위한 전략으로 봐야 한다. 이 대통령은 세종에 있는 해양수산부와 민간기

이재명 대통령이 2021년 8월 20대 대선 경선 후보 시절 세종시청 1층 행정수도 홍보관에 있는 세종의사당 모형 앞에서 균형발전 정책공약을 발표하고 있다. 그는 2025년 대선에서 세종행정수도 완성을 공약했다.

업인 HMM 본사를 부산으로 이전하겠다고 약속했다.

이 대통령이 제시한 '서울대 10개 만들기'도 수도권 중심의 대학 서열화를 완화하고 국가 균형발전을 이루기 위한 모델이다. 이 대통령은 2022년 22대 총선을 앞두고 충북대를 방문한 자리에서 "대한민국이 지금 지방 소멸과 수도권 폭발 문제로 몸살을 앓고 있는데, 그 중심에 대학 문제가 끼어 있다"고 주장했다.

'서울대 10개 만들기'는 전국 9개 거점 국립대(강원대, 충북대, 충남대, 경북대, 부산대, 경상대, 전남대, 전북대, 제주대)에 서울대 수준으로 투자하고 체계적인 육성 방안도 마련해 지방 대학의 경쟁력을 획기적으로 끌어올리겠다는 구상이다. 이렇게 지방 국립대를 세계적인 연구대학으로 키워서 지역 사립대학과 협력해 지역 혁신·성장의 중심 공간으로 만들겠다는 생각이다.

이 대통령은 지역 거점 국립대가 서울대보다 열악한데도 정부 예산은 3분의 1에 그치고 있는 점도 문제로 봤다. 그는 "(예산을 지방 국립대에) 사실 더 줘야 한다고 생각한다"며 "이제 국토 균형발전으로는 도저히 정상화할 수 없으니 차별적이라고 느

껴질 만큼 지방에 대한 추가 지원, 불균등 지원이 필요하다"고 말했다.

더불어민주당은 2024년 22대 총선에서도 '서울대 10개 만들기'를 공약으로 냈다. 당시 구체적 지원 방안으로 학생 1인당 교육비를 서울대의 70% 이상으로 높이고, 우수 교원·시설·기자재 확충, 강력한 취업 지원, 대학원 연구 환경 개선, 학과별 기초역량교육 프로그램 도입 등이 있었다.

또 균형발전을 위한 국가자치분권회의 신설 추진, 지방교부세 확대 및 자체 세원 발굴 등으로 지방재정 확충, 지역 주도 행정체계 개편 추진과 이를 담당할 범부처 통합 태스크포스(TF) 구성 등도 공약집에 담겼다.

이 대통령은 지역경제 활성화와 직장인 재충전이라는 두 마리 토끼를 잡기 위해 '국민 휴가 3종 세트'를 공약으로 내세웠다. 근로자 휴가지원제, 지역사랑 휴가지원제, 숏컷 여행이 이에 해당한다.

근로자 휴가지원제는 정부·기업·근로자가 함께 휴가비를 적립해 국내 여행을 지원하는 제도이다. 2025년 지원 대상을 15만명으로 대폭 확대하고, 정부 부담을 늘려 수혜 대상을 넓혔다. 근로자 20만원, 기업 10만원, 정부 10만원을 합쳐 총 40만원의 휴가비를 마련할 수 있으며, 소상공인·사회복지법인 대표자도 참여할 수 있다. 이를 더 활성화하겠다는 구상이다.

지역사랑 휴가지원제는 원하는 지역을 사전 예약하면 정부와 지방자치단체로부터 각각 지원을 받는다. 숏컷 여행은 1박2일의 짧은 국내 여행 비용을 지원하는 것이다. 그 외 지자체-기업 매칭 워케이션(일+휴가) 관광 활성화 및 지역특화 관광 자원 개발도 추진한다.

농·어·산촌과 관련해 이 대통령은 "양곡관리법을 개정해 논 타 작물 재배를 늘리고, 쌀과 식량작물 가격을 안정시키겠다"고 공약했다. 이 법안은 윤석열 전 대통령이 2023년과 2024년 두 차례 거부권을 행사했다. 정부가 남는 쌀을 의무적으로 매입하게 되면 쌀 공급과잉 문제를 고착화하고, 재정 악화를 심화할 수 있다는 이유에서다. 농림축산식품부는 양곡법 개정안을 시행하면 연간 3조원 이상의 재정이 소요될 것으로 추산했다.

그 외 주거 여건 개선, 빈집 정비, 세컨드하우스 확산 및 귀농·귀촌 지원 강화를 통해 사람들이 돌아오는 지속 가능한 농·산·어촌 만들기 공약도 담았다.

노동 존중 사회…
주 4.5일제, 정년 연장

10대 시절 '소년공' 생활을 한 이재명 대통령은 노동자 보호에 방점을 찍으며 친(親)노동계 정책을 내세우고 있다. 이 대통령은 135주년 노동절인 2025년 5월 1일 페이스북에 "일하는 사람이 주인공인 나라, 노동이 존중받는 사회를 만들겠다"는 노동 공약을 공개했다.

이 대통령의 핵심 노동 공약은 △노란봉투법 도입(노동조합법 2·3조 개정) △포괄임금제 금지 △임금분포제 도입 △주 4.5일제 도입 △정년 연장 △직장 내 민주주의 강화 등이다.

이 대통령은 공약집에서 "노동이 존중받고 모든 사람의 권리가 보장되는 사회를 만들겠다"며 "노동조합법 2·3조 개정(노란봉투법 도입)으로 하도급 노동자 등의 교섭권을 보장하겠다"고 밝혔다.

노란봉투법은 하도급 노동자의 원도급 기업에 대한 단체교섭권을 허용한다. 노동조합이 파업해서 회사에 발생한 손해에 대해 회사가 노조에 무분별하게 손해배상을 청구하지 못하도록 한다.

더불어민주당은 그동안 노란봉투법 도입을 시도했지만 막혔다. 윤석열 전 대통령이 이 법에 대해 2023년과 2024년 두 차례 거부권을 행사했기 때문이다.

이 법을 두고 노사 간 입장도 엇갈린다. 전국민주노동조합총연맹은 노란봉투법 도입을 거듭 주장했지만 한국경영자총협회는 "불법행위에 대해 면죄부를 주기보다는 사업장 점거 금지 등 합리적인 노사 문화 구축을 위한 법·제도가 우선"이라며 반발했다.

이재명 대통령이 더불어민주당 대표 시절인 2025년 2월 21일 서울 영등포구 한국노동조합총연맹을 방문해 김동명 위원장과 악수하고 있다.

이 대통령은 근로시간 단축과 관련해 포괄임금제 금지와 주 4.5일제 도입을 공약했다. 2030년까지 우리나라 평균 노동시간을 경제협력개발기구(OECD) 평균 이하로 단축하겠다는 목표를 제시했다. 주 4.5일제 도입 · 확산을 위한 범정부 지원과 단계적 로드맵도 공약했다. 한국의 연평균 노동시간은 2023년 기준 1874시간으로, OECD 평균(1717시간)보다 157시간 길다.

이 대통령은 페이스북에 "'주 4.5일' 제도를 도입하는 기업에 대한 확실한 지원 방안을 만들 것"이라며 "장기적으로는 '주 4일'로 나아가야 한다"고 밝혔다. 아울러 "장시간 노동과 '공짜 노동'의 원인으로 지목돼온 포괄임금제를 근본적으로 검토하겠다"고 덧붙였다.

주 4.5일제 도입 공약도 노동계는 환영하지만 경영계는 인건비 부담 증가를 우려하고 있다. 이에 이 대통령은 2025년 5월 8일 경제5단체장 간담회에서 "기업마다 상황이 다르니 (노사) 쌍방이 수용할 수 있는 범위에서 차등을 두고 단계적으로 하면 된다"며 "제가 어느 날 갑자기 긴급재정명령으로 시행하지 않을까 걱정하는 분들이

있는데, 그렇게 할 수는 없다"고 말했다.

이 대통령은 정년 연장도 사회적 합의를 통해 추진하겠다고 밝혔다. 그는 법적 정년과 국민연금 수급 개시 연령 간 격차를 두고 "생계의 절벽"이라고 부르면서 "준비되지 않은 퇴직으로 은퇴자가 빈곤에 내몰리는 현실을 개선해야 한다"고 강조했다.

이어 정규직이 아닌 특수형태근로종사자, 프리랜서, 플랫폼노동자, 자영업자 등 일하는 사람이면 누구나 노동권을 보장받을 수 있게 만들겠다고 약속했다.

이 대통령은 "과로사를 막기 위해 1일 근로시간에 상한을 설정하고 최소 휴식시간 제도를 도입하겠다"며 과로사 예방 및 근로시간 단축 지원에 관한 법률 제정을 약속했다. 또 사용자에게 근로자의 실근로시간 측정·기록 의무화, 연차휴가 일수와 소진율 선진국 수준 확대 등도 공약했다. 이 대통령은 "연차유급휴가 취득 요건을 완화하고, 사용하지 못한 휴가는 연차휴가 저축제도를 통해 3년 안에 사용할 수 있도록 하는 등 편의성을 높이겠다"고 밝혔다.

요람에서 무덤까지…
생애주기별 복지체계 구축

이재명 대통령은 국민의 삶을 국가가 책임지는 생애주기별 소득보장체계와 돌봄기본사회를 핵심 복지 비전으로 제시했다.

아동수당을 만 18세 미만까지 월 20만원으로 확대하는 방안을 추진한다. 만 8세까지 월 10만원 지급하는 현행 정책을 확대해 출생률을 1.5명까지 높이겠다는 취지다. 이 대통령은 2025년 5월 경북 포항 유세에서 "출생률이 1.5명 정도로 회복되는 정상적인 나라로 반드시 돌아가야 한다"고 말했다.

통계청에 따르면 2024년 말 주민등록 기준 18세 미만 인구가 687만6330명이다. 이들에게 월 10만원씩 주면 연 8조2515억원이 들어가는데, 20만원으로 상향하면 연 16조5031억원이 소요된다.

저출산 문제 해소를 위해 자녀 수에 비례해 신용카드 소득공제율·공제한도를 상향하고, 초등학생 예체능학원·체육시설 이용료를 교육비 세액공제에 포함한다. 초등학생을 위한 '온 동네 초등돌봄체계'를 구축해 방과 후 돌봄 공백을 최소화한다. 또 아이가 태어나면 정부가 매월 일정 금액을 입금하고, 부모도 이에 매칭해 입금할 수 있는 '우리아이자립펀드'를 단계적으로 도입한다. 육아휴직제도도 일하는 모든 취업자로 단계적으로 확대해 고용 형태와 무관하게 누구나 육아와 일을 병행할 수 있도록 할 방침이다.

국민연금 사각지대 해소 및 연금개혁도 중요한 축이다. 2025년 4월 18년 만에 이뤄진 국민연금법 개정은 보험료율(내는 돈)을 현행 9%에서 13%로, 소득대체율(받는 돈)을 40%에서 43%로 올리는 모수개혁을 핵심으로 담고 있다. 국가의 연금 지급 보장을 명문화하고, 군 복무·출산 크레디트를 확대하는 내용도 담겼다. 이 개정안은 2026년 1월 1일부터 시행된다. 국민연금 기금 소진 시기가 2064년으로 8년 늦춰졌지만 미래세대의 부담을 가중했다는 반론도 있다.

이 대통령은 현행 국민연금 시스템의 기본 틀을 유지하면서 청년층 가입 기간 확대를 위한 '청년 생애 첫 보험료 국가 지원', '군 복무 기간 전체 크레디트 확대' 등을 제시했다. 또 소득활동에 따른 연금액 감액 구조 개선, 기초연금 부부 감액 단계적 축소 등을 통해 노년층 소득 보장을 강화할 방침이다. 보험료 추가 인상 부담 대신 복지 혜택 확대를 통해 국민적 수용성을 높이려는 전략으로 해석된다.

초고령사회에 진입한 상황에서 치매·장애 등으로 재산 관리가 어려운 노인을 위한 공공신탁제도를 도입하고, 고령자 친화 주택·은퇴자 도시를 조성한다. 간호·간병 통합 서비스를 확대하고 요양병원 간병비에 건강보험을 적용한다. 노인 등이 집에서 의료·돌봄 서비스를 받는 지역사회 통합 돌봄 체계를 구축할 계획이다.

청년층을 위한 정책도 준비했다. 청년의 자산 형성을 위한 방안으로 이른바 '청년미래적금'으로 불리는 '청년내일채움공제시즌2', 가상자산 현물 상장지수펀드(ETF) 도입, 안전한 가상자산 투자 환경 조성, 거래 수수료 인하 등을 약속했다.

청년 일자리를 위해서는 구직활동 지원금을 확대하고, 생애 1회 구직급여 지급 등을 추진한다. 글로벌 기업이 운영 중인 '채용 연계형 직업 교육 프로그램'의 확산을 위한 국가 지원, 군 복무 경력의 호봉 반영도 추진한다.

청년 주거 지원책으로는 청년 맞춤형 공공분양, 고품질 공공임대 대폭 증가, 무주택 청년 가구 월세 지원 대상 확대, 월세 세액공제 확대 등을 제시했다. 전세사기특별법 개정, 임대 시장 감독 강화 등을 통한 불공정 행위 대응도 약속했다.

이 대통령은 "미래세대를 위해 기후 위기에 적극 대응하겠다"고 말했다. 이를 위해 '2040년까지 석탄화력발전소 폐쇄'를 약속했다. 2036년까지 석탄화력발전소 59기 가운데 28기를 폐쇄하고 액화천연가스(LNG) 발전소 등으로 전환한다는 것이 윤석열 정부 계획인데 이보다 진일보한 것으로 평가된다. 또 "2030년 온실가스 감축 목표를 반드시 달성하고, 과학적 근거에 따라 2035년 이후 감축 로드맵을 신속히 수립하겠다"고 밝혔다. 이는 파리협정에 부합하는 선진국 수준의 감축 목표다.

03

이재명 시대 파워엘리트

성남 · 경기 · 7인회 · 중앙대

원외 친명 조직 이끈 활동가

강위원
더민주전국혁신회의 상임고문

강위원 더민주전국혁신회의 상임고문은 외곽에서 이재명 대통령 만들기에 앞장섰다.

강 고문은 전남 영광에서 광주로 유학을 왔다. 애초에는 성직자를 꿈꾸던 소년이었으나 가난한 자취생에게 도움을 준 선생님들이 전국교직원노동조합(전교조)을 결성했다는 이유로 해직 당하는 모습을 본 이후 인생 경로가 바뀌었다. 서석고 학생회장이었던 그는 광주지역고등학생대표자협의회 의장을 맡아 시위를 이끌었고 1989년 고교생임에도 감옥에 갔다.

학교에서 퇴학 당한 그는 서울에서 식당 일 등을 하며 검정고시를 봤고, 1994년 전남대 국문과에 입학했다. 그는 전남대 총학생회장이 됐고, 1997년 한국대학총학생회연합(한총련) 5기 의장으로 학생운동을 이끈다. 그가 의장일 때 한총련이 이적단체로 규정된다. 그리고 2001년 7월까지 차가운 감옥에 있어야 했다.

출소 후 한총련 합법화를 위해 나섰다. 당시 학생운동도 변화가 필요하다는 취지의 주문을 했는데 이를 두고 일각에서 비판받기도 했다.

이후 강 고문은 복지 운동에 주력했다. 2007년 고향인 영광으로 돌아가 지인들과 함께 농촌 복지 공동체인 '여민동락'을 시작했다. 이후 민형배 당시 광주 광산구청장(현재 더불어민주당 의원)과 인연이 돼 2011년 광산구에 있는 더불어락노인복지관 관장으로 일하게 된다.

이 대통령은 '지역 혁신 아이콘'이라고 불리던 그를 2019년 경기도지사 시절 경기농식품유통진흥원장으로 임명한다. 이 대통령이 2023년 민주당 대표를 할 때는 기본사회위원회 부위원장 역할을 그에게 맡겼다.

강 고문이 중앙정치 무대에서 더 주목받게 된 것은 '친명(이재명)계' 원외 지지 조직인 더민주전국혁신회의의 대표를 맡으면서다. 2024년 22대 총선에서 더혁신 이름으로 출마한 후보만 50명이고, 31명이 당선됐다. 다만 강 고문은 여러 논란을 겪으며 총선 출마를 포기했다.

출 생 1973년, 전남 영광
학 력 광주 서석고(중퇴), 고등학교 검정고시, 전남대 국문과(중퇴)
경 력 전남대 총학생회장, 5기 한총련 의장, 경기농식품유통진흥원장, 더민주전국혁신회의 상임대표

요동치는 민심 읽어내 李에게 조언

권순정
전 더불어민주당 당 대표 정무전략실장

권순정 전 더불어민주당 당 대표 정무전략실장은 여론조사 업체 리얼미터 조사분석실장 출신으로 경기도청 참모를 지냈다. 이재명 대통령이 경기도지사를 할 때부터 전략가로서 주목받았다. 리얼미터에서 조사·분석 핵심 직책을 두루 거친 그는 데이터와 민심을 읽는 능력이 탁월해 이 대통령의 눈에 띄었다.

권 전 실장은 2020년 3월 리얼미터 퇴직 후 경기도 산하 공공기관인 경기도경제과학진흥원 상임이사로 임명되면서 당시 경기도지사였던 이 대통령과 본격적으로 접점을 쌓았다. 여기서 경제 부문을 담당했던 그는 우수 기술을 보유한 중소기업을 지원하는 역할을 한다. 또 코로나19로 경기도 기업들이 어떤 영향을 받는지 실태조사를 진행한다. 도내 기업들이 수출 부진으로 매출이 30% 정도 급감하자 디지털무역상담실을 개소해 매월 영상상담회를 개최하며 눈길을 끌었다.

2021년 민주당 대선 경선 국면에서 이재명 캠프에 합류해 종합상황실 팀장을 맡아 여론 판세 분석과 전략 수립의 핵심 역할을 수행했다. 이 시기 권 전 실장은 여론조사 데이터를 바탕으로 캠프 내 전략적 의사결정에 결정적 기여를 했다는 평가를 받는다.

권 전 실장은 이 대통령이 중시하는 '실력 중심 인사' 원칙에 부합하는 인물로 꼽힌다. 경기도에서부터 복잡한 여론의 흐름을 읽고 이를 정책과 메시지에 반영하는 역할을 해냈기 때문이다. 이 대통령은 권 전 실장의 분석력과 전략적 감각을 높이 평가해 주요 정책 결정 과정에서 자주 의견을 구한 것으로 알려졌다. 친이재명계 의원은 "권 전 실장이야말로 이 대표가 가장 신뢰하는 여론·전략 전문가"라고 전했다.

권 전 실장은 정치권 입문 전부터 다양한 매체와 방송에서 여론조사 전문가로 활동하며 민심의 변화와 사회 트렌드에 대해 깊은 통찰을 쌓았다. 2021년 7월 유튜브 방송 '지금은 이재명'에 강금실 전 법무부 장관과 함께 출연해 여론 판세를 분석하면서 민주당 지지층으로부터 주목을 받기도 했다.

출 생	비공개
학 력	비공개
경 력	리얼미터 조사분석실장, 경기도경제과학진흥원 상임이사, 더불어민주당 당 대표 정무전략실장

가상화폐 투자 논란에도 李 신임 여전

김남국
전 더불어민주당 의원

김남국 전 더불어민주당 의원은 변호사 출신 정치인으로 이재명 대통령과의 끈끈한 인연으로 꾸준히 주목받아왔다.

김 전 의원은 전남대 로스쿨을 1기로 졸업하고 1회 변호사시험에 합격했다. 2019년 조국 사태 당시 조국백서를 집필하겠다며 조국 전 법무부 장관을 옹호하는 입장을 취했다. 그리고 2020년 로스쿨 출신 첫 국회의원으로 여의도에 입성했다.

2021년 더불어민주당 대선 경선 당시 김 전 의원은 이 대통령의 '수행실장'이라는 공식 직함을 넘어 이 대통령의 그림자처럼 밀착해 전국 일정을 동행했다. 그는 당시 현역 의원임에도 '후보 수행' 명찰을 달고 리허설 상대, 프롬프터 어시스트, 질의응답 발언 기록 등 실무진 이상의 역할을 도맡았다.

당시 김 전 의원은 "국회의원이라기보다 현장의 책임자이자 실무자라고 생각하고 직접 부딪혀 일했다"면서 이 대통령과 이동하는 중에도 정책, 현안, 사소한 고민 등까지 다양한 의견을 나눴다고 밝힌 바 있다. 이 대통령도 "김 의원 생각은 어때"라며 자주 의견을 구할 정도로 깊은 신뢰를 보였다.

국회에서 김 전 의원은 '7인회'라는 원조 친이재명계 핵심 그룹의 일원으로 이 대통령과 관계를 이어왔다. 2023년 가상화폐 논란으로 당을 떠났지만, 2025년 대선을 앞두고 복당하며 다시 이 대통령 곁으로 돌아왔다. 6·3 대선 공식 선거운동 첫날인 2025년 5월 12일 김 전 의원은 민주당 중앙선거대책위원회 후보실 정무부실장과 안산 지역 상임선대위원장에 임명됐다. 김 전 의원에 대한 이 대통령의 신뢰가 굳건하다는 점을 보여주는 대목이다.

김 전 의원은 임명된 직후 "이번 선거는 단순한 정권 교체를 넘어 내란 세력 및 기득권과의 치열한 싸움"이라며 "상식과 정의, 민주주의 회복이 걸린 싸움"이라고 강조했다. 그는 "마지막 1분 1초까지 묵묵히, 그러나 치열하게 제 역할을 다하겠다"고 밝혔다.

출 생 1982년, 광주
학 력 살레시오고, 중앙대 행정학과, 전남대 법학전문대학원
경 력 변호사시험 1회, 21대 국회의원, 더불어민주당 미래사무부총장

10여 년간 밀착 보좌…'이 대통령의 입'

김남준
전 당 대표 정무조정부실장

김남준 전 더불어민주당 당 대표 정무조정부실장은 이재명 대통령을 오랜 기간 지근거리에서 보좌해온 최측근 그룹, 성남·경기라인으로 분류된다. 주로 공보 분야를 담당하는 데다 이 대통령의 의중을 가장 정확하게 알아 '이재명의 입'으로도 불린다.

김 전 부실장과 이 대통령의 인연은 2014년으로 거슬러 올라간다. 당시 재선 성남시장이던 이 대통령이 성남 지역 케이블방송에서 퇴직한 김 전 부실장에게 제안해 성남시 대변인을 맡기면서다. 그는 이 대통령이 경기도지사에 당선된 뒤에는 경기도 언론비서관을 맡았고, 2022년 대통령선거에서는 당시 경선캠프 대변인으로 활동했다. 대선 패배 후 이 대통령이 국회에 입성해 당 대표가된 뒤에는 정무조정부실장에 임명됐다.

김 전 부실장은 이 대통령의 측근 중 비교적 언론과의 소통이 유연한 인물로 꼽힌다. 또한 그립이센 이 대통령에게도 필요하다면 자신의 의견을 거침없이 개진하는 것으로 알려졌다. 일례로 김 전 부실장은 대선 패배 후 이 대통령이 2022년 6월에 치러진 인천 계양을 재보궐선거에 출마를 타진할 때 반대 의견을 냈지만, 이 대통령은 당선 직후에 그를 의원실 수석보좌관으로 불러들이는 등 여전히 신뢰하는 모습을 보였다. 정치권에서는 이러한 신뢰가 이 대통령을 향한 김 전 부실장의 사심 없는 충성심에서 기인한다고 본다.

김 전 부실장은 이름과 직책 외에는 거의 드러난 게 없을 정도로 자신을 철저하게 숨긴다. 또한 주어진 역할상 언론과 접촉하더라도 철저히 자신의 이야기를 배제하고 이 대통령의 입장을 전달하는 데에 집중한다. 이는 자신의 신상 명세가 드러날수록 자신에게 연줄을 대려는 사람들이 늘어난다는 판단에 따른 것으로 풀이된다.

출 생	1979년, 경기 부천
학 력	비공개
경 력	성남 아름방송 기자, 성남시청 공보실 대변인, 경기도지사 비서실 언론비서관, 이재명 국회 의원실 보좌관, 더불어민주당 당 대표 정무조정부실장

성남 시절부터 물밑에서 李 정책 도와

김락중
전 경기도 정책보좌관

김락중 전 경기도 정책보좌관은 이재명 대통령 곁에서 오랜 시간 신뢰를 쌓아온 핵심 참모 그룹, 이른바 '성남파'의 일원이다. 성남파란 이 대통령이 성남시장, 경기도지사이던 시절부터 함께한 참모 그룹으로, 대통령의 정치적 성장과 위기 극복의 순간마다 곁을 지킨 그룹을 이야기한다.

김 전 보좌관은 성남투데이 기자 출신으로 이 대통령이 성남시장에 도전할 때부터 함께 호흡을 맞췄다. 그는 2009년 성남투데이 편집국장을 하면서 당시 한나라당이 추진하던 민영 미디어렙 등을 포함한 언론 관계 법령이 민주주의를 위협하는 악법이라고 주장하며 시국선언에 나서기도 했다.

언론인 출신임에도 공보 분야보다는 정책 분야에서 이 대통령에게 오랫동안 조언을 많이 했던 것으로 전해졌다. 특히 성남시장 시절 이 대통령이 '기본소득' 등 본인만의 대표적 정책 브랜드를 만들기 위해 준비하는 단계부터 조언한 구성원 중 한 명으로 알려졌다.

2014년 이 대통령이 성남시장 재선에 성공하고 향후 4년간의 비전을 그리는 역할을 한 '민선 6기 성남시민행복위원회'에서는 총괄 간사를 맡았다. 당시 성남시민행복위원장이 이한주 민주연구원장이다.

이 대통령이 성남시장이던 2014년 10월 성남 판교에서 테크노밸리 축제 환풍구 추락 사고가 발생했다. 행사 축하 공연 중 환풍구 덮개가 붕괴해 시민들이 추락하고 16명이 사망한 사건이다. 당시 김 전 보좌관은 성남시 공보비서관으로서 언론 대응을 맡았다.

성남시에 근무하며 정책공약 담당비서관도 했다. 이 대통령이 2018년 경기도지사 선거에 나설 때 정책공약인 '새로운 경기, 이재명의 약속'을 개발한 구성원이기도 하다. 이후 이 대통령과 함께 경기도청에 입성해 계속해서 정책보좌관을 역임했다.

이 대통령과 함께 여의도에 입성해서도 주요 역할을 맡았지만 물밑에서 조용한 행보를 이어갔다. 김 전 보좌관은 21대 대선에서 중앙선거대책위원회 정책본부 전략기획팀 선임팀장으로 기용됐다. 20대 대선 때도 선대위 정책본부 선임팀장을 맡았다.

출 생 비공개
학 력 비공개
경 력 성남투데이 편집국장, 성남시 정책공약비서관, 경기도 정책보좌관

19대 대선서 李 홀로 지지한 서울시의원

김문수
더불어민주당 의원

김문수 더불어민주당 의원(전남 순천광양곡성구례갑)은 서울시의원을 두 번 지내고 고향인 순천에서 첫 배지를 달았다. 순천은 전통적으로 전현직 의원, 순천시장 등을 지낸 인물들이 매번 선거 때마다 경쟁하는 전남 최대 격전지다. 이곳에서 그는 지지율 한 자릿수로 시작해 여의도에 입성했다.

김 의원은 시민운동을 하다가 진영호 서울 성북구청장 비서실장과 8·9대 서울 성북구 서울시의원을 지냈다. 같은 학과인 김영배 민주당 의원이 그에게 제도권 정치를 해보자고 권유하면서 정치에 입문했다. 서울시의원 재선 후 2018년 성북구청장 선거에 나섰지만 경선에서 패배했다.

김 의원은 어린 시절부터 정치사회에 관심이 많았다. 그는 순천에 살면서 자연스레 5·18 민주화운동을 접했고 군사독재 시절 청소년기를 보내면서 정치학에 관심을 갖게 됐다고 언론 인터뷰에서 밝혔다.

김 의원은 이 대통령이 2017년 성남시장으로 재직하면서 민주당 대선후보 경선에 도전할 때 서울시의원으로는 유일하게 그를 지지하고, 선거캠프 비서실 선임팀장을 맡았다. 당시 '문재인 대세론'인 상황에서 이 대통령과 별다른 인연이 없던 그는 이 대통령에게 직접 전화를 걸어 합류 의사를 전했다. 이때의 인연이 이어져 이 대통령이 경기도지사일 때 김 의원은 경기신용보증재단 상임이사를 지냈다.

김 의원은 성북구를 기반으로 정치 활동을 해왔는데 22대 총선을 1년 정도 남겨둔 2023년 상반기 고향인 순천으로 내려갔다. 그는 별명을 암행어사로 지었다. 암행어사 박문수와 이름이 같다는 점에 착안해 주민에게 쉽게 다가가고 인지도를 높이기 위한 전략이었다. 2023년 1월 이 대통령이 수원지검 성남지청에 '성남FC 후원금 의혹' 관련 조사를 받으러 출석할 당시에는 대형 마패를 들고 '이재명 사수'를 외치기도 했다. 2023년 11월 발간한 책 제목도 '암행어사 출두요'로, 표지에는 이 대통령과 함께한 사진과 추천서가 담겼다.

출 생 1968년, 전남 순천
학 력 순천효천고, 고려대 정치외교학과
경 력 8·9대 서울시의원, 경기신용보증재단 전략상임이사, 이재명 더불어민주당 대표 특별보좌역,
22대 국회의원

李의 여의도 기반 '7인회' 결성 주도

김병욱
전 더불어민주당 의원

김병욱 전 더불어민주당 의원은 당내에서도 손꼽히는 경제·금융통이다. '친명(이재명)계' 전현직 의원 모임인 7인회에서도 경제·금융 전문성만큼은 김 전 의원을 따라올 사람이 없다고 한다. 이 재명 대통령을 물밑에서 도우며 경제·금융정책의 큰 틀을 짰다.

김 전 의원은 한양대에서 법학을 전공했으나 법조인이 아닌 경제인의 길을 걸었다. 대학을 졸업하고 쌍용그룹과 한국증권업협회에서 일하며 실물경제를 익힌 것이다. 특히 증권업협회에서 일했을 당시에는 코스닥시장 설립 업무를 담당했다고 한다. 시장경제에 훤할 수밖에 없었던 환경인 셈이다.

정계에는 2002년에 발을 들였다. 개혁국민정당 창당에 참여했다가 열린우리당으로 합류한 것이다. 이후에는 민주당계 정당에서만 23년간 한 우물을 팠다. 김 전 의원은 경제·금융 전문성을 바탕으로 민주당에선 험지로 여겨졌던 경기 성남 분당을에서 금배지를 두 차례나 거머쥐었다. 그러나 처음부터 친명계로 분류됐던 것은 아니다. 애초에는 손학규계 대표 주자였다. 손학규 전 민주당 대표가 탈당하면서 김 전 의원도 갈림길에 섰으나 잔류를 택했다. 이후에는 성남시장이었던 이 대통령과 인연을 맺으며 원조 친명으로 유명세를 떨쳤다.

이 대통령은 성남시장 선거를 준비하며 김 전 의원을 두 차례나 찾았다고 한다. 집 앞에 찾아와 성남 분당을 지역위원장으로 복귀해 '친문(문재인)계' 후보와 대결을 도와달라고 했다는 것이다. 2022년 이 대통령이 대선에서 패하고 인천 계양을 재보궐선거에 나섰을 당시에도 김 전 의원과 머리를 맞댔다.

7인회 결성도 김 전 의원과 정성호 민주당 의원이 주도했다고 한다. 2017년 대선 패배 이후에 이 대통령을 도우려는 사람들을 조직화하자고 김 전 의원이 정 의원에게 제안했다.

출 생 1965년, 경남 산청
학 력 부산 배정고, 한양대 법학과
경 력 한국증권업협회 근무, 20·21대 국회의원, 더불어민주당 정책위원회 수석부의장, 민주당 자본시장활성화특별위원회, 민주당 집권플랜본부 총괄부본부장

李 의중 정확히 전하는 공보 핵심

김상호
전 경기콘텐츠진흥원장 직무대행

김상호 전 경기콘텐츠진흥원장 직무대행은 동아일보 출신의 공보 참모다. 이재명 대통령의 공보 네트워크의 가장 중심에 있다는 평가를 받고 있다. 2025년 21대 대선 때 선거대책위원회에서 언론보좌관을 맡았다. 2022년 20대 대선에서는 이 대통령의 '열린 캠프'에서 수석특보를 수행했다. 김 전 대행은 동아일보에서 14년간 기자 생활을 했다. 신문사 사회부와 체육부를 거치는 동안 인간에 대한 신뢰와 연민, 사회에 대한 따뜻한 시각을 갖게 됐다고 한다. 2005년 사회부를 마지막으로 기자 생활에 마침표를 찍고 출판 분야로 전업한다. 출판사 '미래를소유한사람들'을 이끌었다. 김 전 대행은 2006년 '아빠와 함께하는 행복한 글쓰기'라는 책을 낸다. 아빠가 자녀의 눈높이에서 어떤 책을 읽으며, 어떻게 사고하고, 어떤 경험을 쌓아야 바람직한 인간으로 성장할 수 있는지를 알려주는 데 초점을 맞춘 책이다.

김 전 대행은 2017년부터 성남시장이었던 이 대통령과 함께한다. 이 대통령이 경기도지사에 출마한 2018년 언론특보를 맡아 차분하면서도 침착한 논평과 재빠른 언론 대응으로 경쟁자들의 네거티브 공세를 철벽 방어했다. 이 대통령이 경기도지사가 된 후 그는 2019년 경기콘텐츠진흥원 경영지원본부장을 맡았고, 2021년 원장 직무대행까지 지냈다.

이 대통령이 20대 대선에서 낙선한 이후 더불어민주당 대표로 여의도에 입성하자 그도 함께 중앙 정치 무대로 들어온다. 이 대통령은 그에게 당 대표 공보특보단장을 맡긴다.

이처럼 그는 이 대통령의 신뢰를 받고 있고 이른바 '성남파'로 불리는 이 대통령의 최측근과도 긴밀하게 협력하고 있는 것으로 알려졌다. 가급적 본인을 드러내지 않으면서도 이 대통령의 의중을 정확하게 주변에 전달하는 것으로 전해진다.

취미 중 하나가 골프인데, 수준급 실력을 갖추고 있는 것으로 알려졌다. LPGA에서 활약한 프로 골퍼 김미현의 삶을 담은 '난 절대 지지 않아'라는 책도 공저했다.

출 생 경남 진주
학 력 서울대 사범대
경 력 동아일보 기자, 미래를소유한사람들 대표, 경기도콘텐츠진흥원 본부장 · 원장 직무대행, 이재명 더불어민주당 대표 공보특보단장, 민주당 선거대책위원회 총괄특보단 언론보좌관

李에 쓴소리 서슴지 않는 '운명공동체'

김영진
더불어민주당 의원

김영진 더불어민주당 의원(경기 수원병)은 이재명 대통령에게 직언이 가능한 몇 안 되는 인물이다. 동료 의원들 사이에서는 '스마트하다' '겸손하다'는 평가를 받는다. 그래서 그가 이 대통령에게 전하는 쓴소리는 합리적이라 이 대통령도 새겨듣는다고 한다.

김 의원은 중앙대 총학생회장 출신으로 김근태 전 보건복지부 장관이 전국민족민주운동연합 상임의장일 때 보좌를 했다. 그는 1998년 국회 인턴을 시작으로 조세형 전 의원 비서, 조한천 전 의원 비서관, 김진표 전 의원 보좌관 등을 지내며 한 단계씩 성장했다.

첫 출마 때 2012년 경기 수원병에서 5선에 도전하던 남경필 새누리당 의원과 붙었다. 남 의원에게 지긴 했지만 45.14%의 득표율을 기록했다. 남 의원이 경기도지사가 돼 2014년 보궐선거가 발생했지만 새정치민주연합이 손학규 전 의원을 전략공천하며 출마하지 못한 아픈 경험도 있다.

김 의원은 친이재명계의 핵심 중 핵심으로 분류된다. 7인회 멤버이고 이 대통령과 대학 동문이다. 2022년 두 사람이 소원해졌다는 얘기가 돌 때 친이재명계 핵심 중진은 "일각에선 김 의원이 멀어졌다는 얘기도 있는데 어차피 두 사람이 운명 공동체란 사실은 변하지 않는다"고 말했다.

그는 전략통으로 불린다. 2018년 추미애 당 대표 체제에서 그는 전략기획위원장을 1년6개월간 하면서 7회 지방선거 압승을 이끌었다. 당시 광역단체 17곳 중 14곳에서 민주당이 승리했다. 대통령선거 국면에서 한 친명계 인사는 "이 대통령이 전략적 조언이 필요할 때는 김 의원부터 찾는다"고 이야기할 정도였다.

경제통인 김진표 전 국회의장을 보좌한 이력답게 경제정책이나 실물경제 흐름에 밝다는 평가를 받는다. 민주당 중진은 "보통 86그룹들과 달리 실물경제 이해도가 높은 점이 이 대통령과 통하는 이유"라고 말했다.

별명은 '김장의 달인'이다. 온 동네 김장터는 다 다녔고 대야 앞에 한번 앉으면 최소 서너 시간 김장을 하는 등 지역 행사에 빠지지 않았다.

출 생 1967년, 충남 예산
학 력 유신고, 중앙대 경영학과
경 력 20~22대 국회의원, 더불어민주당 원내총괄수석부대표, 사무총장, 당 대표 정무조정실장

李와 산전수전 함께한 성남파 '찐명'

김지호
더불어민주당 경기도당 대변인

김지호 더불어민주당 경기도당 대변인은 성남시장부터 이재명 대통령을 지근거리에서 보좌해온 대표적 '찐명' 인사 중 한 명으로 꼽힌다. 1976년생으로 서울에서 태어나 잠신고와 단국대 경영학과를 졸업했다. 2018년 이 대통령이 경기도지사에 당선되자 비서실 비서관으로 발탁돼 3년간 이 대통령의 현장과 정책을 함께하며 그의 실무·현장 감각을 가장 가까이서 익힌 것으로 평가받는다. 이 시기부터 김 대변인은 각종 정치적 고비에서 이 대통령의 핵심 참모로 활약하며 대선, 재보궐선거, 당 대표 선거 등 굵직한 국면마다 곁을 지켰다.

정치는 2014년 새정치민주연합에 입당하면서 시작했다. 김병욱 전 의원 비서관을 거쳐 경기도로 자리를 옮겼다. 20대 대선에서는 '이재명 열린캠프' 현안대응TF 팀장을 맡아 선거대책위원회 실무를 총괄했다. 이 대통령이 처음 국회에 입성했던 2022년 6월 열린 인천 계양을 재보궐선거와 이후 치러진 당 대표 선거 때도 선거캠프에서 활약했다. 이 대통령이 당 대표에 선출된 뒤에는 당 대표 정무조정부실장, 검찰독재 정치탄압 대책위원회 상근부위원장 등을 맡기도 했다.

2024년 총선에서는 성남 분당갑 출마를 준비했지만 이광재 전 의원이 전략공천되면서 본선에 나서지 못했다. 이후 민주당 상근부대변인으로 활동하며 각종 방송과 언론에서 이 대통령과 당의 입장을 적극적으로 대변했다.

특히 2024년 1월 이 대통령 피습 사건 당시 이 대통령과 동행하며 부산대병원에서 서울대병원으로 이송될 때까지 곁을 지키기도 했다. 김 대변인은 "저의 정치적 시작은 이 대통령이었다"며 경기도지사 시절부터 지금까지 이 대통령의 곁을 지켜온 행보를 강조한다.

그는 2024년 8·18 전당대회 최고위원 경선에도 출마하며 "이재명 대표와 민주당을 지키겠다"고 밝히는 등 이 대통령과의 신뢰와 동행을 거듭 강조하기도 했다.

출 생 1976년, 서울
학 력 잠신고, 단국대 경영학과
경 력 (주)인포스탁 기업분석팀장, 판교입주예정자연합회 사무국장, 경기도지사 비서실 비서관, 더불어민주 당 대표 정무조정부실장, 상근부대변인

성남시민단체부터 李와 27년간 동행

김현지
이재명 의원실 보좌관

김현지 이재명 의원실 보좌관은 이재명 대통령의 손꼽히는 최측근이다. 둘의 인연도 최소한 27년이 넘고 소위 '성남파'로 불리지만 그에 대해 알려진 것은 별로 없다.

김 보좌관은 대학을 졸업하자마자 1998년부터 성남시민모임에 들어왔고, 2001년부터 사무국장을 맡았다. 성남시민모임은 1995년 변호사였던 이 대통령이 설립을 주도하고 2005년까지 활동한 단체다.

김 보좌관이 첫 사회생활을 성남시민모임에서 시작한 것은 그가 대학에서 관련 학생운동을 했기 때문인 것으로 알려졌다.

김 보좌관은 성남시립병원추진위원회 사무국장도 겸임했다. 2003년 성남 구시가지에 있던 병원 두 곳이 폐업했고 성남 수정구와 중원구에 응급의료센터가 한 곳도 없는 것이 사회적 문제로 대두했다. 그는 2005년 참여연대의 참여사회에 기고한 글에서 "의료는 공기와 같다. 공기가 없으면 사람이 살 수 없듯이 의료도 마찬가지"라고 강조했다.

2010년 6월 이 대통령이 처음 성남시장에 당선됐을 때 인수위원회 격인 민선 5기 '시민이 행복한 성남 기획위원회'에 간사로 이름을 올렸다. 이후 김 보좌관은 2011년 성남의제21에서 사무국장을 맡았다. 성남의제21은 1998년 성남 지역에서 활동하는 환경·도시 전문가 등이 주축이 돼 설립된 민관 협력기구다. 그는 2012년에는 "이제는 지구가 아닌 지역의 위기로 환경 문제를 바라봐야 할 것 같다"며 기후·환경 관련 활동도 펼쳤다.

김 보좌관은 이 대통령이 2018년 경기도지사로 당선된 이후 도청에서 비서관으로 업무를 하고 의원이 된 이후에는 국회의원회관으로 들어왔다.

국회에서 김 보좌관은 이 대통령과의 만남, 이 대통령에게 하는 보고 등을 관리하는 '문고리' 역할을 했다. 또 이 대통령에 대한 당내 우호·비우호 세력 등을 수시로 모니터링해 친이재명계 인력 풀을 관리하고 있다는 전언도 있다.

출 생 비공개
학 력 비공개
경 력 성남시민모임 사무국장, 성남의제21 사무국장, 경기도청 비서관, 이재명 의원실 보좌관

'李의 수행비서'에서 청년정치 선봉으로

모경종
더불어민주당 의원

모경종 더불어민주당 의원(인천 서병)의 정치 인생은 이재명 대통령과 함께 시작됐다. 그는 2019년 이재명 당시 경기도지사의 청년비서관으로 발탁되면서 정치에 입문했다. 106대1이라는 치열한 경쟁률을 뚫고 경기도에 채용된 이후 이 대통령이 20대 대통령선거 민주당 후보로 선출되자 대통령 후보 비서실로 자리를 옮겨 후보 수행비서를 지냈다. 대선 패배 이후 이 대통령이 당 대표에 오른 뒤에는 당 대표 비서실 차장 등 이 대통령의 최측근으로 자리매김했다. 이 대통령이 단식 투쟁을 할 때 구급차를 부른 인물도 바로 모 의원이었다. 그림자처럼 이 대통령을 곁에서 지키며 단식과 구속영장 실질심사 등 굵직한 정치적 순간마다 그와 함께했다. 이 대통령 지지자들은 그에게 '이재명 대표를 지키는 어미 모(母)'라는 별명을 붙여주기도 했다.

모 의원은 이제 이 대통령의 보좌진을 넘어 지역구 국회의원으로서 자신의 길을 걷고 있다. 2024년 22대 총선에서 인천 서병 현역 의원이던 신동근 의원을 경선에서 꺾고 당선을 확정 지었고, 인천 지역 최연소 국회의원이라는 타이틀도 거머쥐었다. 이 대통령 역시 그의 정치적 성장에 격려의 메시지를 여러 번 보내며 모 의원의 후원회장을 맡기도 했다. 모 의원은 "이 대통령으로부터 정치는 국민의 뜻을 담아야 한다는 원칙을 배웠다"며 이 대통령을 정치적 스승으로 여기고 있다는 점을 밝힌 바 있다.

모 의원의 강점으로는 소통과 실행 능력이 꼽힌다. 경기도와 국회에서 다양한 이해관계를 조율하며 실무 능력을 키웠고, 청년 세대를 위한 정책을 직접 만들어왔다. 그는 "청년이 정치의 혁신을 이끌 수 있도록 과감히 새로운 길을 개척하겠다"며 민주당 전국청년위원장으로도 선출되는 등 청년 정책의 중심에 서 있다. 21대 대선에서도 선거대책위원회 청년본부장을 맡았다.

국회에서는 전직 대통령 예우법, 집회 및 시위법, 상속세 및 증여세법 등 다양한 입법을 주도하고 있다.

출 생   1989년, 광주
학 력   상산고, 연세대 독문과
경 력   경기도 청년비서관, 20대 대선 이재명 후보 수행비서, 이재명 당 대표 비서실 차장, 22대 국회의원

대학 시절부터 인연…'7인회' 핵심

문진석
더불어민주당 의원

문진석 더불어민주당 의원(충남 천안갑)은 7인회 중 한 명이다. 이재명 대통령과 중앙대 동문으로 대학 시절 인연을 맺은 두 사람은 졸업 후 서로 다른 길을 걸었지만, 2020년 이 대통령의 공직선거법 무죄 취지 파기환송심을 계기로 다시 만났다.

두 사람은 1980년대 중앙대 캠퍼스에서 처음 인사를 나눴다. 당시 이 대통령이 과외하던 학생을 문 의원이 이어받아 가르친 일화도 있다. 문 의원은 성남에 있는 풍생고를 졸업해 청소년기 활동 반경이 이 후보와 겹치기도 한다.

문 의원은 졸업 후 일본 유학길에 오른 뒤 사업체를 운영했고, 이 대통령은 성남에서 인권변호사와 시민운동가의 길을 걸었다.

2020년 7월 대법원의 '친형 강제입원' 관련 공직선거법 위반 혐의 사건에 대한 무죄 취지 파기환송 전후 문 의원은 "파기환송 판결 전 동문 자격으로 밥 몇 번 같이 먹고 정치 얘기를 나누기 시작했고, 7월 대법원 파기환송 판결 이후에는 주 1회씩 만나며 사회와 정치에 대해 많은 대화를 나눴다"고 회상했다.

이 대통령이 20대 대선 출마를 결심하면서 문 의원은 이른바 '7인회'의 일원으로 여의도 내 정치 기반을 구축하는 데 기여했다. 문 의원은 "그 시기 이 대통령은 여의도 중앙정치에 발을 들인 적이 없었고, 정치권 내에서는 여전히 거리감과 부정적인 이미지가 있었다"며 "무섭다, 독하다는 선입견이 있었는데, 막상 만나보면 소탈하고 유쾌한 사람이라는 걸 느끼게 되더라. 이 대통령이 의원들을 만나게 하고 직접 설득하는 과정에서 역할을 했다"고 말했다.

문 의원은 "가난한 사람들에겐 두 갈래가 있다. 성공하면 그 삶을 지우려는 사람과, 같은 처지에 있던 이들을 돌아보려는 사람"이라며 "나는 후자이고, 이 대통령도 그렇다. 정치를 통해 가난한 사람들을 돕고 불평등을 해소하고 싶다"고 말했다.

출　생　1962년, 전남 장흥
학　력　풍생고, 중앙대 정치외교학과, 와세다대 유학
경　력　더불어민주당 선거대책위원회 조직본부 수석본부장, 충남도위원장, 국회 국토교통위원회
　　　　간사, 양승조 충남도지사 비서실장, 21 · 22대 국회의원

李 관점에서 대장동 의혹 재조명

민병선
전 수원컨벤션센터 이사장

민병선 전 수원컨벤션센터 이사장은 한국일보 · 동아일보 기자 출신으로 20여 년간 언론인으로 활동했다. 2019년 11월부터 당시 경기도지사였던 이재명 대통령을 보좌하며 일정과 메시지를 총괄했다.

2022년 20대 대선 때는 경선 캠프와 대선후보 선거대책위원회에서 대변인을 맡았다. 다양한 자리에서 대변인을 맡으며 그는 '이재명 대표의 입'이라는 역할에 충실했다. 이 대통령 주변에서는 대통령의 생각을 잘 이해하고 전달하는 인물 중 한 명이라는 평가를 받고 있다. 2022년 지방선거에서는 김동연 경기도지사 후보 캠프의 공보단 부단장을 지냈다. 2023년에는 시민언론 민들레의 에디터도 맡았다.

2024년 22대 국회의원 선거에서 경기 하남시 국회의원 예비후보로 등록했지만 하남 2개 선거구모두 전략공천지가 되면서 여의도 입성의 꿈을 미루게 됐다. 이후 같은 해 9월 수원컨벤션센터 이사장으로 임명된다. 그리고 2025년 4월 말 이 대통령의 대선을 돕기 위해 임기를 남겨두고 사직한다.

민 전 이사장은 총선 출마를 준비할 때 '이재명의 외로운 전쟁-조선일보와 검찰의 이재명 죽이기 800일'을 출간했다. 이 책은 2021년 더불어민주당 대선후보 경선이 한창일 때 한 보수 언론에서 대장동 의혹을 제기한 이후의 취재기를 담았다.

민 전 이사장은 "대장동 의혹은 한국 언론의 문제점이 고스란히 녹아 있다"며 "불공정한 언론 지형을 들여다보면 정치를 넘어 국민의 삶을 송두리째 바꾸는 언론의 위력을 실감할 수 있다"고 책을 쓴 이유를 설명했다.

민 전 이사장은 2024년 매일경제와의 인터뷰에서 "이재명 대표의 생각에 동의하는 동지적 관계다. 하지만 의견이 다를 때는 과감하게 다른 생각을 말하기도 한다"고 말했다.

출 생   1972년, 충북 음성
학 력   충주고, 성균관대 사회학과
경 력   한국일보 · 동아일보 기자, 경기도청 보도특보, 시민언론 민들레 에디터, 수원컨벤션센터 이사장

李에 바닥 민심 전하는 '찐명' 초선 의원

안태준
더불어민주당 의원

안태준 더불어민주당 의원(경기 광주을)은 민주당 내 '찐명'(진짜 이재명의 사람)으로 불린다. 22대 총선에서 처음으로 금배지를 단 초선이지만 그의 정치적 무게감은 초선을 뛰어넘는다는 평가를 받는다. 오랜 기간 쌓은 현장 경험과 조직관리 능력에 더해 이재명 대통령과의 특별한 인연 때문이다.

안 의원의 정치 여정에서 이 대통령과의 관계는 빼놓을 수 없다. 그는 대학 졸업 후 정치권에 입문해 문학진 전 의원과 김민기 전 의원 보좌관을 지내다가 2013년 당시 이재명 성남시장의 제의로 성남산업진흥재단 이사를 지냈다.

이렇게 시작된 이 대통령과의 인연은 이 대통령의 경기도지사 시절로 이어졌다. 안 의원은 경기주택도시공사(GH)에서 균형발전위원장, 부사장, 사장 직무대행 등 주요 보직을 두루 거치며 경기도의 주거·도시 정책을 실무에서 이끌었다. 부동산 정책에 관심이 높았던 이 대통령과 긴밀하게 소통하면서 이 대통령의 정책 추진력과 현장 중심 행정을 가까이에서 체득했다고 한다. 안 의원이 이른바 이 대통령의 '경기도 라인' 핵심 인물로 꼽히는 이유다.

안 의원은 이 대통령의 친위 조직으로 2022년 대선 국면에서 결성된 '더민주전국혁신회의' 멤버로 주목받았다. 안 의원 외에 경기도농수산진흥원장을 지냈던 강위원 전 상임대표, 김우영 전 당 대표 정무조정실장도 모두 혁신회의 멤버다.

이 대통령은 민주당 당 대표에 오른 뒤 안 의원을 정무특보로 임명하며 그에 대한 신뢰를 드러냈다. 당시 이 대통령은 안 의원에게 "책임지고 레드팀 역할을 해달라"며 실시간으로 현장의 목소리와 쓴소리를 전달해줄 것을 당부했다고 한다.

이 밖에도 민주당 경기도당 수석부위원장, 원내부대표 등 당내 주요 보직을 맡아 당시 이재명 대표의 정책 기조와 미래 전략을 당 구석구석에 반영하는 데 앞장섰다.

출 생 1969년, 전북 고창

학 력 상산고, 고려대 불문과

경 력 문학진 의원 보좌관, 김민기 의원 보좌관, 성남산업진흥재단 이사, 경기주택도시공사 사장 직무대행, 이재명 당 대표 정무특보, 22대 국회의원

학생회에서 정당으로 이어진 평화통일론자

윤용조
전 경기도청 평화대변인

윤용조 전 경기도청 평화대변인은 부산대 총학생회장 출신으로 이재명 대통령이 경기도지사이던 시절 통일비서관 겸 경기북부청 대변인을 지냈다. 이 대통령이 검찰과 법원에 출석할 때 수행할 정도로 가깝다.

윤 전 대변인은 더불어민주당에서 활동하기 전에는 학생운동, 진보정당 활동을 했다. 1999년 부산대 인문대 학생회장에 당선되면서 수배 생활을 시작했다. 당시 단과대 학생회장 이상이면 한국대학총학생회연합(한총련)의 대의원이 된다. 이적단체로 규정돼 있어서 당선과 동시에 대의원은 수배자 목록에 포함된다. 이후 총학생회장까지 했던 윤 전 대변인은 3년간 수배 생활을 하고 병으로 쓰러졌다.

당시 한총련 내에서 개혁 진영은 진보정당 운동에 관심을 가지던 때였고 윤 전 대변인도 민주노동당에서 활약한다. 2006년 지방선거에서 민주노동당 후보로 부산시의회 남구에 출마했지만 낙선했다.

2007년 대선에서 그는 권영길 민주노동당 대선후보를 지지한다. 당시 윤 전 대변인은 "88만원 세대를 대표하는 전직 학생회장단이 비정규직 문제 해결과 청년 실업 해소를 위한 진정한 후보가 누구인지 밝히는 것에 의의를 뒀다"며 지지 선언을 한 이유를 밝혔다.

윤 전 대변인은 학생운동과 시민운동을 하면서 꾸준히 평화통일사업을 해왔다. 그러던 중 접경지역을 품고 있는 경기도가 하는 평화통일사업에 참여하게 됐고, 그곳에서 경기도지사인 이 대통령을 만나 그의 정치적 동지가 됐다. 이 대통령의 제안을 받고 2019년 8월 경기도지사 비서관으로 일을 시작한다. 이어 2020년 경기도청 평화대변인을 했다.

이 대통령이 2022년 20대 대선에서 낙선한 후 인천 계양을 재보궐선거에 출마할 때와 전당대회에 나설 때까지 후보 일정을 담당했다. 이 대통령이 민주당 대표를 할 때는 당 대표 비서실에서 대표 일정을 총괄했고 부국장까지 했다. 2024년 22대 총선에서 부산 해운대을에 출마했다.

출 생 1978년, 부산
학 력 대동고, 부산대 철학과
경 력 부산대 총학생회장, 경기도청 평화대변인, 더불어민주당 당 대표 비서실 부국장

경기도에서 정무 보좌…함께 국회로

윤종군
더불어민주당 의원

윤종군 더불어민주당 의원(경기 안성)은 친이재명계 국회의원이다. 이재명 대통령이 경기도지사이던 시절 정무수석비서관을 지냈다.

윤 의원은 2004년 열린우리당 당직자 공채를 통해 정치권에 들어왔다. 이후 정세균 의원실, 중앙당 조직국과 전략기획국 등 당 핵심 부서를 거쳤다.

이후 그는 대선 캠프에도 연이어 참여했다. 2007년 정동영 후보 캠프에서 연설기획팀장을 맡았고, 2012년과 2017년에는 문재인 후보 캠프의 연설 메시지팀에서 일했다. 문재인 정부 출범 후에는 청와대 연설비서관실 행정관을 맡았다.

이 대통령과의 인연은 2020년 본격적으로 시작됐다. 윤 의원은 안성시장 재보궐선거 출마 경선에서 고배를 마신 뒤, 경기도지사이던 이 대통령에게 경기도지사 정무수석비서관으로 발탁됐다. 이후 이 대통령이 20대 대선 출마를 준비하면서 도지사직에서 사퇴하자 윤 의원도 도에서의 직을 내려놓고 캠프에 합류했다.

윤 의원은 20대 대선 국면에서 이 대통령 친위 조직으로 결성된 '더민주전국혁신회의' 소속이기도 하다.

22대 총선에서 세 번째 도전 끝에 김학용 국민의힘 당시 의원을 꺾고 당선됐다. 김문수·모경종·안태준·이재강 의원 등도 더민주전국혁신회의 소속으로 22대 총선에서 공천받아 국회에 입성했다. 국회 입성 이후에는 운영위원회, 국토교통위원회 위원으로 활동하며 박찬대 원내대표 체제에서 원내대변인을 지냈다.

윤 의원은 이 대통령의 경기도지사 시절부터 측근에서 보좌한 인연을 시작으로 총선과 대선까지 함께한 '경기도 라인 친명계'로 꼽힌다. 이번 21대 대선에서는 이 대통령 선거대책위원회 조직본부 부본부장 역할을 했다.

출 생 1972년, 충북 음성
학 력 안법고, 경희대 사학과
경 력 22대 국회의원, 청와대 연설비서관실 행정관, 경기도 정무수석비서관

李의 중앙대 인맥…실무에 밝은 전략통

이연희
더불어민주당 의원

이연희 더불어민주당 의원(충북 청주흥덕)은 이재명 대통령과의 인연과 신뢰를 바탕으로 22대 국회에 입성한 '친명(이재명)계' 실무형 정치인이다. 중앙대 철학과 출신으로, 민주연구원 상근부원장 등을 역임하며 민주당 정책·전략 분야에서 오랜 기간 활약한 후 이 대통령의 핵심 정책 라인으로 거듭났다.

이 의원은 2022년 대선부터 이 대통령을 본격적으로 보좌했다. 이 의원은 당시 이재명 후보 캠프에서 전략기획실장, 전략상황실장 등 선거 전략의 중책을 맡아 대선 실무를 총괄했다. 대선 전략 기획과 실행, 정책 설계, 메시지 관리, 확장 전략 등 선거의 전반적인 전략 수립과 실무를 담당한 것이다.

이 대통령이 2022년 8월 당 대표로 선출된 뒤 민주연구원 상근부원장으로 발탁돼 당의 정책 개발과 선거 전략 수립에 핵심 역할을 수행했다. 2025년 대선을 앞두고도 이 의원은 민주당 중앙선거대책위원회 전략본부에서 부본부장을 맡아 대선을 승리로 이끄는 데 큰 기여를 했다.

이 의원은 이 대통령의 사법 리스크가 부각되는 국면에서도 적극적으로 목소리를 냈다. 대법원의 파기환송 결정으로 이 대통령의 공직선거법 사건 재판이 대선 직전 신속하게 진행된 데 대해 "정치적 중립성과 공정성을 훼손할 수 있다"며 재판기일 연기를 촉구하는 데 앞장섰다. 이 같은 행보는 이 의원이 단순한 정책 참모를 넘어 이 대통령의 정치적 위기에도 흔들림 없는 신뢰와 지원을 보내는 '친명' 실무진임을 여실히 보여준다.

이 의원은 22대 총선에서는 현역 3선 의원인 도종환 의원을 경선에서 물리치고 금배지를 손에 넣는 데 성공했다. 이 의원은 국회 입성 후 국토교통위원회, 여성가족위원회 등에서 활발히 활동하며 이 대통령이 강조한 민생·주거·복지 분야 입법에 집중하고 있다.

출 생 1966년, 충북 옥천
학 력 충북고, 중앙대 철학과
경 력 더불어민주당 정책위 부의장, 민주연구원 상근부원장, 20대 대선 이재명 캠프 전략기획실장·전략상황실장, 22대 국회의원

YS, DJ, 盧 밀착취재했던 언론인

이영성
전 한국일보 사장

이영성 전 한국일보 사장은 이재명 대통령의 언론특보를 맡았다. 이 전 사장은 1987년 한국일보 기자로 입사해 정치부장, 편집국장, 부사장, 편집인 등을 지냈고 2019년 12월 사장으로 선임됐다.

1986년 KBS에 기자로 입사했다가 뉴스 첫머리가 전두환 당시 대통령 기사로 장식되던 '땡전 뉴스'가 싫어 석 달 만에 그만뒀다. 다음해 한국일보에 들어가 글을 썼다. 기자 생활 대부분을 정치부에서 보냈다. 김영삼·김대중·노무현 전 대통령과 김종필 전 자민련 총재 등 정치 거물들을 지근거리에서 취재했다.

이 전 사장은 2013년 5월 편집국장을 맡고 있을 때 해임됐다. 편집국장이 해고된 것은 한국일보 역사상 처음 있는 일이었다. 기자들의 반대에도 불구하고 사측이 강행한 해임이었다.

전국언론노조 한국일보지부가 장재구 회장을 '회사에 200억원 상당의 손해를 입혔다'는 혐의로 검찰에 고발하자 장 회장은 편집국장이었던 이 전 사장 등 편집국 간부를 전면 교체하는 인사를 단행했다.

이에 편집국 기자들은 편집국장 보직 해임 찬반 투표에서 98.9%가 반대표를 던졌다. 규정상 보직 해임을 철회해야 함에도 사측이 해임이라는 강수를 둔 것이다. 이에 이 전 사장은 "부도덕한 회장에게 해고됐다는 것은 (거꾸로) 내가 정직하고 올바르게 행동했다는 얘기"라며 언론의 독립성과 내부 민주주의를 강조했다.

이 전 사장은 2007년 김호기 연세대 사회학과 교수와 '시대정신 대논쟁: 87년 체제에서 08년 체제로'를 집필했다. 민주화 시대의 종언이 다가오던 당시 새로운 시대정신이 무엇인지에 대해 진보·보수 학자들이 토론을 벌인 내용이다. 당시에도 진보·보수 견해의 생산적 결합을 고민했는데, 이 대통령이 강조하는 실용주의와 노선을 같이하는 것으로 볼 수 있다.

출 생 1960년
학 력 전주고, 서울대 정치학과
경 력 한국일보 기자, 정치부장, 편집국장, 대표이사 사장

'이해찬계' 출신으로 李대권 도전 보좌

이우종
전 경기아트센터 사장

이우종 전 경기아트센터 사장은 이재명 대통령의 대권 행보를 돕기 위해 기관장 임기 도중에 그만두면서 화제가 됐다. 2022년 1월 임기를 9개월 남겨뒀던 그는 "사장 임명권자였던 이재명 대선후보가 고군분투하고 있는 만큼 도우려 한다"며 자리를 박차고 나왔다.

이 전 사장은 외곽에서 이 대통령의 대권 준비를 도왔다. 2021년 이 대통령을 지원할 전문가 연합체인 '미래전환실천연대'가 출범할 당시 이 단체의 좌장을 이 전 사장이 맡은 것으로 알려졌다.

앞서 이 전 사장은 2018년 6·13 지방선거 당시 이재명 캠프에서 종합상황실장을 맡아 이 대통령의 경기도지사 당선에 역할을 했다. 서울대에서 경영학을 전공하고 같은 학교 대학원에서 정책학 석사 학위를 받은 이 전 사장은 한국사회여론연구소(KSOI)에서 상임고문 등을 역임하며 경영과 정책 분야에서 두루 경험을 쌓았다.

이 전 사장은 당초에 '이해찬계'로 분류되고, 현재도 이해찬 전 국무총리와 긴밀하게 지내고 있는 것으로 전해졌다. 이 전 총리가 이끄는 재단법인 광장에서 정책자문위원 등을 하며 다양한 정책관련 자문 역할도 수행했다. 2016년 20대 총선에서 김종인 더불어민주당 비상대책위원회 위원장이 이 전 총리를 공천에서 배제한다. 이 전 총리는 무소속으로 기호 6번을 달고 세종시에 출마해 승리했는데, 이때 이 전 사장도 세종에 내려가서 이 전 총리를 적극 도왔다.

이 전 사장은 2022년 김동연 경기도지사가 도지사 출마를 준비하면서 만든 캠프에 합류해 그의 당선을 돕기도 했다. 당시 선출직이 처음인 김 지사를 지원하기 위해 '이재명의 사람'들이 대거 캠프에 들어갔다.

출 생 1959년
학 력 서울대 경영학과, 서울대 대학원 정책학 석사
경 력 한국사회여론연구소 상임고문, 경기아트센터 사장

부산에서 3번 낙선 후 경기평화부지사 발탁

이재강
더불어민주당 의원

이재강 더불어민주당 의원(경기 의정부을)은 노무현 전 대통령처럼 험지인 부산에서 지역주의 장벽을 넘고자 노력했던 인물이다. 비록 부산에서 금배지를 달진 못했으나 이재명 대통령이 경기도 평화부지사로 발탁하며 정치 2막을 열게 됐다. 민주당 중앙선거대책위원회에서는 재외국민위원회 위원장을 맡아 이 대통령의 당선을 도왔다.

1962년생인 이 의원은 이 대통령과 공통점이 많다. 경북에서 태어난 데다 경주 이씨이며 '재(在)' 항렬자를 쓴다.

경북에서 태어났으나 유년 시절은 부산에서 보냈다. 이 의원은 부산 동아고를 졸업하고 부산대에서 정치외교학을 전공했다. 1993년에는 영국으로 넘어가 런던정치경제대(LSE) 대학원에서 박사 과정을 수료했다. 오랫동안 영국에 머무르며 정치 칼럼니스트로 활동했을 뿐 아니라 재영한인총연합회 부회장을 지내기도 했다. 민주당과는 2012년 총선 출마를 준비하며 연을 맺게 됐다.

민주당으로선 험지였던 부산이지만 이 의원은 수차례 도전했다. 19·20·21대 총선에서 세 차례 연속으로 부산 지역구에 나섰으나 고배를 마셨다. 이를 눈여겨본 이 대통령이 2020년 경기도 평화부지사로 전격 발탁하며 '친명(이재명)계'의 길을 걷게 됐다.

이 의원은 친명계 원외 조직인 더민주전국혁신회의에도 몸담았다. 지난해에는 정치 무대를 부산에서 경기 북부로 옮기며 의정부을에서 금배지를 거머쥐었다. 네 차례에 걸친 도전 끝에 국회에 입성하게 된 것이다.

민주당에서는 기본사회위원회 부위원장을 지내며 이 대통령의 기본소득·기본사회론을 뒷받침했다. 윤석열 전 대통령 탄핵 국면에서는 10여 일간 단식 농성에 나서기도 했다. 아울러 민주당 초선 의원 모임 '더민초' 좌장을 지내며 초선 의원들을 이끄는 리더십도 보여왔다.

출 생 1962년, 경북 의성
학 력 부산 동아고, 부산대 정치외교학과, 부산대 대학원 정치학 석사, 런던정치경제대 정치학 박사 과정 수료
경 력 재영한인총연합회 부회장, 한국국제크루즈연구소 이사장, 경기도 평화부지사, 22대 국회의원, 더불어민주당 기본사회위원회 부위원장, 민주당 세계한인민주회의 수석부의장

이 대통령의 영원한 '경제 멘토'

이한주
민주연구원 원장

이한주 민주연구원 원장은 '이재명의 경제 멘토'로 꼽힌다. 이재명 대통령과 30여 년 지기로 철학을 깊이 공유하고 있다. 이 원장은 대선에서 이 대통령 캠프 정책본부장을 맡았다.

이 원장은 경복고와 서울대 생물학과를 졸업했다. 이후 서울대에서 경제학 석박사 학위를 취득하고 경원대(현 가천대) 경제학과 교수로 부임했다. 1985년 경원대에서 강사를 하던 시절 제자였던 송광영 씨의 분신 투쟁에 충격을 받아 유학을 포기하고 성남 지역 시민사회운동에 깊이 관여하게 됐다.

이 대통령과의 인연도 이쯤 시작됐다. 1986년 성남 지역 시민단체 토론회에서 사법시험 준비생이던 이재명을 처음 만났다. 이후 사법시험에 합격한 이 대통령이 학생운동을 하던 이 원장의 제자들을 무료로 변론해주고, 이 원장도 이 대표에게 여러 조언을 해주면서 인연을 이어갔다.

이 대통령이 2010년 성남시장에 취임하자마자 시행한 모라토리엄 선언과 이재명표 3대 무상복지로 일컬어지는 무상 교복, 청년배당, 산후조리 지원 등이 이 원장의 작품이다.

특히 2010년 전국을 떠들썩하게 한 성남시 모라토리엄 선언은 '초선 시장 이재명'의 행정력과 정치력을 드러내며 그를 전국적 인물로 떠오르게 한 사건이다. 모라토리엄으로 절감한 재정을 복지에 재투자하는 이 구조는 이 대통령의 정책적 트레이드 마크인 '증세 없는 복지'와 '기본소득' 구상의 토대가 됐다.

이 대통령이 경기도지사에 당선된 후에도 공동 인수위원장을 맡아 도정 청사진을 그렸고, 도 싱크탱크인 경기연구원 원장을 맡았다.

2021년에는 대선캠프에서 정책위원장을 맡아 이 대통령 정책 멘토 역할을 했다.

2024년 4월 21일에 민주당의 싱크탱크인 민주연구원 원장에 임명됐다. 이 대통령이 직전에 치러진 4·10 총선에서 압승을 거둔 뒤 당의 싱크탱크인 민주연구원을 이 원장에게 맡긴 것은 대선을 겨냥한 장기 포석이라는 당 안팎의 분석이 나왔다.

출 생 1956년, 서울
학 력 경복고, 서울대 생물학 학사, 서울대 경제학 석박사
경 력 가천대 경제학과 교수, 경기연구원 원장, 이재명 열린캠프 정책위원장, 민주연구원 원장

이재명 기본주택 설계자

이헌욱
전 경기주택도시공사 사장

이헌욱 전 경기주택도시공사 사장은 이재명 대통령이 성남시장을 지냈을 때부터 옆에서 함께해왔다. 참여연대와 민주사회를 위한 변호사모임(민변)에 몸담으며 '민생 살리기' 운동을 펼쳐왔던 인물이다.

1968년 경남 의령에서 태어난 이 전 사장은 부산 브니엘고등학교와 서울대 섬유고분자공학과를 졸업했다. 이 대통령의 복심으로 불리는 정진상 전 더불어민주당 대표실 정무조정실장과 고등학교 동문이다.

대학 전공을 살려 제일모직을 다녔으나 2년 반 만에 회사를 떠나 사법시험을 준비했다. 이 전 사장은 1998년 사법시험에 합격하며 사법연수원 30기를 수료했다.

법무법인 세종에서 변호사 생활을 하기도 했으나 주로 시민단체에 몸담아왔다. 이 전 사장은 참여연대 민생희망본부장과 민변 민생경제위원장 등을 역임하며 '민생' 문제에 천착해왔다. 2015년에는 문재인 당 대표 제안으로 새정치민주연합에 입당하며 민주당과 연을 맺었다.

그러면서 성남FC·주빌리은행 고문변호사를 맡아 이 대통령 측근으로 자리를 잡게 됐다. 이때부터 친이재명계 정치인으로 활동했다. 2016년 총선을 앞두고선 성남 분당갑 예비후보로 활동했으나 공천을 받지 못했다. 2018년에는 이 대통령 뒤를 이어 성남시장 선거에 나섰으나 경선 단계에서 탈락하며 쓴맛을 봐야만 했다.

이 대통령이 경기도지사에 당선되자 이 전 사장을 제11대 경기주택도시공사(GH) 사장으로 임명했다. 이 전 사장은 이 대통령 트레이드마크였던 기본주택 정책을 설계하는 과정에서 역할을 했다. GH 사장을 마친 이후에는 2024년 총선을 앞두고 경기 용인정에 출사표를 던졌다. 그러나 이언주 민주당 최고위원이 복당하면서 또다시 공천 단계에서 낙마했다.

출 생 1968년, 경남 의령
학 력 부산 브니엘고, 서울대 섬유고분자공학과
경 력 사법연수원 30기, 참여연대 민생희망본부장, 민변 민생경제위원장, 더불어민주당 을지로위
  원회 부위원장, 경기주택도시공사(GH) 사장

대통령과 38년 지기 '친명' 좌장

정성호
더불어민주당 의원

정성호 더불어민주당 의원(경기 동두천양주연천갑)은 '친명(이재명)계' 좌장으로 꼽힌다. 사석에선 이재명 대통령과 '형·동생' 하면서 편하게 얘기를 나눌 정도로 오랫동안 인연을 이어왔다. 친명 그룹 안에서도 "정 의원만큼은 이 대통령에게 쓴소리를 거침없이 할 수 있다"고 입을 모은다.

1987년 사법연수원 18기로 입소하며 '흙수저' 이 대통령과 인연을 맺었다. 서울대 법대 출신으로 가득했던 사법연수원에서 중앙대를 졸업한 이 대통령을 살뜰히 챙겼다고 한다. 정 의원은 전두환 군부정권 시절에 사법연수원 비밀서클 '노동법학회'를 이끌었다.

노동법학회에서 이 대통령을 처음 만나면서 소주잔을 기울이며 오랜 인연이 시작됐다. 군 복무 시절에는 휴가를 나와 성남시에서 변호사 생활을 하던 이 대통령과 시간을 함께 보내기도 했다고 한다.

정 의원도 이 대통령처럼 인권·노동·환경 변호사의 길을 걸었다. 검사 시보를 하며 상사로부터 인정을 받던 이 대통령에게 함께 변호사를 해보자고 손을 내밀었던 이가 정 의원이다. 그러나 인권 변호사로서 벽을 느끼면서 정계 입문을 택했다. 새천년민주당 창당에 참여하며 민주당계 정당에 발을 들였다. 2000년 총선에서 낙선해 정치적으로 힘든 시절을 겪을 때도 정 의원은 이 대통령이 성남 파크뷰 분양 사건으로 어려움에 처하자 팔을 걷어붙이며 도와줬다. 이후 정 의원은 2004년 총선에서 당선되며 '선배 의원'이 됐다. 험지로 꼽혔던 경기 북부에서 5선을 거머쥐며 능력을 증명했다.

변방에 머무르던 이 대통령을 중앙 무대로 끌어올린 것도 정 의원이다. 2017년 대선에선 총괄선거대책본부장, 2022년 대선에선 총괄특보단장을 맡으며 이 대통령을 지원했다. 이번 대선에선 국가인재위원장을 맡아 대통령실·내각 인선 밑그림을 그렸다.

정 의원은 국민의힘 의원과도 교류를 이어가는 의회주의자로 정평이 나 있다. 별명이 '무적(無敵)의 신사'다. 이 대통령에게 여야 간 협상과 타협의 창구를 열어줄 이로 주목받는 이유다.

출 생   1961년, 강원 양구
학 력   서울 대신고, 서울대 법학과
경 력   경기북부환경운동연합 공동대표, 새천년민주당 당무위원, 17·19·20·21·22대 국회 의원, 20대 국회 전반기 사법개혁특별위원회 위원장, 더불어민주당 인재위원회 위원장

金여사 비서실장 맡은 '중대 후배'

정을호
더불어민주당 의원

정을호 더불어민주당 의원(비례대표)은 통합민주당 시절부터 17년간 당료 생활을 하며 잔뼈가 굵은 정치인이다. 중앙대 경영학과 91학번으로 이재명 대통령(법학과 82학번)의 대학 후배이기도 하다. 이번 대선에서는 배우자실 비서실장을 맡으면서 김혜경 여사를 보좌했다.

1971년 전북 고창에서 태어난 정 의원은 정읍 호남고와 중앙대 경영학과를 졸업했다. 이후에는 참여연대에서 운영위원을 역임하며 민주 · 진보 계열 시민사회단체에서 이름을 알리기 시작했다. 2007년 한반도전략연구원을 거쳐 이듬해 통합민주당에 합류해 당직자 생활을 시작했다.

정 의원은 언론 인터뷰를 통해 "참여연대도 사회를 변화시키려는 욕구가 많은 분들이 모였고, 노무현 전 대통령도 여러 시도를 했지만 정치 환경과 상황이 좋지 않았다"며 현실 정치 참여 계기를 설명했다.

민주당에서 첫걸음은 대외협력국에서 뗐지만 '주 전공' 분야는 총무 · 기획이다. 2011년 민주당 총무국 부장을 맡았으며 총무조정국 부국장과 국장 등을 역임했다. 2017년 8월에는 추미애 당 대표 체제에서 비서실 국장을 맡았다. 이후에도 전략기획국장 · 총무조정국장으로 중용됐다. 그는 당내에서 중앙대 그룹에 속하며 이 대통령과도 가까운 것으로 알려졌다.

오랫동안 금배지를 달기 위해 노력했던 정 의원은 22대 총선에서 목표를 달성했다. 비례위성정당인 더불어민주연합에서 14번을 받았다. 그러나 조국혁신당이 '지민비조'(지역구는 민주당 · 비례대표는 조국혁신당)라는 슬로건을 내세우며 돌풍을 일으키자 당선권에 오르지 못할 것이라는 우려도 있었다.

다행히 더불어민주연합 비례대표 지지율이 오르면서 정 의원도 국회에 입성할 수 있었다. 22대 국회에서는 본인 이름처럼 을(乙)을 위하는 정치를 하겠다며 분주히 뛰어다니고 있다. 그는 3년 전과는 달리 '로키(Low-Key)' 전략을 펼치는 김 여사의 일정에 동행했다.

출 생 1971년, 전북 고창
학 력 정읍 호남고, 중앙대 경영학과
경 력 참여연대 운영위원, 통합민주당 대외협력국 부장, 민주당 총무조정국장, 더불어민주연합 사무총장, 22대 국회의원, 더불어민주당 선거대책위원회 배우자실 비서실장

李가 안아보고 싶어했던 '복심'

정진상
전 민주당 당 대표 정무조정실장

"측근이라면 정진상 전 실장 정도는 돼야 한다."

이재명 대통령이 과거에 남긴 이 한마디는 정진상 전 더불어민주당 당 대표 정무조정실장의 존재 감을 쉽게 알게 한다. 재판 중이라 이재명 캠프나 민주당 선거대책위원회에서 공식 활동을 하지는 못했지만 복심(腹心)으로서 영향력은 여전하다는 평가가 나온다.

1968년생인 정 전 실장은 부산에서 나고 자라며 운동권에서 활동해왔다. 경성대 행정학과를 다닐 때는 남한사회주의노동자동맹 간부 직책을 맡은 것으로 알려졌다. 이후에는 2002년 개혁국민정 당에 몸담으며 제도권 정치에 발을 들이기 시작했다.

2005년부터 2006년까지는 오마이뉴스와 성남투데이 시민기자로 활동했다. 당시 변호사로 활동 하던 이 대통령을 다룬 기사도 여럿 썼다. 이를 계기로 이 대통령과 밀접한 관계를 맺게 된 것으로 보인다. 성남에서 총선 출마를 준비하던 이 대통령을 돕고자 민주당 성남분당갑 지역위원회 간사 도 맡았다.

정 전 실장은 2010년부터는 정책·정무를 총괄했다. 이 대통령이 성남시장에 당선되자 정 전 실 장을 별정직 6급인 정책실장으로 중용한 것이다. 2018년 경기도지사 자리를 거머쥐었을 때도 정 전 실장은 이 대통령과 함께했다. 경기도 정책보좌관을 역임하며 이 대통령을 물심양면 도왔다.

2022년 대선에서도 중책을 맡았다. 중앙선거대책위원회 후보 비서실 부실장을 지내며 실세로서 존재감을 확실히 드러냈다. 이 대통령이 인천 계양을 재보궐선거에서 당선되고 당 대표에 오르자 당 대표실 정무조정실장으로 복귀했다. 그러나 정 전 실장에게도 그림자는 있다. 대장동 개발 특혜 의혹 사건에 발목을 잡히며 재판을 받고 있는 것이다.

이 대통령은 정 전 실장에게 애틋한 마음을 감추지 않는 편이다. 2023년 10월에는 대장동 재판 에서 "정 전 실장과 신체 접촉을 할 수 있도록 해주십시오. 안아보고 싶습니다"라며 재판장에게 부 탁했을 정도다.

출 생　1968년, 부산
학 력　부산 브니엘고, 경성대 행정학과
경 력　성남시 정책실장, 경기도 정책보좌관, 더불어민주당 당 대표 정무조정실장

경기도 기본시리즈 · 지역화폐 설계

조계원
더불어민주당 의원

조계원 더불어민주당 의원(전남 여수을)은 이재명 대통령이 경기도지사이던 시절 정책 참모로 활동한 원조 친이재명계다.

조 의원은 여수에서 초등학교와 중학교를 나오고 광주 동신고를 졸업했다. 성균관대 총학생회장을 지내기도 했다.

대학 졸업 후 2005년 성균관대 총학생회장을 지낸 한나라당 내 개혁파 고진화 전 의원의 보좌관으로 정치에 입문했다. 이후 창조한국당에 입당해 문국현 의원을 도왔다. 조 의원은 "이 대통령이 '문국현 사법살인'을 규탄하는 집회가 있던 서울 은평구까지 성남에서 찾아와 연설을 해주신 일이 계기가 돼 인연이 시작됐다"고 언론에 밝혔다.

그는 2010년 5회 지방선거에서 창조한국당 후보로 서울시의회 은평구 제4선거구에 출마했지만 정희석 민주당 후보에게 밀려 낙선했다.

조 의원은 이 대통령이 경기도지사이던 시절 정책보좌관과 정책수석으로 일하며 기본소득, 기본주택, 지역화폐 등 이재명표 정책의 기획과 집행을 책임졌다. '이재명의 머리'를 자처하는 그는 윤석열 정부를 비판하는 1인 피켓 시위를 400일 넘게 이어가기도 했다.

22대 총선 당시 민주당 여수을 경선에서 현역 의원인 김회재 전 의원을 누르고 공천을 받았다. 예비후보 당시 1호 공약은 '여수형 기본사회' 도입이었다.

그를 지원하는 후원회장도 눈길을 끈다. 이 대통령의 정책 멘토인 이한주 민주연구원장은 2024년 2월 22대 총선을 앞두고 조 의원의 후원회장으로 등록했다. 이 원장은 "조 의원은 이재명의 정신으로 무장된 정치인"이라며 "다른 어떤 후보보다 철저한 정책적 역량을 가졌고 윤석열 검찰 독재를 막아낼 뜨거운 심장을 지녔다"고 평가했다. 21대 대선 국면에서는 이 대통령 캠프 '진짜 대한민국 선거대책위원회'에서 강신성 대한체육회 부회장과 공동으로 체육위원장을 맡았다.

출 생 1966년, 전남 보성
학 력 광주 동신고, 성균관대 신문방송학과
경 력 22대 국회의원, 더불어민주당 부대변인, 이재명 경기도지사 정책수석, 이재명 대통령 대선 캠프 체육위원장

文 경제교사에서 李 경제 멘토로

주형철
전 경기연구원장

주형철 전 경기연구원장은 이재명 대통령뿐 아니라 문재인 전 대통령도 찾았던 경제 전문가다. 신입사원으로 시작해 SK커뮤니케이션즈 사장까지 오른 입지전적인 인물로 실물경제에 능하다. 이번 대선에서도 정책본부 부본부장을 맡으며 이 대통령 경제 · 산업 정책을 짰다.

주 전 원장은 1965년 대전에서 태어나 대전 대신고와 서울대 컴퓨터공학과를 졸업했다. 미국 매사추세츠공과대(MIT)에선 경영학 석사 학위도 취득했다. 주 전 원장은 SK커뮤니케이션즈 사장뿐 아니라 한국벤처투자 사장, 서울산업진흥원장 등을 지냈다.

기업인으로서 경제 · 공학 이론뿐 아니라 실물경제에도 능통해 문재인정부에서 중용됐다. 2019년 문 전 대통령은 주 전 원장을 청와대 경제보좌관으로 임명했다. 정보기술(IT) 전문가인 데다 벤처산업 생태계를 활성화하고자 주 전 원장을 택했던 것이다.

주 전 원장은 문재인 정부에선 대통령직속 4차산업혁명위원회 위원도 역임했다. 문재인 정부 이후에는 경기도로 자리를 옮겼다. 경기도 싱크탱크라 할 수 있는 경기연구원을 이끌며 김동연 경기도지사의 경제정책을 설계했다.

친문재인계 노선에 계속 몸담고 있었으나 이번 대선에서는 이 대통령 경제 · 산업 정책을 설계하는 데 이바지했다. 민주당 선거대책위원회 정책본부 부본부장을 맡았던 것이다. 직전에는 민주당 집권플랜본부에서 K먹사니즘본부장을 지냈다. 이 대통령이 먹사니즘 · 잘사니즘을 계속 부르짖었다는 점을 고려하면 주 전 원장에게 중책을 맡겼던 셈이다.

주 전 원장 영입에는 신이재명계 핵심인 김민석 민주당 최고위원이 역할을 했다. 문재인 · 김동연을 도왔으나 능력을 인정받으면서 이 대통령의 경제 멘토로 거듭나게 된 셈이다.

출 생　1965년, 대전
학 력　대전 대신고, 서울대 컴퓨터공학과
경 력　SK커뮤니케이션즈 사장, 한국벤처투자 사장, 문재인 정부 대통령직속 4차산업혁명위원회
　　　　위원, 청와대 경제보좌관, 경기연구원장, 더불어민주당 선거대책위원회 정책본부 부본부장

경기도 기조실장 지낸 중대 출신 '늘공'

최원용
전 경기경제자유구역청장

최원용 전 경기경제자유구역청장은 오랫동안 경기도청 공무원으로 일해왔다. 이재명 대통령이 경기도지사(2018~2021년)를 지냈을 때 탁월한 행정능력을 인정받으면서 크게 중용됐다. 이 대통령이 당선되면서 2026년 지방선거를 준비하는 최 전 청장에게도 힘이 실릴 전망이다.

1967년 경기 평택에서 태어난 최 전 청장은 중앙대 행정학과를 졸업했다. 이 대통령과 동문인 셈이다. 1회 지방고시에 합격해 경기도에서 공직 생활을 시작했다. 최 전 청장은 경기도청에선 지역정책팀장, 정책기획관 등을 지냈다.

이 대통령이 경기도를 이끌었을 당시에는 기획조정실장을 역임하며 측근 그룹으로 떠올랐다. 당시 최 전 청장은 경기도 기본소득과 도 산하기관 북부 이전을 주도했다. 경기도의회 반대도 만만치 않았으나 원활하게 정책 집행을 이끌었다는 평가를 받았다. 최 전 청장은 평택 포승지구를 비롯한 경기도 경제자유구역 정주 여건 개선에 노력을 기울였다. 일자리뿐 아니라 주거·근린생활시설이 어우러져야 경제자유구역이 커나갈 수 있다는 생각 때문이었다. 특히 한국 산업 경쟁력을 높이기 위해선 수도권이 역할을 해야 한다는 지론에 따라 경기도 산업 육성에 총력을 다했다.

대선 국면에서 청장직을 던지고 이 대통령의 당선을 위해 팔을 걷어붙였다. 대선을 한 달 앞둔 2025년 5월 최 전 청장은 "후배들에게 기회를 주기 위해 명예퇴직을 결심했다"며 "이재명 후보의 당선을 위해 고향인 평택을 중심으로 선거운동을 지원할 것"이라고 밝힌 바 있다.

지역 정가에선 최 전 청장이 2026년 평택시장 선거에 나설 것이란 관측에 힘이 실린다. 평택 출신인 데다 평택 부시장을 지냈고, 평택에 위치한 경기경제자유구역청에 있었기 때문이다. 이 대통령과 중앙대 동문이며 측근이라는 점에서 평택시장 경선에서도 유리한 위치를 점할 것이란 전망이 나온다.

출 생 1967년, 경기 평택
학 력 중앙대 행정학과
경 력 1회 지방고시, 경기도청 지역정책팀장, 경기도청 정책기획관, 경기도청 기획조정실장, 평택시 부시장, 경기경제자유구역청장

이재명의 의료개혁 '메스' 들 집도의

홍승권
록향의료재단 이사장

홍승권 록향의료재단 이사장은 이재명 대통령과 함께 한국 보건·의료정책에 메스를 들었다. 20대 대선에서 포용복지국가위원회 건강정책실장을 역임한 데 이어 21대에는 싱크탱크 '성장과 통합'에서 의료분과위원장을 맡으며 이재명 정부 보건·의료정책 밑그림을 그렸다.

1969년생인 홍 이사장은 이 대통령과는 중앙대 동문이다. 홍 이사장은 중앙대 의대를 거쳐 서울대 의대에서 박사 학위를 받았다. 서울대병원 의료정보센터 교수, 가톨릭의대 인천성모병원 가정의학과 교수 등을 역임했다. 의료 인공지능(AI) 플랫폼 기업인 딥노이드 사외이사를 지내기도 했다. 지금은 록향의료재단 이사장과 한국일차보건의료학회 회장 등을 맡고 있다.

홍 이사장은 수많은 강연과 방송 출연을 통해 시민에게 도움이 되는 보건·의료 상식을 전해왔다. KBS '비타민'을 비롯한 정보 프로그램에 출연하며 보건·의료 상식을 손쉽게 풀어 설명해왔다. 네이버 블로그 '닥터 스트레인지 hong-seungkwon'을 통해서도 본인만의 보건·의료 정책 구상을 밝혀왔다.

김용익 돌봄과미래 이사장 사단으로도 알려져 있다. 김 이사장은 오랫동안 공공의료 강화를 주장해왔다. 홍 이사장도 공공의료를 강화해야 한다는 생각을 펼쳐왔다.

20대 대선에 이어 홍 이사장은 21대 대선에서도 '이재명 돕기'에 나섰다. 외곽 싱크탱크 '성장과 통합'에 합류해 의료분과위원장을 맡은 것이다. 최근에는 노인 돌봄 정책에도 깊은 관심을 보였다. 홍 이사장은 "노인 인구와 만성질환자를 관리하기 위해 지역사회 통합돌봄 정책으로 전환하는 것은 선택이 아닌 필수"라는 입장을 밝혔다.

지역사회 통합돌봄은 이 대통령의 공약에도 반영됐다. 2025년 5월 8일 이 대통령은 페이스북을 통해 "어르신 돌봄 국가책임제를 시행하겠다"며 "지역사회가 함께 돌보는 통합돌봄을 확대해 어르신이 동네에서 편하게 돌봄을 받게 하겠다"고 약속했다.

출 생 1969년
학 력 중앙대 의과대학, 서울대 의대 박사
경 력 서울대병원 의료정보센터 교수, 가톨릭의대 인천성모병원 가정의학과 교수, 한국일차보건의료학회 회장, 딥노이드 사외이사, 록향의료재단 이사장

민주당
친이재명계

성남시장 시절부터 도의회서 조력

강득구
더불어민주당 의원

강득구 더불어민주당 의원(경기 안양만안)은 이재명 대통령과의 깊은 신뢰와 오랜 인연으로 민주당 내 '명심'의 상징적 인물로 꼽힌다.

2013년 경기도의회 민주당 대표의원 시절, 당시 성남시장이던 이 대통령과 처음 인연을 맺었다. 강 의원은 경기도의회 의장과 경기도 연정부지사를 거치며 정책 현안과 지역 발전을 이 대통령과 함께 고민했다. 2021년 대선 경선에서는 이재명 캠프의 현안대응태스크포스(TF) 단장을 맡아 주요 쟁점과 위기 상황을 진두지휘했다. 이 대통령의 당 대표 시절에는 수석사무부총장 역할을 맡기도 해 가까이서 보좌했다.

이 대통령이 당 대표 시절 정치적 고비를 맞을 때마다 곁을 지키며 '이재명 대통령 만들기'에 최선을 다하겠다는 각오를 공개적으로 밝혀왔다. 실제로 이 대통령은 강 의원에 대해 "가장 신뢰할 수 있는 사람"이라며 두터운 신뢰를 보이기도 했다.

강 의원은 이 대통령의 민생과 현장 중심 정치를 높게 평가했다. 과거 그는 "이재명(대통령)은 여의도가 아니라 현장에서 정치를 시작했다. 삶의 현장에서 쌓아온 경험이 사람의 마음을 알고, 민생의 고통을 알고, 행정의 무게를 알게 한 준비된 지도자다. 여의도에서 정치를 시작했다면 지금의 이재명은 없었을 것"이라고 했다.

강 의원은 국회에서 윤석열 전 대통령의 저격수로 맹활약하며 이재명 정부 출범을 돕는 역할도 했다. 그는 윤석열 정부 당시 서울~양평 고속도로 종점 변경 및 양평 공흥지구 특혜 의혹 등 양평 관련 현안에서 적극적으로 문제를 제기하며 존재감이 부각됐다. 강 의원은 2025년 3월에 '윤석열탄핵국회의원연대' 소속 야당 의원들과 함께 서울 경복궁 동십자각 인근에서 단식을 벌이기도 했다.

이 대통령과의 신뢰 관계를 바탕으로 강 의원은 이재명 정부에서도 존재감을 보여줄 것으로 기대된다.

출 생 1963년, 경남 김해
학 력 신성고, 성균관대 한국철학과, 연세대 정치행정리더십학 석사
경 력 경기도의회 의장, 경기도 연정부지사, 21·22대 국회의원, 더불어민주당 수석사무부총장

외신과 이재명의 연결고리

강선우
더불어민주당 의원

강선우 더불어민주당 의원(서울 강서갑)은 민주당 국제위원회 위원장으로서 이재명 대통령이 당 대표이던 시절부터 해외와 연결해주는 가교 역할을 해왔다. 이번 대선에서도 중앙선거대책위원회에서 국제협력단 단장을 맡아 그 임무를 이어갔다. 계엄 이후 탄핵 과정에서 이 대통령의 해외 언론 접촉을 늘려가며 국제적 메시지를 전달하는 역할을 톡톡히 했다. 이를 통해 이 대통령의 정책과 비전을 글로벌 무대에 효과적으로 알리며 민주당 내 대표적 국제 소통 창구로 자리매김했다.

강 의원은 미국 위스콘신대에서 인간발달 및 가족학 박사 학위를 받은 복지 전문가로, 21·22대 국회의원 연속 당선을 통해 탄탄한 지역 기반을 갖췄다.

강 의원과 이 대통령 간 인연은 20대 대선 경선에서 본격적으로 시작됐다. 강 의원은 이재명 캠프에서 대변인과 직속기획단 부단장을 맡아 국제관계 소통과 기획 업무를 총괄하며 후보의 핵심 전략가로서 활약했다. 이 시기 강 의원은 "정권 재창출은 이재명만이 가능하다"며 캠프 합류를 자처했고, 이후 당 대변인으로서 '이재명의 입' 역할을 하며 대외 메시지와 민생 정책을 국민에게 전달했다.

강 의원은 2024년 8월 전당대회에서 "제가 이재명의 복심"이라며 '친명'을 자처했다. 그는 최고위원 출마 선언에서도 "이재명 대통령 시대, 강선우가 열겠다"며 "이재명 대표의 곁을 지키겠다"고 밝혀 이 대통령과의 신뢰와 동행을 거듭 확인했다. 강 의원은 "지도부 일원이 된다면 이재명 시대에 그려나갈 삶을 탄탄히 기획하겠다"며 대선 승리를 위한 전략과 민생 정책에 집중하겠다는 각오를 드러내기도 했다.

강 의원은 보건복지위원회와 연금개혁특별위원회 등에서 활약하며 복지·가족·아동 분야 입법에 집중해 대표발의했다.

출 생 1978년, 대구
학 력 경상여고, 이화여대 영어교육과, 미국 위스콘신대 매디슨 캠퍼스 박사
경 력 미국 사우스다코타 주립대 교수, 더불어민주당 대변인, 21·22대 국회의원, 민주당 국제위원회 위원장

'신춘문예 3관왕', 李에 감성 한 스푼

강유정
더불어민주당 의원

강유정 더불어민주당 의원(비례대표)은 이재명 대통령의 2025년 대선 경선캠프 때부터 대변인을 맡았다. 강 의원은 한영외국어고 독일어과를 졸업하고 고려대 국어교육과에서 학사, 동 대학원에서 국어국문학 석박사 학위를 취득했다. 강남대 한영문화콘텐츠학과 교수로 재직하며 문학평론과 영화평론, 문화비평을 이어왔다. 고려대 강사 시절이던 2005년 동아일보 영화평론 부문, 조선일보와 경향신문의 문학평론 부문에서 입상해 '신춘문예 3관왕'으로도 유명하다. 방송과 칼럼을 통해 대중문화와 인문학을 해설해온 그는 정치권에서는 드문 문화콘텐츠 전문가로 꼽힌다.

2024년 22대 총선에서 문화계를 대표하는 인물로서 비례대표로 국회에 입성한 뒤 강 의원은 문화체육관광위원회와 국회운영위원회에서 활동해왔다.

당내에서는 원내대변인, 문화특보, 문화예술특별위원회 공동위원장, 게임특별위원회 공동위원장 등 당직을 겸임하며 당내 문화정책 기획과 메시지 전략 수립에 관여하고 있다.

이 대통령 경선캠프에서는 대변인을 맡으며 캠프의 공식 메시지를 조율하고 이를 언론과 SNS 등 온라인 채널로 전달하는 등 실무를 했다. 선대위에선 수행대변인을 했다.

이 대통령과는 총선 때 비례대표 후보로 선출된 이후 처음 만났다고 한다. 국회 입성 후 대변인 회의, 비례대표 간담회 등에서 의견을 주고받으며 신뢰를 쌓았다. 원내대변인으로서 참석 의무가 없는 각종 당직자 회의들까지 빠지지 않고 꼼꼼히 챙기면서 현안과 배경 스토리에 대한 이해도를 높여 정치권 출신이 아님에도 국회 입성 후 빠르게 적응했다. 이를 통해 원내대변인으로서 그에 대한 언론의 신뢰도를 높인 것으로 평가받는다. 캠프 대변인으로 낙점받은 것도 이런 평가가 영향을 받은 것으로 알려졌다. 강 의원은 "종종 다른 차원과 시각에서 현상을 보고 판단한다는 평가를 받을 때가 있는데, 기존 정치권에서 보기 힘들었던 다른 시각이 의미 있게 받아들여진 것 같다"고 말했다.

출 생 1975년, 서울
학 력 한영외국어고 독일어과, 고려대 국어교육과, 고려대 대학원 국어국문학 석박사
경 력 고려대 문과대학 국어국문학과 강사, 한국예술종합학교 강사, 강남대 글로벌인재대학 글로벌문화학부 한영문화콘텐츠전공 교수, 더불어민주당 원내대변인, 22대 국회의원

李와 지방자치분권 철학 공유

강준현
더불어민주당 의원

2021년 여름 더불어민주당의 대선후보 경쟁이 치열하던 시기에 이재명 대통령을 지원하는 외곽 조직인 '민주평화광장'이 출범했다. 세종 지역 상임대표로는 당시까지만 해도 중앙정치에서 무명에 가까운 강준현 의원(세종을)이 이름을 올렸다. 세종시 정무부시장 출신으로 이제 막 초선 1년 차를 넘긴 국회의원이었다.

강 의원은 충남대 건축공학과를 졸업하고, 세종시 정무부시장으로 행정 경력을 쌓은 뒤 2020년 총선에서 세종을 지역구에 출마해 국회에 입성했다. 도시계획과 균형발전에 정통하다는 평가를 받는다. 지역구 최대 현안이기도 한 행정수도 완성과 국회 세종의사당 설치, 광역교통망 구축 등 '세종다운 세종'을 만드는 데 방점을 찍은 실무형 정치인으로 불린다.

이 대통령과의 인연도 지방자치에 대한 정책과 철학에서 비롯됐다. 두 사람은 행정수도, 균형발전, 생활인프라 중심의 지역주의 탈피에서 뜻을 같이한다. 강 의원은 이 대통령의 대선캠프에서도 조용하지만 전략적인 지원군으로 활동하면서 '친명(이재명)계' 실무형 의원으로 분류된다.

2024년 총선 공천 과정에서 그의 이름은 이재명 일극 체제의 주요 '신뢰 그룹' 중 하나로 지목됐다. 민주당 내 수도권·비수도권 간 지역 안배, 정책 정합성, 인사 균형을 맞추는 과정에서 강 의원은 이 후보가 선호하는 '실무형 인재'라는 평가를 받는다.

이번 대선에서 강 의원은 세종시당위원장으로서 세종 선거를 진두지휘하는 것과 더불어 한 가지 직책을 더 맡았다. '코스피5000시대위원회' 위원장이다. 정치권에서는 이 대통령이 코스피 주가 상승에 큰 관심을 보여왔다는 점을 감안할 때 앞으로 출범할 정부에서 강 의원이 중요할 역할을 할 것으로 보고 있다. 그가 국회 정무위원회 간사일 뿐 아니라 특유의 실무 위주의 꼼꼼한 일 처리 능력이 높게 평가받고 있기 때문이다.

출 생 1964년, 세종특별자치시
학 력 남대전고, 충남대 건축공학과
경 력 3대 세종특별자치시 정무부시장, 더불어민주당 세종시당위원장, 21·22대 국회의원

孫 · 文 이어 李도 신뢰한 전략가

강훈식
더불어민주당 의원

강훈식 더불어민주당 의원(충남 아산을)은 당내에서도 손꼽히는 '전략통'이다. 비교적 계파색이 옅은 데다 전략 · 기획 능력이 탁월해 다양한 후보와 당 대표를 도와왔다. 2022년 전당대회에서는 97그룹(1990년대 학번 · 1970년대생) 대표 주자로서 이재명 대통령과 선의의 경쟁을 펼친 바 있다.

2025년 4월 11일 국회에서 강 의원은 이 대통령의 오른쪽 옆에 나란히 서게 됐다. 대선 경선 과정에서 이재명 캠프 총괄본부장으로 발탁됐기 때문이다. 이 대통령이 강 의원을 총괄본부장으로 소개하며 서로 웃으면서 화제가 되기도 했다.

강 의원은 총괄본부장을 맡으면서 명실상부 '신명(이재명)계'로 자리를 굳히는 모양새다. 20대 대선에서도 전략기획본부장을 역임했던 바 있다. 당시에도 이 대통령이 강 의원과 함께 식사를 하며 직접 캠프 합류를 요청했다고 한다.

전략이나 비전뿐 아니라 투쟁력도 탁월하다. 1999년에는 건국대 총학생회장으로 선출되며 교육개혁법 개정 반대 운동을 이끌었다. 교육개혁법 개정은 김대중 정부가 추진했던 과제였으나 강 의원은 청년으로서 민주진보 진영 내에서도 쓴소리를 아끼지 않았다.

운동에 앞장섰으나 기업인으로서 성과를 내기도 했다. 2000년 신훈패션이라는 의류업체를 창업하고 '노사모(노무현을 사랑하는 모임)' 티셔츠를 제작하면서 성공을 거둔 것이다. 국내 최초 인터넷정당 '정정당당'을 창당하며 정계에 본격적으로 발을 들였다.

2007년 대선을 앞두고선 손학규 캠프 기획팀장을 맡기도 했다. 손학규 당 대표 시절에는 정무특보 등 당직을 두루 거쳤다. 2017년 대선 경선에는 안희정 캠프 공동대변인을 맡았다. 문재인 전 대통령이 후보로 확정됐을 때도 중용됐다. 문 전 대통령이 "강 의원께서 그렇게 일을 잘하신다면서요"라며 눈독을 들이더니 본선에서 역할을 맡겼다고 한다.

원내에서도 신망이 매우 두터운 의원이다. 21대 국회에서는 더좋은미래(더미래) 대표를 지냈다.

출 생 1973년, 충남 아산
학 력 대전 명석고, 건국대 경영정보학과
경 력 건국대 총학생회장, 신훈패션 대표이사, 20 · 21 · 22대 국회의원, 더좋은미래 대표, 더불어민주당 전략기획위원장, 21대 대선 이재명 캠프 총괄본부장

귀한 '중도 보수', 국민 통합 깃발

권오을
전 한나라당 의원

21대 대선 기간 화제가 된 발언이 있다. "박정희 (대통령) 생가에서 '대통령 각하, 육영수 여사님, 이번에는 누구입니까' 물었더니 박 전 대통령께서 '이번은 이재명'이라고 말씀하셨다."

이 발언의 주인공은 보수 진영 3선 국회의원 출신으로서 더불어민주당 선거대책위원회 국민대통합위원장을 맡은 권오을 전 한나라당 의원이다.

1957년 경북 안동에서 태어난 권 전 의원은 경북고와 고려대 정치외교학과를 졸업했다. 졸업 후 대한상공회의소에서 10년 동안 조사역으로 근무하며 실물경제를 다뤘다. 정계에는 1991년 34세의 젊은 나이에 4대 경북도의원으로 선출돼 입문했다. 5년 뒤 15대 총선에서 경북 안동 국회의원으로 당선된 후 16대와 17대 내리 당선됐다.

하지만 2008년 18대 총선 때 한나라당 공천에서 탈락했다. 2010년 국회 사무총장을 하면서 지역구 복귀를 노렸지만 2012년 19대 총선에서 '친이명박계'로 분류되며 공천을 받지 못했다. 20대 총선 때도 낙천했고 이후 김무성 전 새누리당 대표를 따라 당을 탈당하고 바른정당으로 갔다.

정치권은 권 전 의원의 이재명 대선 캠프 합류가 놀랄 일이긴 하지만 개연성은 있다고 평가한다. 권 전 의원은 도의원 당선 당시 이른바 '꼬마민주당' 당적이었다. 꼬마민주당은 1990년 3당 합당에 반대해 이기택 전 의원, 노무현 전 대통령이 함께 만든 당이다. 15대 총선 때도 민주당 계열인 통합민주당 후보로 당선됐다. 이후 통합민주당이 한나라당에 통합되면서 16대, 17대부터 보수 정당 의원으로 분류됐다.

보수 소장파, 중도 보수라는 평가를 받는다. 2010년 국회 사무총장 선출 당시 본회의 표결에서 94.4% 찬성이라는 역대 최고 동의율을 받은 점에서 진영에 관계없이 정계에서 두루 긍정적인 평가를 받는 인물로 보인다.

출 생 1957년, 경북 안동
학 력 경북고, 고려대 정치외교학과
경 력 15~17대 국회의원, 국회 농림해양수산위원회 위원장, 국회 사무총장

사법 리스크 막아낸 李 '변호인'

김기표
더불어민주당 의원

김기표 더불어민주당 의원(경기 부천을)은 이재명 대통령과의 깊은 인연과 신뢰를 바탕으로 22대 국회에 입성한 '친명' 법률가 중 한 명이다. 서울대 법대 출신인 그는 사법시험을 패스한 후 2001년 사법연수원을 수료하고 검사로 활동했다. 대검찰청 검찰연구관, 서울중앙지검 특수부 검사 등 주요 보직을 거치며 법조계에서 실력을 인정받았다. 문재인 정부 청와대에서 반부패비서관을 역임하기도 했다.

김 의원과 이 대통령의 인연은 이 대표가 경기도지사로 일할 당시에 시작됐다. 이 대통령이 대장동 개발 특혜 의혹 등 각종 사법 리스크에 직면했을 때 김 의원은 변호인단으로 참여해 이 대통령을 적극적으로 방어했다. 특히 '대장동 변호사'로 불릴 만큼 핵심적인 역할을 맡아 이 대통령과 측근들의 법적 대응을 진두지휘했다. 이 과정에서 김 의원은 이 대통령의 신뢰를 얻었고, 이후 민주당 당 대표 법률특보로 중용되며 이 대표의 정치적 방패막이로 자리매김했다.

2024년 총선에서는 경기 부천을 지역구에 도전해 경선과 본선에서 모두 승리하며 국회에 입성했다. 김 의원은 부천을 지역의 새로운 변화와 활력을 이끌어낼 젊은 일꾼으로서 역할이 기대되고 있다. 부천에서 초중고를 모두 졸업한 '토박이'로, 지역 현안에 대한 깊은 이해와 애착을 가진 것으로 평가받는다.

선거운동 당시 김 의원은 "이재명 대표가 국민의 선택을 받을 수 있도록 법률적·정치적으로 최선을 다하겠다"고 밝히며 이 대통령과의 신뢰와 동행을 강조하기도 했다. 실제로 총선 기간과 이후에도 김 의원은 이 대통령의 사법 위기 때마다 적극적으로 방어 논리를 펼쳤다. 대선 과정에서는 대법원의 공직선거법 판결에 대해 "심판이 선수로 뛰어서는 안 된다"며 사법부의 정치 개입을 비판하기도 했다.

김 의원은 당내 법률특보단 등에서 활약했다.

출 생	1972년, 전남 보성
학 력	부천고, 서울대 법대
경 력	대검찰청 검찰연구관, 서울중앙지검 특수부 검사, 청와대 반부패비서관, 더불어민주당 당 대표 법률특보, 22대 국회의원

대장동 변호사에서 원내 '친명계'로

김동아
더불어민주당 의원

김동아 더불어민주당 의원(서울 서대문갑)은 '대장동 변호사'라는 별칭으로 불린다. 그가 이재명 대통령 최측근으로 꼽히는 정진상 전 민주당 당 대표 정무조정실장 변호인으로 활동했던 이력 때문이다.

김 의원은 2022년 당시 이 대통령 대선캠프에서 법률특보단 청년단장, 국민검증법률지원단 팀장 등을 맡으며 선거 캠페인에서 실무를 담당했다. 민주당 법률위원회에 들어가 검찰의 민주당 당사 압수수색에 대응하기도 했다.

건국대 법학과 출신인 김 의원은 사법연수원을 43기로 수료했다. 변호사로서 인권위 사건, 청년 노동, 공익소송 등을 주로 맡으며 젊은 법조인으로서 입지를 쌓았다. 민주사회를 위한 변호사모임(민변)에서 민생경제위원회 위원으로 활동하기도 했다.

2024년 22대 국회의원 선거를 앞두고 당시 서울 서대문갑에서 우상호 의원이 불출마를 선언하면서 서대문갑은 '청년 전략 특구'로 지정됐다. 김 의원은 권지웅 전 민주당 비상대책위원, 김규현 전 서울북부지검 검사 등과의 3인 경선을 뚫고 민주당 후보가 됐으며 이후 50.75%의 득표율로 금배지를 거머쥐었다.

선거 당시 김 의원은 "이재명과 함께할 동지를 원하시면 김동아를 선택해달라"는 메시지로 호소하며 이 대통령과의 정치적 연대와 지지를 공개적으로 호소했다.

22대 국회에서는 산업통상자원중소벤처기업위원회 소속으로 활동하며 대·중소기업 상생협력 촉진법, 하도급거래 공정화법, 소상공인 보호 및 지원법 등 경제·민생 관련 법안을 대표발의했다. 김 의원은 "우리 사회의 양극화 해소와 시장경제의 건강한 발전을 위해 실질적인 입법 활동을 이어가겠다"고 각오를 밝히기도 했다.

출 생 1987년, 부산
학 력 양운고, 건국대 법학과
경 력 법무법인 태평양 변호사, 법률사무소 온길 대표변호사, 더불어민주당 대선캠프 법률특보단 청년단장, 22대 국회의원

尹 계엄 넉 달 전 예견…李의 오른팔

김민석
더불어민주당 의원

2024년 12월 3일 윤석열 전 대통령이 비상계엄을 선포하자 넉 달 전 김민석 더불어민주당 최고위원의 발언이 주목받았다. 그는 2024년 8월 21일 민주당 최고위원회의에서 계엄 가능성을 처음 제기했다. 김 의원은 이 자리에서 "윤 대통령을 중심으로 김용현 국방부 장관 등 '충암파'(충암고 출신 동문)의 계엄령 발령 가능성이 있다"고 말했다. 당시엔 '계엄은 너무 많이 나간 얘기'라는 반응이 주를 이뤘지만 그의 예견은 100여 일 만에 현실이 됐다. 그의 고도의 정보력이 입증된 순간이었다.

김 의원은 이재명의 민주당에서 신주류로 평가된다. 이 대통령이 김 의원을 신뢰하기 시작한 건 2023년 2월 이 대통령에 대한 국회 체포동의안 표결에서 당내 이탈표가 대거 나와 '이재명 리더십'이 흔들렸던 때부터다. 당시 중진급 의원 다수가 이 대통령의 정책위의장 제안을 고사했지만 김 의원이 먼저 이 대통령을 돕겠다며 정책위의장을 맡았다. 2002년 대선 이후 당내 비주류 생활을 이어온 터라 계파색이 약했고 친문계와도 인연이 깊지 않았던 점이 이 대통령이 내민 손을 선뜻 잡을 수 있는 이유로 작용했다.

김 의원은 이후 2024년 4월 총선을 앞두고 당 종합상황실장을 맡아 '민생회복지원금' 등 다양한 민생 공약을 제안하면서 이 대통령의 신뢰를 얻었다. 오랜 야인 생활 동안 가다듬은 다양한 정책 아이디어가 빛을 발했다.

사실 김 의원은 이 대통령이 정치권 전면에 등장하기 훨씬 이전인 1990년대부터 스타 정치인이었다. 서울대(사회학과·82학번) 총학생회장과 전국학생총연합 의장을 지내다 김대중 전 대통령의 '젊은 피 수혈' 전략에 따라 공천을 받아 31세이던 1996년 15대 총선에서 국회의원 배지를 처음 달았다. 2002년 대선 국면에서 민주당을 탈당해 정몽준 캠프로 이적한 여파로 오랜 기간 야인의 길을 걸었다.

출 생 1964년, 서울
학 력 숭실고, 서울대 사회학과, 하버드대 케네디스쿨(행정대학원) 석사, 중국 칭화대 법학 석사, 미국 뉴저지 주립 럿거스대 법학 박사(J.D.)
경 력 서울대 총학생회장, 전국학생연합 의장, 15·16·21·22대 국회의원, 새천년민주당 대변인 및 총재(DJ) 비서실장, 서울시장 민주당 후보, 민주연구원장, 더불어민주당 정책위의장

文도, 李도 원했다…민주당 정보통

김병기
더불어민주당 의원

김병기 더불어민주당 의원(서울 동작갑)은 국가정보원에서 1987년부터 2013년까지 26년간 근무하며 인사처장까지 지낸 정보통이다.

2016년 당시 문재인 민주당 대표의 권유로 정치에 입문한 대표 '친문(문재인)'이다. 문재인 전 대통령은 총선 선거운동 마지막 날 "출마자 중 김병기·조응천 후보 두 사람이 계속 눈에 밟힌다"(페이스북)며 지지를 호소했을 정도로 그를 각별히 아꼈다. 문 전 대통령은 그 후 김 의원의 후원회장도 맡았다.

친문 핵심이었던 김 의원이 2021년 20대 대선 당시 민주당 선거대책위원회 현안대응태스크포스(TF) 단장으로 임명되면서 '친명'으로 불리기 시작했다. 이재명 대통령을 향한 마타도어가 난무하던 선거판에서 김 의원 특유의 정보력이 빛을 발했다. 한 친명계 의원은 '이 기간을 통해 김 의원과 이 후보가 상호 신뢰를 쌓았다'고 귀띔했다.

김 의원은 2022년 6월 민주당 소속 재선 의원들이 이 대통령을 향해 '전당대회 불출마 촉구' 입장을 발표하려는 것을 공개 반대했고, 친명계 텔레그램 채팅방을 개설해 조직적인 지원에 앞장섰다. 2023년 9월에는 이 후보의 체포동의안 가결 직후 강력하게 이를 비판하기도 했다.

이러한 과정을 겪으며 당내에서는 평상시 드러나지 않지만 이 대통령이 고비를 맞을 때 앞장서서 지지를 보내는 핵심 친명으로 분류하기 시작했다. 이 대통령도 김 의원을 특별히 아끼는 모습을 유감없이 드러냈다. 2024년 4월 22대 총선에서 공식 선거운동 첫날 김 의원의 지역구인 동작갑 지역을 제일 먼저 찾아 지원 유세를 했다.

김 의원은 2025년 선거대책위원회에서 조직본부장과 종교본부장(천주교)을 맡았다.

출 생 1961년, 경남 사천

학 력 중동고, 경희대 국민윤리학과, 건국대 국가안보전략 석사

경 력 국가정보원 인사처장, 20·21·22대 국회의원, 21대 더불어민주당 선거대책위원회 조직본부장

계엄 내막 파헤친 4성 장군 출신

김병주
더불어민주당 의원

김병주 더불어민주당 의원(경기 남양주을)은 22대 국회에서 유일무이한 '4성 장군' 출신으로, 12·3 비상계엄 정국에서 실력을 발휘했다.

계엄 직후인 2024년 12월 6일에는 박선원 민주당 의원과 함께 유튜브 라이브 방송을 켜고 계엄군의 '본진'인 육군특수전사령부와 수도방위사령부로 찾아가 사령관들을 방송에 출연시키는 수완을 과시했다. 이후 군 내부 상황에 대한 전문성과 정보력을 기반으로 비상계엄의 막전막후를 파헤쳤다.

당시 상황에 정통한 여권 소식통은 "비상계엄과 윤석열 탄핵, 파면을 거치며 민주당 내에서는 그 어느 때보다 끈끈한 일종의 '전우애'가 생겼는데, 김 의원이 이에 이바지한 바가 크다"고 평가했다. 21대 대선캠프에서는 △공동선거대책위원장 △후보 직속 스마트국방위원장 △'골목골목 선대위' 경기 북부·강원 지역 선대위원장 △종교본부 불교 본부장 등 4개 중책을 맡았다.

김 의원은 육군사관학교 40기로, 포병 출신으로는 드물게 대장까지 진급해 한미연합군사령부 부사령관을 역임했다. 재임 시 함께 근무했던 빈센트 브룩스 전 한미연합사령관과는 서로 호형호제할 정도로 업무를 넘어 인간적 교분을 나눴던 것으로도 유명하다. 군 재직 시절 3군단장과 육군미사일사령관, 30사단장 등 주요 보직을 두루 거쳤다. 군에서는 부하들에게 한미동맹 유지·발전을 위한 필수 도구인 '영어'를 매우 강조한 장군으로도 잘 알려졌다. 또 본인 보직과 관련한 기본적인 지식을 끊임없이 물어보고 확인하는 '소크라테스'식 화법을 구사하며 부하들을 긴장시킨 것으로도 정평이 났다.

그는 2019년 4월 전역 이후 이듬해 21대 총선을 앞두고 민주당에 입당했고 비례대표로 국회에 발을 들였다. 이후 민주당 정책위 상임부의장과 원내부대표를 지냈고, 22대 총선에서는 경기 남양주을 지역구에서 재선에 성공했다. 군 시절부터 시작된 특유의 '엄지 척' 제스처로도 유명하다. 국회 입성 후에 줄곧 국방위원회에서 활동하며 민주당 국방안보 분야 좌장으로 발돋움했다.

출 생 1962년, 경북 예천
학 력 강릉고, 육군사관학교 40기
경 력 한미연합군사령부 부사령관, 3군단장, 육군미사일사령관

李의 '정책 주머니'…정책 조율의 달인

김성환
더불어민주당 의원

김성환 더불어민주당 의원(서울 노원을)은 민주당의 대표 정책통이다. 대선에서도 선거대책위원회 정책부본부장을 맡아 이재명 대통령의 핵심 참모로 자리매김했다. 김 의원은 이 대통령이 당 대표이던 시절 민주당 정책 방향을 설계하고 변화의 동력을 제공하는 인물로 주목받았다.

김 의원은 이재명 지도부 출범 이후 첫 정책위의장을 맡았고, 대선 경선캠프에서는 정책부본부장으로 합류해 이 대통령의 정책 비전을 구체화하는 데 앞장섰다. 이 대통령이 당내 기반이 약할 때부터 김 의원은 계파색이 옅으면서도 실력과 경험을 보유한 것으로 인정받아 정책 라인의 중추 역할을 담당했다.

김 의원은 바이오산업 유치, 기초노령연금 확대, 납품단가 연동제 등 민생과 미래 산업을 아우르는 정책을 주도해왔다. 이들 정책은 국민의 기본생활 보장과 경제 양극화 해소에 초점이 맞춰졌다는 점에서 이 대통령이 강조해온 '기본사회' 비전과도 결을 같이한다.

김 의원은 포퓰리즘 논란에 대해선 "국민의 삶을 지키는 정책은 시대적 요구"라며 "재정이 허락하는 한 영역별로 소득 안정과 기본적인 생활 안정을 위한 여러 정책을 펴고 있다"고 말했다.

김 의원은 연세대 법학과와 행정대학원(도시 및 지방행정)을 졸업하고, 노원구의회 의원, 서울시의회 의원, 노원구청장 등을 거쳐 국회에 입성했다. 2016년 20대 총선에서 승리한 뒤 내리 3선에 성공했다.

참여정부 청와대 정책조정비서관을 맡는 등 정책 조율 경험도 풍부하다. 이러한 실무형 리더십은 이 대통령의 공략 마련 과정에서 큰 힘이 됐다는 평가를 받는다. 실제로 김 의원은 이 대통령 경선캠프와 선대위에서 정책 수립을 주도하며 인공지능(AI), 재정 등 다양한 분야의 정책을 조율했다.

김 의원은 지난해 총선 국면에서 인재 영입을 맡으며 전략적 감각을 보여줬다는 평가를 받는다.

출 생 1965년, 전남 여수
학 력 한성고, 연세대 법학과
경 력 신계륜 의원 비서관, 청와대 정책조정비서관, 서울시 노원구청장, 20·22대 국회의원, 더불어민주당 정책위의장

온라인 소통에 강한 '초선' 대변인

김성회
더불어민주당 의원

김성회 더불어민주당 의원(경기 고양갑)은 온·오프라인 공간에서 직접 소통하며 대중 정치인으로 성장했다.

김 의원은 고려대 총학생회 부총학생회장을 지냈다. 1999년 군 제대 후 동문 선배이자 총학생회장 출신인 허인회 당시 새정치국민회의 동대문을 위원장 사무실에서 일하며 처음 제도 정치권에서 활동을 시작했다.

이후 정치학 공부를 위해 미국으로 떠났고 개인적 사정으로 학업을 그만둔 후에 미국 샌프란시스코 신학교에서 목회학 석사 학위를 받았다. 이 당시 LA 노사모(노무현을 사랑하는 모임) 간사를 맡았고, 2012년 18대 대선을 앞두고 투표 참여 운동의 일환으로 '나는 꼼수다' 팀의 미주 순회공연을 기획했다. 18대 대선에서 문재인 당시 대선후보가 패한 뒤 한국으로 귀국했고 19대 국회에서 신계륜·정청래 민주당 의원 보좌관을 지냈다.

2016년 20대 총선에서 정 의원은 낙천했고 같은 지역구에 공천된 손혜원 의원의 보좌관을 했다. 손 의원의 유튜브에 함께 출연하며 각종 현안에 대한 날카로운 분석 등으로 대중에게 이름을 알리기 시작했다. 2019년 보좌관 생활을 정리한 후 국회 앞에 사무실을 마련하고 '정치연구소 씽크와이'를 설립한다. 카카오톡으로 1만명이 넘는 패널에게 주기적으로 정치·경제·사회 현안에 대한 질문을 하고 의견을 듣는 쌍방향 소통 플랫폼이었다.

본격적으로 시사 관련 유튜브 및 방송 프로그램이 생기면서 섭외 0순위 패널로 자리매김하며 인지도를 높였다. 또 직접 '김성회의 옳은소리'라는 유튜브를 운영하면서 매일 아침 8시 55분 그날의 뉴스 브리핑을 시작으로 구독자들과 만남을 이어갔다. 구독자만 24만명이다.

22대 총선을 앞두고 심상정 전 정의당 의원이 버티고 있던 경기 고양갑에 도전장을 냈다. 그리고 심 전 의원이 득표율 18%를 가져갔음에도 승리해 원내에 입성했다. 원외 시절부터 함께 정치를 준비했던 참모진도 그대로 의원실로 입성했다. '이재명 대표 2기 체제'에서 당 대변인을 맡았다.

출 생 1972년, 서울
학 력 경기고, 고려대 지구환경과학과
경 력 고려대 부총학생회장, 신계륜·정청래·손혜원 의원 보좌관, 더불어민주당 대변인

李 수행실장 맡은 김구 선생 증손자

김용만
더불어민주당 의원

김용만 더불어민주당 의원(경기 하남을)은 4대째 나라를 위해 헌신해오고 있다. 백범 김구 선생의 증손자인 김 의원은 공군 장교와 방위산업체를 거쳐 국회의원으로서 국민을 위해 봉사하고 있다. 이번 대선에서는 이재명 대통령 옆에서 현장 수행 업무를 맡았다.

김 의원은 1986년생으로 국회에서도 젊은 피에 속한다. 서울에서 태어났으나 중학교 때부터는 미국 하와이로 유학을 갔다. 미국 미드퍼시픽 인스티튜트 고등학교를 우수한 성적으로 졸업하고 조지워싱턴대 정치학과를 졸업했다.

오랫동안 미국에서 살아왔으나 국가의 부름에 바로 달려왔다. 2010년 귀국해 공군사관후보생 125기로서 공군 소위로 임관했다. 김구 가문에서는 김신 전 공군참모총장을 비롯해 공군 장교를 여럿 배출해왔다. 이 같은 전통에 따라 김 의원도 공군을 선택했다.

전역 이후에는 방위산업체인 LIG넥스원에 다녔다. 회사에 다니면서도 대한민국임시정부기념사업회 이사 등을 지내면서 정치·사회에 꾸준한 관심을 보여왔다. 2022년 대선에선 당시 이재명 후보 지지를 선언하며 이 대통령과 인연을 맺었다. 민주당에 정식으로 입당하며 선거대책위원회 산하 역사정명특별위원회를 이끌었다.

3년 전에는 이 대통령이 대선에서 패배했으나 계속 곁을 지켰다. 김 의원은 민주당 역사정의특별위원회 공동위원장을 지내며 독립운동사 조명에 앞장섰다. 지난해에는 총선을 앞두고 민주당 8호 인재로 영입돼 경기 하남을에서 금배지를 다는 데 성공했다.

국회 의원회관에서는 광복절을 상징하는 815호실에 둥지를 틀었다. 원래는 독립운동가 후손인 박찬대 민주당 원내대표가 썼던 방이다. 그러나 김 의원이 국회에 입성하자 박 원내대표가 흔쾌히 815호 의원실을 물려줬다고 한다. 의원 활동을 하면서는 윤석열 정부와 맞서 싸웠다. 건국절 논란이 일었을 때도 윤석열 정부를 향해 가장 강한 비판을 내놨다. 뉴라이트 성향인 김형석 독립기념관장이 임명되자 거세게 반발하며 대정부 투쟁을 이끌기도 했다.

출 생 1986년, 서울
학 력 미국 미드퍼시픽 인스티튜트 고등학교, 조지워싱턴대 정치학과
경 력 LIG넥스원, 대한민국임시정부기념사업회 이사, 22대 국회의원, 더불어민주당 원내부대표

민변 출신 '처럼회' 멤버 … 검찰개혁 앞장

김용민
더불어민주당 의원

김용민 더불어민주당 의원(경기 남양주병)은 변호사 출신 정치인이다.

변호사 시절 초반에는 금융 관련 업무도 많이 담당했는데 어느 시점부터 진보 진영과 관련된 사회적 사건을 다수 맡게 됐다. 2013년 '나는 꼼수다' 팀의 공직선거법 위반 사건을 변호했고, '서울시 공무원 간첩 조작 사건'에서는 유우성 씨의 변호를 맡아 국가정보원의 증거 조작을 추적해 무죄 판결을 받아내면서 유명해졌다. 대한변호사협회 세월호참사 진상조사단 변호사, 민주사회를 위한 변호사모임 사무차장으로 활동했다.

문재인 정부 시절에는 검찰개혁의 선봉에 섰다. 2017년 대검찰청 검찰개혁위원회, 2019년 조국 전 법무부 장관이 위촉한 제2기 법무 · 검찰개혁위원회 위원으로 참여하며 검찰개혁 의제를 전면에 내세웠다.

2020년 21대 총선에서 경기 남양주병에 전략공천을 받아 여의도에 입성했다. 초선 시절부터 당내 강경파로 분류됐고 김남국 · 최강욱 의원과 함께 '처럼회'로 활동했다. 2021년 5월 전당대회에서 1위를 하며 수석최고위원이 됐다. 조 전 장관을 엄호하며 '조국 호위무사'로 불렸던 점이 지지층 결집을 이뤄냈다는 평가를 받았다.

20대 대선을 앞둔 2021년 이재명 대통령을 공개적으로 지지했고, 이 대통령 사법 리스크가 본격화된 이후에는 이 대통령 입장을 대변하는 데 적극 나섰다. 2023년 10월 윤석열 전 대통령이 국회에 예산안 시정연설을 하러 와서 악수를 청하자 "이제 그만두셔야죠"라고 얘기했다고 SNS에 올리기도 했다.

2025년 4월 이 대통령 공직선거법 위반 혐의 사건에 대한 대법원 판결을 앞두고 "상고 기각 외 다른 해석은 어렵다"며 이 대통령을 두둔하는 입장을 밝혔다.

2025년 5월 1일 이 대통령이 대법원에서 유죄 취지로 파기환송 판결을 받은 것에 반발해 대통령에 당선되면 진행 중이던 형사재판을 정지하는 법안을 발의했다.

출 생 1976년, 서울
학 력 영훈고, 한양대 법학과
경 력 21 · 22대 국회의원, 더불어민주당 원내정책수석부대표, 수석최고위원

최연소 구청장 지낸 李 정무참모

김우영
더불어민주당 의원

김우영 더불어민주당 의원(서울 은평을)은 22대 국회의원에 처음 입문한 초선이지만 정치적 무게감은 사뭇 다르다. 그는 성균관대를 졸업하고 1996년 국회의원 비서관으로 정계에 입문한 후 2010년 지방선거에서는 민주당 후보로 은평구청장에 당선되며 당시 최연소 기초단체장으로 언론의 주목을 받았다.

김 의원은 원내에 입성하기 전에는 '친명(친이재명)계' 원외 조직 더민주전국혁신회의 좌장 역할을 했으며, 국회로 들어와서는 이재명 대통령의 당 대표 시절 정무조정실장을 역임하며 이 대통령을 지근거리에서 보좌했다.

특히 김 의원은 노무현재단 기획위원을 지내면서 고(故) 노무현 전 대통령의 국정철학과 참여정부의 정치적 유산을 계승하는 인물 중 한 명으로 평가받는다. 문재인 정부에서 청와대 제도개혁비서관·자치발전비서관 등을 역임하며 '친문'들과 호흡했다. 박원순 시장 시절 서울시 정무부시장으로 근무해 이 대통령 주변에 포진한 '박원순계'로도 분류될 수 있다.

22대 국회 입성 당시에는 이 대통령에게 비판적이었던 강병원 의원을 경선에서 누르고 본선에서도 무난하게 승리를 거뒀다. 은평구청장 출신이지만 2022년 지방선거에서 강릉시장에 도전한 후 낙선했고, 강원도당위원장인 상태에서 은평을에 도전하는 것을 두고 뒷말이 나오기도 했다.

의정 활동에서 김 의원은 과학기술정보방송통신위원회에서 방송법, 연구개발혁신법 등 대표발의 법안 13건을 제출하며 현장 중심의 실용적 입법에 힘쓰고 있다. 본회의 출석률 100%를 기록할 만큼 성실함과 책임감도 높이 평가받는다. 김 의원은 "정치의 기본 목표는 국민 삶의 개선"이라며 이 대통령과 함께 민생 구제와 경제적 약자 보호, 혁신적 정책 추진에 앞장서겠다는 의지를 거듭 밝혔다.

출 생 1969년, 강원 강릉
학 력 성균관대, KAIST 미래전략대학원 경영학 석사
경 력 국회의원 비서관, 서울 은평구청장, 서울시 정무부시장, 청와대 자치발전비서관, 더불어민주당 당 대표 정무조정실장, 22대 국회의원, 과학기술정보방송통신위원회

'의대 정원 확대' 소신 펼친 의대 교수 출신

김윤
더불어민주당 의원

김윤 더불어민주당 의원(비례대표)은 의사 출신 정치인이다. 진보 진영에서 공공의료의 아이콘으로 불리며 이재명 대통령의 의료정책 분야를 책임지고 있다.

김 의원은 서울대 의과대학 의료관리학교실 교수를 지냈다. 공공의료·보건정책 전문가로, 문재인 정부 시절 보장성 강화 정책인 '문재인 케어' 설계에 관여했다. 2016년에는 시민·환자단체와 함께 환자안전법 초안을 만드는 데 참여했다. 건강보험심사평가원 산하 심사평가연구소장을 지냈다.

김 의원은 서울대에서 석박사를 취득한 후 학계와 방송을 넘나들며 활동했다. 윤석열 정부의 의대 정원 확대 추진 때는 지역·필수 의료 기반 정원 확대의 필요성을 공개적으로 강조했다.

20대 대선 당시엔 이재명 대통령 대선 예비후보 캠프 때부터 참여해 의료정책을 자문해왔다. 21대 대선에서도 의료정책 분야에서 이 대통령 의료정책을 사실상 총괄했다.

2024년 4월 22대 총선에서 범야권 비례연합정당인 더불어민주연합 소속 비례대표로 국회에 입성했다. 국회에 입성한 후에는 보건복지위원회 소속으로 활동했으며 같은 해 7월에는 지방정부 중심의 필수 의료 계획 수립과 의료기관 네트워크 구성을 담은 '필수 의료 강화 3법'을 대표 발의했다. 전공의 수련시간 단축, 응급의료 전달체계 개편 등도 함께 추진했다.

김 의원은 의대 정원과 관련해 "숫자를 누군가 일방적으로 정하면 그 숫자를 둘러싸고 새로운 갈등이 발생할 수밖에 없고 문제 해결에 도움이 되지 않는다"는 입장이다. 김 의원은 지역별, 진료권별, 진료과목별로 필요한 의사 인력을 추계해 그 지역 의대 정원으로 전환하는 수급추계 방식을 제안했다. 앞서 김 의원은 2023년 11월 교수 시절에도 의대 정원 확대 필요성을 주장하며 의사단체들과 갈등을 빚었다. 당시 대한의사협회가 그를 징계하는 방안을 추진하기도 했다.

출 생 1966년, 광주
학 력 금호고, 서울대 의과대, 유타대 대학원 석사, 서울대 대학원 박사
경 력 서울대 의과대 교수, 더좋은보건의료연대 상임대표, 22대 국회의원

전북에 李 깃발 꽂은 3선 의원

김윤덕
더불어민주당 의원

김윤덕 더불어민주당 의원(전북 전주갑)은 명실상부한 '신명(이재명)계' 핵심으로 꼽힌다. 7인회처럼 '찐명'은 아니지만 나중에 합류해 이재명 대통령 곁에서 총무·조직 업무를 도맡으며 유능함을 입증해 가까워진 경우다. 이번 선거대책위원회 인선 작업에도 상당한 영향력을 행사했다는 평가가 나온다. 선대위에서는 총괄수석부본부장 겸 총무본부장을 맡았다. 김 의원은 민주당 사무총장을 지내며 '돈줄'을 관리해왔다. 윤석열 전 대통령이 파면되기 전부터 경선 룰과 시나리오를 점검하는 업무를 함께 맡았다고 한다.

1966년 전북 부안에서 태어난 김 의원은 전주 동암고를 1기로 졸업했다. 이후에는 전북대 회계학과를 다니며 민주화운동에 투신했다. 동암고·전북대 동문으로는 진성준 민주당 정책위의장(3선·서울 강서을)이 있다. 진 의장이 동암고 1년 후배다.

김 의원은 대학 졸업 후 시민행동21 공동대표를 지내며 시민사회에서 활동했다. 2006년에 열린우리당 후보로 전북도의원에 당선되며 정계에 발을 들였다. 풀뿌리 지역정치에서부터 차근차근 길을 걸으며 내공을 쌓은 정치인인 셈이다. 2012년에는 전북 전주갑에서 당선되며 금배지를 달았다. 2016년에는 국민의당 돌풍이 불면서 김광수 전 의원에게 795표 차(0.9%포인트)로 아깝게 패배했다. 이후 절치부심해 21·22대 국회에서 연달아 승리를 거머쥐며 3선 의원 고지에 올랐다.

20대 대선에선 전북 국회의원 중에서 유일하게 이 대통령을 지지했다. 의원 대부분이 정세균(전북)·이낙연(전남) 전 국무총리를 지지했으나 김 의원만이 이 대통령 옆에 섰다. 3년 전에는 경선·본선 캠프에서 모두 중책을 맡으며 이 대통령을 물심양면으로 도왔다.

대선에서 졌으나 이 대통령이 당대표로 입성하자 조직사무부총장을 거쳐 사무총장에 임명됐다. 이로써 신이재명계로 확고하게 자리를 잡았다는 평가를 받고 있다. 2026년 지방선거에서 전북도지사에 재도전할 것이라는 관측이 나온다.

출　생　1966년, 전북 부안
학　력　전주 동암고, 전북대 회계학과
경　력　시민행동21 공동대표, 8대 전북도의원, 전북경제통상진흥원장, 19·21·22대 국회의원,
　　　　더불어민주당 사무총장

'개혁군주' 정조 연구한 역사학자 출신

김준혁
더불어민주당 의원

김준혁 더불어민주당 의원(경기 수원정)은 역사학자 출신 초선 의원이다. 경기도 평택에서 태어난 김 의원은 수원에서 초중고를 졸업하고 중앙대 사학과에서 학·석·박사 학위를 취득했다. 한신대 교수로 재직하며 정조대왕 연구와 수원화성 문화재 콘텐츠 개발에 앞장섰다. 수원 지역의 역사에 특화된 연구활동을 하면서 자연스럽게 수원에 출마하게 됐다.

역사학자 김준혁의 정계 입문은 이재명 대통령과의 인연에서 비롯됐다. 김 의원과 중앙대 동문 관계인 이 대통령이 성남시장 시절 한신대에서 특강을 하면서 교수이던 김 의원을 처음 만나게 됐다. 이후 김 의원은 이 대통령의 정책과 정치철학에 깊이 공감하며 적극 지지해왔다.

2022년 대선 기간에는 시사 방송프로그램 패널로 출연해 패널로서 이 대통령을 옹호했고, 민주당 혁신위원으로 위촉돼 이 대통령의 '민주당 혁신' 비전에 실질적으로 기여했다. 김 의원은 "이재명 대통령은 정조와 닮았다. 이 대통령이 정조의 성공과 한계를 명확히 이해하고, 그를 계승하는 정치지도자가 되길 바란다"며 이 대통령에 대한 신뢰와 지지를 공개적으로 밝혀왔다.

22대 총선 직전인 2024년 1월 '왜 이재명을 두려워하는가'라는 책을 냈다. 책에서 그는 "우리의 역사를 돌아보면 억강부약, 대동세상을 꿈꿨던 사람들은 반드시 기득권에 의해서 악마화되고, 고통스러운 최후를 맞았다. 광해군, 소현세자, 사도세자, 정조, 그리고 노무현이 그러했다. 역사 속 개혁가들의 삶을 통해 우리는 기득권이 왜 이재명을 두려워하는지를 알게 된다"며 이 대통령을 기득권이 두려워하는 개혁 지도자로 평가했다. 당내에서는 '친명계'로 분류된다. 김 의원은 22대 총선 당시 '이대생 미군 성상납' '박정희 전 대통령 종군위안부·초등학생 성관계' 주장으로 여론의 지탄을 받았지만 50.87%의 득표율로 당선됐다. 당시 이 대통령은 김 의원의 주장에 대해 "역사적 진실에 눈감지 말아야"라는 글을 올리기도 했다.

출 생	1969년, 경기 평택
학 력	수성고, 중앙대 사학과 학·석·박사
경 력	한신대 교수, 대통령 직속 국가균형발전위원회 자문위원, 정조인문예술재단 기획이사, 수원환경운동센터 대표, 수원좋은도시포럼 연구원장

정책에서 전략까지…든든한 李 후원자

김태년
더불어민주당 의원

김태년 더불어민주당 의원(경기 성남수정)은 당내 굵직한 정책과 전략을 이끌어온 5선 중진이다. 1965년 전남 순천에서 태어나 경희대 행정학과를 졸업한 그는 민주주의민족통일성남연합 공동의장 등 사회운동가로서의 뿌리를 성남에 두고 있다. 김 의원과 이재명 대통령의 인연은 1990년대 성남에서의 사회운동 시절로 거슬러 올라간다. 1995년 김 의원이 국가보안법 위반 혐의로 안기부(현 국가정보원)에 구속됐을 때, 당시 변호사였던 이 대통령이 김 의원의 변호를 맡으며 두 사람의 관계가 시작됐다. 이 대통령은 경기도지사 시절 민주당 원내대표에 선출된 김 의원을 향해 "안기부에서 간첩으로 생산될 뻔했던 김태년 원내대표님, 이제 대한민국 거대 여당 원내대표로서 청년 시절 안기부에 끌려가 고문당하며 꿨던 꿈을 현실로 만들어주시길 응원한다"고 밝힌 바 있다. 이처럼 두 사람은 성남을 기반으로 한 오랜 동지애를 바탕으로 정치적 고비마다 서로를 지지해왔다. 김 의원은 2004년 17대 총선에서 국회에 입성한 뒤 열린우리당 원내부대표, 국회 정치쇄신특별위원회 간사, 정책위의장, 문재인 정부 국정기획자문위원회 부위원장 등 당내 주요 보직을 두루 거쳤다. 특히 2020년 민주당 원내대표를 역임하며 원내 협상과 정책 조율에 있어 민주당 입장에서 탁월한 리더십을 발휘했다. 원내대표가 된 그는 관례를 깨고 원내 1당이자 다수당이 된 점을 십분 이용해 국회 상임위원회 위원장 자리를 모두 민주당이 가져가는 그림을 만들어냈다. 또 임대차 3법 등 부동산 관련 법안 처리를 성공시키며, 문재인 정부 국정 운영에 힘을 실어주기도 했다. 이 대통령과의 협력은 정책과 전략 영역에서도 빛을 발했다. 김 의원은 이 대통령이 경기도지사이던 시절부터 성남·경기 지역 현안을 해결하는 데 힘을 보탰다. 이 대통령이 당내 기반이 약할 때부터 김 의원은 계파색이 옅으면서도 실력과 경험을 갖춘 중진으로서 이 대통령의 정책 구상과 리더십에 힘을 실어왔다.

출 생 1965년, 전남 순천
학 력 순천고, 경희대 행정학과
경 력 17·19·20·21·22대 국회의원, 열린우리당 원내부대표, 국회 정치쇄신특별위원회 간사,
　　　　 더불어민주당 정책위의장, 문재인 정부 국정기획자문위원회 부위원장, 민주당 원내대표

일정 · 메시지 도맡아…李의 그림자

김태선
더불어민주당 의원

2024년 4월, 울산 동구에서는 낯선 정치 신인이 당선자 명단에 이름을 올렸다. 민주당이 한 번도 국회의원을 배출하지 못한 지역에서 무명에 가까웠던 신인이 보수 정당의 아성을 무너뜨린 것이다.

김태선 더불어민주당 의원(울산동)의 당선은 당시 민주당 대표였던 이재명 대통령의 적극적인 지원이 배경이 됐다. 이 대통령은 김 의원의 후보자 추천서 전달식에 직접 참석하며 지지를 표명하는가 하면, 선거 기간 동안 울산 동구를 방문해 김 의원 지원 유세를 펼치기도 했다.

두 사람의 신뢰 관계는 2022년 이 대통령의 당대표 선거에서부터 시작됐다. 당시 김 의원은 수행실장으로 활동하며 정치적 신뢰를 쌓았다. 그는 이 대통령의 공식 일정과 메시지 관리, 현장 대응 등을 총괄하며 대표의 정치 행보를 밀착 지원했다.

특히 김 의원이 직전 정부였던 문재인 정부에서 청와대 의전비서관실 행정관과 울산시 정무수석비서관으로 근무한 이력은 이 대통령을 밀착 수행하는 과정에 큰 도움이 됐다.

김 의원은 이 대통령이 가는 곳은 어디든지 따라간다고 해서 '그림자'라는 별명으로 불리기도 한다. 이뿐만 아니라 때때로 삼국지 속 조조의 최측근 호위 장수였던 '허저'와 비견되기도 한다. 김 의원은 이번 대선 선거대책위원회에서도 비서실 부실장이자 1수행실장을 맡았다. 이 대통령과 함께 움직이는 역할을 다시 한번 맡은 것으로, 이는 그만큼 이 대통령과 밀접하고 큰 신뢰 관계를 구축하고 있다는 방증이기도 하다.

현재 국회 환경노동위원회 위원으로 활동하며, 산업안전보건청 설치를 위한 '정부조직법' 개정안, 산업안전보건공단의 역할 강화를 위한 '산업안전보건법' 개정안을 대표발의하는 등 활발한 입법 활동을 펼치고 있다.

출 생 1979년, 대전
학 력 울산 현대고, 한국외대 이란어과, 한국외대 대학원 정치외교학과 석사과정 수료
경 력 청와대 의전비서관실 행정관, 울산광역시 정무수석비서관, 더불어민주당 울산시당 동구지역
위원장, 22대 국회의원

노동계와 가교 역할…현장에 '뿌리'

김현정
더불어민주당 의원

김현정 더불어민주당 의원(경기 평택병)은 20년 넘는 노동운동 경험을 바탕으로 22대 국회에 입성한 현장형 정책가다. 노동과 연대, 사회적 약자 보호를 핵심 가치로 삼는 김 의원은 이재명 대통령과의 인연을 바탕으로 당내 노동정책을 주도하고 있다.

김 의원은 2022년 대선 당시 민주당 중앙선대위에서 '빛의혁명 시민본부' 수석부본부장과 노동본부 부본부장을 맡아 이 대통령의 사회개혁 비전을 실무적으로 뒷받침했다. 이 대통령이 실력 중심 인선을 강조한 선대위에서 김 의원은 시민사회와 노동계의 목소리를 정책에 반영하는 가교 역할을 수행했다. 이후 당 대외협력위원장, 정무특보단 전략특보 등 이재명 지도부 직속 중책을 잇달아 맡으며, 이 대통령의 최측근 참모로 자리매김했다.

김 의원은 2006년부터 2016년까지 비씨카드 노조위원장, 2014~2019년 전국사무금융노조 위원장, 우분투사회연대연구소 소장 등을 맡으며 노동 현장과 시민사회에서 오랜 기간 활동했다. 전태일재단 운영위원, 홍범도 기념사업회 이사 등도 역임했다.

국회에 입성한 후에는 정무위원회 소속으로 불공정 인수·합병 방지, 불법 사금융 척결, 깜깜이 배당 방지 등 민생·노동 중심의 법안을 60건 넘게 대표발의하며 존재감을 드러냈다.

김 의원은 "눈부신 성장의 그늘진 희생양으로 내몰린 사회 약자를 위해 더 듣고 더 뛰겠다"며 노동자와 사회적 약자의 권익을 강화하는 정책에 집중하고 있다. 2025년 의정보고회에서는 평택미군기지이전특별법 상시화, 유전자재조합생물(GMO) 표시제 개선 등 지역 현안과 전국적 민생 현안을 꼼꼼히 챙기는 모습을 보였다.

김 의원은 1700여 개 시민사회·노동단체와의 연대, 야5당 원탁회의 등 다양한 사회·정치연대 실무를 조율해왔다. 당내에서는 "실력 중심 인사"라는 평가와 함께 이 대통령의 정책을 현장에 구현하는 브레인으로 통한다.

출 생 1969년, 충북 제천
학 력 대진고, 경희대 법학과
경 력 전국사무금융노조 위원장, 22대 국회의원, 더불어민주당 대변인, 민주당 대외협력위원장, 이재명 대표 정무특보단 전략특보

여성운동 대모···강남3구 유일 민주당 의원

남인순
더불어민주당 의원

남인순 더불어민주당 의원(서울 송파병)은 여성운동계의 대모로 불리는 4선 의원이다. 여성 노동 운동을 비롯한 시민사회운동 경력만 30년이 넘는다.

남 의원은 수도여자사범대 국문학과에 진학할 때만 해도 평범한 국어교사를 꿈꿨다. 그러나 1970년대 말 독재정권 치하에서 '동일방직 노조' 사건을 겪으면서 '여성'과 '노동'에 관심을 갖게 됐다. 특히 대학 3학년 때 재단비리 관련 학내 민주화운동에 가담했다가 강제 퇴학을 당한 뒤로 인천 부평공단에서 어학운동을 하고 직접 미싱을 배워 공장에 취업하면서 여성 노동운동에 본격적으로 투신했다.

1980년대 인천 일하는 여성 나눔의 집 간사, 인천 여성노동자회 창립 멤버 등으로 활동하고, 1990년대 인천여성노동자회 등 한국여성단체연합에서 일하며 호주제 폐지 운동과 성매매 방지법 제정 등 여성계 현안 해결에 앞장섰다. 당시 부모 성 함께 쓰기를 했는데, 그래서 사회운동을 할 때 '남윤인순' 이름을 썼으나 정치를 하면서 '남인순'으로 바꿨다.

이후 서울시 여성위원, 국민고충처리위원회 위원, 대통령 직속 저출산고령사회위원회 위원, 대법원 사법제도개혁실무위원, 국가인권위원회 성차별조정위원, KBS 이사, 여성부 정책자문위원 등을 거치며 현실 참여 범위를 넓혀갔다.

문재인 전 대통령이 상임대표를 맡았던 '혁신과 통합' 공동대표 시절인 2011년 민주통합당에 입당해 최고위원을 지냈고 19대 국회에 비례대표로 입성했다. 20대 총선에서는 서울 송파병에 출마해 김을동 새누리당 후보와 접전을 펼친 끝에 재선에 성공했다. 21·22대 총선에서 강남 3구(서초·강남·송파) 8개 지역구 중 유일하게 민주당 의원으로 당선됐다. 민주당 여성위원장, 대외협력위원장, 원내부대표, 국회 여성가족위원장 등을 역임했다. 정치인으로서 젠더와 인권, 생태, 평화의 가치와 정책을 확산하는 데 주력했다. 2025년 대선에서 선거대책위원회 직능본부장을 맡았다.

출 생　1958년, 인천

학 력　인일여고, 수도여자사범대 국문학과 중퇴, 세종대 국문학과, 성공회대 사회복지학 석사

경 력　한국여성단체연합 상임대표, 민주통합당 최고위원, 19~22대 국회의원, 국회 여성가족위원회 위원장, 더불어민주당 최고위원

해직 기자 출신 '언론개혁'의 선봉

노종면
더불어민주당 의원

이재명 대통령의 당대표 시절 다소 비판적인 보도가 나오면 언론의 의도까지 분석하며 반박에 나서는 국회의원이 있다. 2008년 이명박 정부 당시 전국언론노동조합 파업 때 YTN 노조위원장으로 활동하다 '1호 해직 기자'가 된 노종면 더불어민주당 의원(인천 부평갑)이다.

1967년 경기 인천에서 태어난 노 의원은 부평고, 고려대 법학과를 졸업했다. YTN 공채 2기로 기자가 됐으나 PD(프로듀서)로서도 소질이 있어 뉴스 프로그램 PD로도 활동했다. '예능스러운' 시사·보도 프로그램의 시초인 YTN '돌발영상'을 기획하고 제작한 당사자이다.

언론인으로서 역량도 인정받았다. 2008년 2월 '국보 1호' 숭례문 화재 사건 당시 원고 없이 6시간 동안 혼자 특보를 진행한 그의 일화가 언론계에서 회자된다. 생중계로 진행된 당시 특보에서 노 의원은 전문가 인터뷰 질문 등도 즉석에서 직접 뽑아냈다.

2008년 해직된 이후 2012년 뉴스타파 초대 앵커를 맡았다. 18대 대선 직후 시민들의 성금으로 창립된 미디어협동조합 국민TV에 합류했고, 2014년 국민TV 제작국장과 '뉴스K' 앵커로 활동했다. 2017년 문재인 정부 출범을 계기로 YTN에 복직됐다. 그러다 윤석열 정부가 YTN 민영화 방침을 노골화하자 2023년 사표를 내고 퇴사했다.

2024년 민주당은 총선 영입인재 14호로 노 의원을 영입했다. 22대 총선에서 당선되며 국회에 입성했고, 원내대변인 당직을 수행하고 있다. 국회 과학기술정보방송통신위원회에서 활동한 경력 등을 토대로 이 대통령이 공언한 '언론개혁' 부문에서 역할을 할 전망이다. 노 의원은 지난 총선에서 앞서 언론계 원로들이 요구한 언론개혁 10대 과제를 입법화하겠다고 약속했다. 언론에 대한 징벌적 손해배상 제도 입법 추진 의지도 표명한 적이 있다.

출 생 1967년, 인천
학 력 부평고, 고려대 법학과
경 력 YTN 기자·앵커·PD, 국민TV 제작국장, 뉴스타파 초대 앵커, 22대 국회의원

乙 지키기 앞장선 정책통

민병덕
더불어민주당 의원

민병덕 더불어민주당 의원(경기 안양 동안갑)은 박원순계로 민주당에서 첫걸음을 뗐으나 지금은 탁월한 정책 능력을 입증하며 이재명 대통령과 함께 을(乙) 지키기에 나서고 있다. 민주당 선거대책위원회에선 을지키는민생실천위원장을 맡았다.

민 의원은 전남 해남 출신으로 광주 서강고와 서울대 정치학과를 졸업했다. 이후에는 사법연수원 34기를 수료하고 인권변호사의 길을 걸었다. 민 의원은 '민주사회를 위한 변호사모임(민변)'에 몸담으며 정치개혁에 나섰다. 민변 정치개혁위원회 공동위원장을 지내며 정치권과 긴밀한 소통을 이어갔다.

그러다가 2011년에 박원순 변호사가 서울시장 선거에 뛰어들자 함께 정계에 발을 들였다. 민 의원은 박원순 희망캠프 소속으로 박원순·안철수 단일화 작업에 관여했다. 박 변호사가 서울시장에 당선되자 서울시장 법률고문으로 선임됐다. 대표적인 박원순계 정치인이었으나 문재인 정부에서도 중용됐다. 2017년 문재인 전 대통령이 대선을 마치고 박원순계·안희정계·이재명계 등 다른 계파를 포용하는 과정에서 민 의원을 택한 것이다. 민 의원은 대통령 직속 국가균형발전위원회 국민소통특별위원으로 활동했다. 이후에는 서울시에서 벗어나 안양 동안갑에서 금배지 원정에 나섰다. 민주당 소속인 이석현 국회부의장이 오랫동안 자리를 잡았던 곳이라서 19·20대 총선에서 연거푸 낙선했다. 그러나 21대 경선에서 이 부의장을 꺾으면서 금배지를 거머쥐게 됐다.

의정 활동을 하면서는 민주당 을지키는민생실천위원회에 몸담았다. 이른바 을지로위원회에서 소상공인·자영업자 등 사회적 약자를 보듬는 정책을 설계하는 역할을 맡았던 셈이다. 박용진 전 민주당 의원과는 막역한 사이였으나 20대 대선에선 당직을 맡고 있었기에 경선캠프와는 거리를 뒀다.

민 의원은 21대 대선에서도 선대위 을지로위원장을 맡았다. 5월 1일에는 노동절을 맞아 이 대통령의 첫 번째 경청투어 일정에 동행했다. 당시 대법원에서 이 대통령의 공직선거법 사건을 유죄 취지로 돌려보냈는데, 간담회가 끝나자마자 강유정 의원과 함께 이 대통령에게 파기환송을 즉각 보고하기도 했다.

출 생 1971년, 전남 해남
학 력 광주 서강고, 서울대 정치학과
경 력 사법연수원 34기, 민변 정치개혁위원회 공동위원장, 박원순 서울시장 법률고문, 21·22대 국회의원, 더불어민주당 정책위원회 수석부의장, 민주당 을지로위원장

검수완박 위해 탈당 불사했던 행동파

민형배
더불어민주당 의원

민형배 더불어민주당 의원(광주 광산을)은 언론인과 지방자치단체장을 지낸 정치인이다.

전남일보에서 기자와 논설위원으로 재직했다. 참여정부 청와대에서는 국정홍보비서관실, 인사관리비서관실, 시민사회수석실 사회조정비서관실 등에서 행정관으로 근무했다.

2010년 5회 지방선거에서 광주 광산구청장에 당선된 후 재선하는 데 성공했다. 구청장 재직 시절 한국지방자치학회가 주관하고 행정안전부가 후원한 '2018 전국 지방자치단체 평가'에서 전국 69곳 자치구 단체장 역량 주민만족도 분야 7위에 선정됐다. 재임 기간 300명이 넘는 인원을 정규직으로 전환하는 등 근로 문제 개선에 힘을 쓴 결과다. 2011년 1월 전국 최초로 공공부문 비정규직의 정규직 전환을 단행했다. 또 2017년에는 기존의 정규직 전환 체계를 업그레이드한 '비정규직 제로 시스템'을 전국 최초로 시행했다.

문재인 정부 청와대에서 자치발전비서관과 사회정책비서관을 지냈고 2020년 21대 총선에서 여의도에 입성했다.

2021년 1월 이낙연 당시 민주당 대표가 이명박 · 박근혜 전 대통령 사면을 건의하자 호남권에서 처음으로 경기도지사였던 이재명 대통령 지지를 선언했다.

민 의원은 2022년 검찰 수사권 조정 입법 과정에서 안건조정위원회에 참여하기 위해 민주당을 탈당한 뒤 무소속 신분으로 활동하며 '검수완박' 법안 통과를 지원했다. 초선 시절 강경 성향 의원 모임인 '처럼회' 소속으로, 검찰개혁 · 언론개혁 등 강경개혁 노선을 걸었다.

2024년 21대 총선에선 민주당을 탈당한 이낙연 전 민주당 대표와 맞붙어 76% 득표율로 압승했다. 이 전 대표는 13%를 얻었다. 구청장 출신 초선의원과 국무총리에 이어 여당 대표까지 지낸 '5선'의 정치 거목 간 대결로 전국적 관심을 받았지만 결과는 싱겁게 끝났다. 민 의원은 광주 8개 선거구 현역 의원 중 유일한 재선 의원이다.

출 생 1961년, 전남 해남

학 력 목포고, 전남대 사회학과 학 · 석 · 박사

경 력 전남일보 기자 · 논설위원, 5 · 6대 광주광역시 광산구청장, 청와대 자치발전비서관 · 사회정책비서관, 21 · 22대 국회의원

대장동 변호사에서 李의 호위무사로

박균택
더불어민주당 의원

박균택 더불어민주당 의원(광주 광산갑)은 30년 넘게 법조 현장을 누빈 율사 출신 정치인이다. 서울대 법대를 졸업하고 사법시험(31회)을 합격해 사법연수원(21기)을 수료한 뒤 1995년 검사로 임관했다. 이후 2017년 법무부 검찰국장, 2018년 광주고검장을 역임했다. 2020년 법무연수원장을 끝으로 퇴직해 광주에서 '법무법인 광산'을 설립하고 변호사로 개업했다.

문재인 정부 출범 직후인 2017년 5월 돈봉투 만찬 사건의 핵심인 당시 안태근 법무부 검찰국장이 감찰 대상이 돼 좌천되자 검찰 4대 요직 중 하나로 꼽히는 법무부 검찰국장에 후임으로 임명됐다. 박 의원이 우병우 라인으로부터 자유롭다는 점이 반영된 인선이기도 했다.

2020년 검사 생활을 마감하고, 2022년 민주당에 입당해 정치에 본격 뛰어들었다. 문재인 전 대통령과 이재명 대통령을 겨냥한 검찰 수사를 방어하기 위해 구성된 '정치보복수사대책위원회'에서 부위원장으로 활동하며 정치 행보를 시작했다. 2024년 총선에서 승리하며 국회에 입성한 그는 이 대통령의 법률적 방패이자, 사법개혁 정책의 실무 브레인으로 꼽힌다.

박 의원은 민주당 입당 후 대장동 사건 변호인단으로 합류하며 이 대통령과 인연을 맺었다. 이 대통령 주요 사법 리스크 대응의 최전선에 서며 '이재명의 호위무사'를 자처했다. 2023년 이 대통령 구속영장 심사에서 기각을 이끌어내며 민주당 지지층의 신뢰를 얻었다. 당시 지지층 사이에서 '조선 제일검' 한동훈 당시 법무부 장관을 이재명의 호위무사 박균택이 꺾었다는 환호가 나왔다.

이후 2025년 대선 경선 캠프에서 법률지원단장을 맡아 허위사실 공표 · 딥페이크 등 네거티브 공세에 치밀하게 대응하며 이 대통령의 핵심 참모로 자리매김했다. 박 의원은 "흑색선전에 휘둘리지 않는 공정한 선거를 만들겠다"며 법률 리스크 전략 수립에 집중했다.

박 의원은 2024년 22대 총선에서 광주 광산갑에 출마해 현역 이용빈 의원을 경선에서 꺾고 최종 후보로 뽑혔고, 본선에서 80%가 넘는 높은 득표율로 국회에 입성했다.

출 생 1966년, 광주
학 력 대동고, 서울대 법과대학
경 력 법무부 검찰국장, 광주고검장, 법무연수원장, 더불어민주당 법률위원장, 이재명 대표 법률지원단장, 정치검찰사건조작특별대책단 간사

대통령이 믿고 맡기는 법률 조력자

박범계
더불어민주당 의원

박범계 더불어민주당 의원(대전 서을)은 법조인 출신의 3선 국회의원으로, 이재명 대통령의 가장 든든한 법률적 조력자이자 정치적 동반자로 꼽힌다. 1963년 충북 영동에서 태어나 연세대 법학과를 졸업한 뒤 판사로 사회에 첫발을 내디뎠고, 참여정부 청와대에서 민정2비서관과 법무비서관을 역임했다. 이후 19대 국회에 입성해 3선 의원으로 자리매김하며, 국회 법제사법위원회와 법무부 장관 등 요직을 두루 거쳤다.

박 의원과 이 대통령의 협력은 이 대통령이 정치적·법률적 위기에 직면할 때마다 더욱 두드러졌다. 이 대통령이 검찰 수사와 재판 등 사법 리스크에 놓였을 때, 박 의원은 누구보다 앞장서서 변호인의 입장을 내왔다. 실제로 이 대통령의 공직선거법 위반 사건이 대법원 전원합의체에 회부됐을 때, 박 의원은 "대법원이 절차에 매몰돼 실체적 진실을 외면해서는 안 된다"며 공개적으로 이 대통령을 강하게 옹호했다. 이 과정에서 박 의원은 조희대 대법원장의 판결을 '탄핵 사유'로 규정하며, "헌법과 법률을 위반한 위헌·위법 행위"라고 강하게 비판하기도 했다.

박 의원은 "이재명을 저들의 아가리에 내줄 수 없다"며 이 대통령을 지키겠다는 의지를 공개적으로 밝혔다.

특히 박 의원이 국회 법제사법위원회 민주당 간사로 선출된 데는 이 대통령의 신임과 영향력이 작용한 것으로 알려졌다. 박 의원은 법사위 간사로 선임된 이후에도 중앙선대위 공명선거법률지원단장 등 주요 당직을 맡으며 대선 국면에서 이 대통령의 방패막이 역할을 톡톡히 해냈다.

출 생   1963년, 충북 영동
학 력   남강고, 연세대 법학과
경 력   서울·전주·대전지법 판사, 참여정부 민정2비서관·법무비서관, 19~21대 국회의원, 법무부 장관, 2025년 대선 이재명 캠프 공명선거법률지원단장

일산대교로 이어진 李와의 인연

박상혁
더불어민주당 의원

박상혁 더불어민주당 의원은 이번 대선 때 선거대책위원회 홍보수석부본부장으로 활약했다. 박 의원은 한양대(법학과 94학번) 재학 중 운동권에서 활동하다가 총학생회장까지 역임했고, 이후 자연스럽게 정계로 입문해 김근태 전 의원, 임채정 전 국회의장 비서관을 지냈다. 비서관으로 근무하다 전남대 법학전문대학원에 진학했고, 2012년 1회 변호사시험에 합격했다. 김남국 전 의원과 더불어 로스쿨 출신 1호 국회의원으로 꼽힌다. 앞서 2000년대 초 네덜란드 에라스뮈스대에서 통상법 전공 법학 석사 학위를 취득한 이력도 갖고 있다. 2014년 고참병들의 폭행으로 사망한 '윤일병 폭행 사건' 당시 1심에서 유가족 측 변호를 맡아 활동했다. 군검찰과 가해자 측 간 재판이지만 초반 군검찰 측의 미온적 움직임에 힘들어하던 유가족들을 돕기 위해 피해자 측 변호를 맡은 것이다. 윤 일병 사건은 대법원에서 가해자에게 징역 40년 중형이 선고됐다.

2012년 대선 당시 안철수 후보 측 진심캠프에 합류해 부대변인으로 활동했고, 2016년 박원순 전 서울시장 서울특별시 정무보좌관에 임명됐다. 2017년 문재인 정부 출범 직후 청와대로 들어가 인사비서관실 행정관으로 근무했다. 2020년 21대 국회의원 선거에서 김포을 지역구에 출마해 현역인 홍철호 국민의힘 의원을 꺾고 국회에 입성했다. 이후 2024년 22대 총선에선 지난 총선보다 더 큰 격차로 승리하며 재선에 무난히 성공했다. 박 의원은 초선 의원 당시 경기도지사이던 이재명 대통령과 자주 소통하며 신뢰를 형성했다. 특히 김포와 일산을 잇는 일산대교 통행료 무료화 사업과 관련해 박 의원이 김포시민들의 목소리를 이 대통령에게 꾸준히 전달했다. 결국 이 대통령은 도지사직 사임 하루 전날 적잖은 비판이 예상되는 상황에서 일산대교 무료화 사업에 대해 결재했다.

박 의원은 "이재명 도지사의 마지막 결재가 일산대교 무료화 건이었다"며 "굉장히 용기가 필요한 결단이었는데 김포시민들을 위해 결단을 내려줘 무척 감사했다"고 말했다.

출 생   1973년, 경기 김포
학 력   공항고, 한양대 법학과, 네덜란드 에라스뮈스대 법학 석사, 전남대 법학전문대학원 석사
경 력   김근태 의원 · 임채정 국회의장 비서관, 서울시 정무보좌관, 문재인 정부 청와대 인사비서관실
            행정관, 21 · 22대 국회의원, 2022년 대선 이재명 캠프 유세본부 부본부장

'정보통' 외교안보 핵심 브레인

박선원
더불어민주당 의원

12·3 비상계엄 사태 당시 스포트라이트를 받은 더불어민주당 인사는 단연 박선원 의원(인천 부평을)이다. 박 의원은 계엄 선포 수개월 전부터 계엄의 조짐이 있다고 끊임없이 주장했다. 이재명 당시 민주당 대표는 박 의원의 분석이 일리가 있다고 보고, 그에게 비상계엄이 선포될 경우의 대응 방안을 마련해달라고 주문했다.

계엄 당일 윤석열 전 대통령이 '대국민담화' 일정을 공지했을 때, 그는 특전사 등 군 일부에서 대기 태세가 발령됐다는 정보를 입수했고 당 의원들을 국회에 남아 있게 했다. 이후 진상 규명 과정에서도 역할을 했다. 국가정보원 경력이 정보력의 바탕이 됐다.

그러나 박 의원은 사실 정보 수집가보다는 전략가에 가깝다. 그는 진보 정부가 출범할 때마다 외교안보 분야 주요 직책을 도맡았다. 노무현 정부에서 박 의원은 국가안전보장회의 전략기획실 행정관, 대통령비서실 통일외교안보전략비서관을 지냈다.

문재인 정부 때는 국정원에서 국정원장 외교안보특별보좌관, 기조실장, 제1차장을 역임했다. 진보 정부가 상대적으로 자주 북한과 대화하기 때문에 그는 자연스레 대북 협상 전문가가 됐다.

학문적인 토양은 국제정치 부문이다. 1963년 전남 나주에서 태어난 박 의원은 연세대 경영학과를 졸업하고 연세대 국제학대학원에서 동아시아학 석사, 영국 워릭대 대학원에서 국제정치학 박사 학위를 취득했다. 박사 학위 논문은 '한국의 정권 교체기에 나타난 미국과 일본의 대한(對韓) 정치적 영향력'이다.

미국과 중국에 대한 이해도 깊은 편이다. 미국의 민주당계 싱크탱크인 브루킹스연구소에서 초빙연구원으로 활동했고, 문재인 정부 때는 주상하이 총영사를 지냈다.

민주당 내부에서는 계엄 사태 당시의 활약을 계기로 이 대통령의 측근 '실세'로 떠올랐다는 평가가 있다. 민주당에서는 외교·안보·통일 부문 전략을 기획하는 외교안보통일자문회의 부의장을 맡고 있다. 대선 캠프에서는 전략본부 부본부장으로 캠프 실무 역할을 담당했다.

출 생 1963년, 전남 나주
학 력 영산포상고, 연세대 경영학과
경 력 국정원 제1차장, 청와대 대통령비서실 통일외교안보전략비서관, 22대 국회의원

비상계엄·탄핵 정국 이끈 원내지도부

박성준
더불어민주당 의원

박성준 더불어민주당 의원(서울 중성동을)은 언론인에서 '이재명의 입(口)'으로 화려한 변신에 성공했다. 초중고등학교 때부터 입버릇처럼 말해왔던 정치가로서의 꿈을 이룬 것이다. 21대 대선에서는 후보 직속 정무2실장을 맡으며 존재감이 더욱 커졌다. 박 의원은 1969년 충남 금산에서 태어났다. 금산에서 중학교까지 마치고 대전으로 올라가 명석고를 1회로 졸업했다. 이후에는 한국외대에서 정치외교학을 전공했다. 어렸을 적부터 정치가 꿈이었기 때문이다.

그는 "학창 시절부터 정치가를 꿈꿨다"며 "주변 친구들도 꿈을 이룬 동문은 박성준뿐이라고 얘기할 정도"라고 말했다. 정치인을 꿈꾸면서 한국정치사에도 깊은 관심을 보였다고 한다. 정치외교학을 전공하면서도 틈틈이 한국정치사에 천착했다. 대학을 졸업하고 나서는 언론계에서 활동했다. 1996년 KBS 23기 아나운서에 합격하며 학창 시절을 보냈던 대전KBS에서 마이크를 들었다. 2011년 종합편성채널이 출범하자 JTBC로 이직해 시청자들에게 눈도장을 찍었다.

2020년에는 21대 총선을 앞두고 JTBC를 떠나 새로운 도전에 나섰다. 민주당 당적으로 서울 중성동을에 공천되며 금배지를 거머쥐었다. 22대 총선에서는 재선에 성공했다. 이때에는 박찬대 원내대표의 신임을 받으면서 원내운영수석부대표로 활동했다.

특히 원내지도부 멤버로서 한덕수 국무총리, 최상목 경제부총리 겸 기획재정부 장관을 비롯한 윤석열 정부 국무위원 연쇄 탄핵을 주도했다. 잇단 탄핵이라는 강경책을 주도하면서 중진 의원들에게 지적을 받기도 했지만, 쉽게 물러서지 않았다.

2022년 대선 경선에서부터 이재명 대통령을 적극적으로 도우며 인연을 맺었다. 이 대통령의 1기 당대표 시절에는 수석대변인으로 가까이서 보좌했다. 당시 총선 공천 과정에서 이 대통령이 결단해야 하는 순간마다 조언을 했고, 그 조언이 받아들여진 것으로 알려져 있다. 이번 대선에선 후보자 직속 기구에 몸담으며 정무2실장으로 발탁됐다.

출 생 1969년, 충남 금산
학 력 대전 명석고, 한국외대 정치외교학과
경 력 대전KBS 아나운서, JTBC 아나운서, 21·22대 국회의원, 더불어민주당 수석대변인, 민주당 원내수석부대표

서울행 고속버스에서 지역민과 소통

박수현
더불어민주당 의원

박수현 더불어민주당 의원(충남 공주부여청양)은 재선 의원으로 선수가 높지는 않지만, 문재인 정부 청와대에서 대변인과 수석급 직위를 맡는 등 정치적 입지가 상당한 충청권 핵심 인사다.

박 의원은 22대 총선에서는 정진석 국민의힘 후보(전 대통령 비서실장)를 이기고 8년 만에 여의도로 돌아왔다. 앞선 20 · 21대 총선에서는 정 후보에게 연달아 졌지만, 세 번째 도전 만에 설욕에 성공한 것이다. 21대 대선에서는 선거대책위원회 총괄선거대책본부 산하 공보단 부단장으로 활동하며 미디어 선거전을 이끌었다. 박 의원은 의원 보좌관을 거쳐 1997년에 국민신당 서울 송파갑 지구당 위원장을 맡아 정계에 발을 들였다. 이후 국민신당이 새정치국민회의에 흡수되며 민주당 사람이 됐다. 2010년 지방선거에서는 안희정 후보 선거대책본부장을 맡아 충남도지사 당선에 힘을 보탰다. 이어 2012년 19대 총선에서 당선돼 첫 금배지를 달았다.

박 의원은 총선에서 잇달아 고배를 들었지만, 특유의 깔끔한 일 처리로 호평을 받았고 여러 차례 중용됐다. 그는 2017년에는 문재인 정부의 첫 청와대 대변인으로 임명돼 '대통령의 입'으로서 전국적인 지명도를 얻었다.

당시 문 전 대통령은 새 정부 첫 대변인이었던 박 의원에게 '국민과의 소통을 강화하기 위해 모든 청와대 회의에 참석하라'고 지시했다. 이에 그는 옷 사러 갈 틈도 없이 여름 양복 한 벌로 수시로 카메라 앞에 섰고, 이 이야기를 들은 조국 당시 청와대 민정수석이 그에게 '양복 한 벌 사 입으시라'며 봉투를 건넨 일도 있었다. 그가 문재인 정부 초대 청와대 인사 중에서 유일하게 '마이너스' 재산을 신고한 것도 유명한 일화다. 문 전 대통령은 첫 대변인이었던 그를 나중에 다시 청와대로 불러 국민소통수석으로 썼다.

박 의원은 의정활동 중에 서울과 지역구인 공주를 오가는 고속버스를 이용해 국회로 출근한다. 그는 고속버스 안에서 민원을 접수하고 처리한 이야기를 모아 '박수현의 고속버스 의원실'이라는 책을 내기도 했다.

출 생 　1964년, 충남 공주
학 력 　공주사대부고, 서울대 서양사학
경 력 　19 · 22대 국회의원, 청와대 대변인 · 국민소통수석

대전 첫 여성 구청장이자 첫 여성 의원

박정현
더불어민주당 의원

박정현 더불어민주당 의원(대전 대덕)은 대전 첫 여성 구청장을 지냈고, 대전 첫 여성 국회의원 타이틀도 갖고 있다.

정계 입문 전까지 20년 넘게 대전충남녹색연합 등 시민단체에서 활동했고, 시의원과 기초단체장을 거쳐 국회에 입성했다.

박 의원은 대학 졸업 후 대전YMCA 간사, 지역 환경단체 간부 등을 지냈고, 2010년 5회 지방선거에서 민주당 비례대표로 대전시의원이 됐다. 초선 시의원 시절 행정사무감사에서 우수시의원에 선정되는 등 의정활동으로 평가받았고, 2014년 6회 지방선거에서 새정치민주연합 소속으로 대전 서4선거구에 출마해 시의원 재선에 성공한다. 이후 2018년 7회 지방선거 때는 대덕구청장으로 체급을 높여 도전해 대전 최초의 여성 구청장이 된다. 구청장 시절 환경운동가 출신답게 기후위기 대응을 위한 탄소중립사회 실현에 큰 관심을 보였다. 또 '어린이 기본소득' 정책, 지역화폐 '대덕e로움' 도입 등 기초지자체 차원의 정책 실험을 시도했다.

2021년 4·7 재보선에서 패배한 민주당 지도부가 총사퇴하고 도종환 비상대책위원회가 출범했을 때 원외 인사로 유일하게 비대위에 포함됐다.

2022년 대덕구청장 재선에 도전했지만 고배를 마셨다. 이재명 대통령은 당시 박 의원의 선거홍보 영상에 직접 등장해 "일 잘하는 구청장"이라며 지원사격을 했다. 이듬해 '이재명 당대표 체제'에서 그는 지명직 최고위원이 된다.

2024년 22대 총선을 통해 여의도에 입성한 박 의원은 '일개미'라는 평가를 받는다. 지방 분권과 균형발전, 기후위기 대응, 지역화폐 입법화를 중심으로 의정활동을 하고 있다. 당선 이후 지역화폐법안 재발의, 주민자치기본법안, 사회적경제기본법안 등을 내놨다. 또 초선임에도 2024년 8월 전당대회에서 당 대전시당위원장으로 당선됐다.

출 생 1964년, 대전
학 력 청란여고, 충남대 법학과
경 력 대전YMCA 간사, 대전충남녹색연합 사무처장, 5·6대 대전시의원, 7대 대전 대덕구청장,
더불어민주당 최고위원, 22대 국회의원

거리의 변호사에서 '핵심' 중진으로

박주민
더불어민주당 의원

박주민 더불어민주당 의원(서울 은평갑)은 '거리의 변호사'에서 3선 국회의원, 그리고 당의 혁신을 이끄는 중진으로 성장한 인물이다. 인권변호사로서 세월호 참사 유가족과 함께하며 사회적 약자의 목소리를 대변했다. 정치에 입문한 뒤에도 약자와 시민을 위한 입법활동에 집중해왔다.

박 의원은 서울 은평갑을 지역구로 20 · 21 · 22대 국회의원을 지냈으며, 당내에서 보건복지위원장과 최고위원을 역임했다. 특히 2020년과 2022년에 당대표 경선, 서울시장 경선 등 굵직한 당내 선거에 도전하며 '혁신'과 '소통'의 가치를 꾸준히 강조해왔다.

이재명 대통령과의 인연은 박 의원의 정치 여정에서 빼놓을 수 없는 대목이다. 박 의원은 대표적인 '친명(친이재명)계'로 꼽히며, 이 대통령이 사법 리스크에 직면할 때마다 공개적으로 신뢰와 지지를 표명해왔다. 특히 대선 직전 이 대통령의 공직선거법 위반 사건에 대해 "이번 판결은 전례 없는 정치 재판"이라며 강하게 비판했고, "백업 후보는 없다. 이재명 후보를 지키고 당선을 위해 최선을 다하겠다"고 단언했다. 이는 당내 불안감이 커진 상황에서도 이 대통령과의 신뢰를 바탕으로 흔들림 없는 원칙을 보여준 것이다.

박 의원은 2022년 당대표 경선에서 "이재명 의원의 혁신 과제를 내가 더 잘할 수 있다"고 밝히며, 당시 이 대통령과 경쟁하는 중에도 상호 존중과 건설적 협력을 강조했다. 그는 "이재명 대표와 각을 세우기보다 누가 더 민주당 혁신을 잘할 수 있는지로 경쟁하자"는 입장을 견지해왔다. 실제로 당내에서는 박 의원이 이 대통령과의 신뢰를 바탕으로 당의 혁신과 통합에 기여할 적임자라는 평가가 많다.

박 의원의 리더십은 카리스마보다는 공감력과 소통이다. 학생운동과 인권변호사 시절부터 이어온 '현장 중심'의 태도, 그리고 이 대통령과의 신뢰를 바탕으로 한 원칙 있는 정치가 그의 가장 큰 강점이다. 박 의원은 이 대통령과 함께 민주당의 혁신과 통합, 그리고 사회적 약자를 위한 정치를 이끌 핵심 인물로 주목받고 있다.

출 생 1973년, 서울
학 력 대원외고, 서울대 법학과
경 력 45회 사법시험 합격, 20~22대 국회의원, 국회 보건복지위원장

달변가, 정치 9단, DJ의 대북특사

박지원
더불어민주당 의원

박지원 더불어민주당 의원(전남 해남완도진도)은 탁월한 화술과 수완을 앞세워 '정치 9단'이라는 별명을 얻은 5선 의원이다. 이번 대선에서는 민주당 공동선거대책위원장을 맡아 이재명 대통령 당선에 힘을 보탰다.

박 의원은·대학 졸업 후 럭키금성상사(LG상사 전신)에 입사한 상사맨 출신이다. 이후 미국으로 건너가 동서양행 뉴욕지사장으로 일하다가 독립해 사업으로 큰 성공을 일궜다. 1980년대에는 미국 뉴욕한인회장을 역임하며 김대중 전 대통령을 만나 정치에 발을 들였다.

그는 1992년 14대 총선에서 전국구(비례대표) 의원으로 국회에 입성했다. 1996년 15대 총선에서는 경기 부천소사 지역구에서 김문수 당시 신한국당 후보에게 패배했다.

박 의원은 김 전 대통령 당선 이후부터 △청와대 공보수석 겸 대변인 △문화관광부 장관 △대통령 비서실장 등을 거치며 '실세'로 자리매김했다. 특히 문화관광부 장관 시절에는 김 전 대통령으로부터 '대북특사'로 낙점돼 북측과 비밀협상을 펼쳤고, 2000년 열린 분단 이후 첫 남북정상회담을 성사시킨 주역으로도 잘 알려져 있다. 노무현 정부 때에는 대북송금 특검으로 옥살이를 했다. 이런 경험을 바탕으로 문재인 정부 후반기에는 남북대화 복원을 위한 적임자라는 평가 속에 국가정보원장으로 임명됐다.

그는 '촌철살인'의 논평과 동물적인 판단력, 정치적 공간 창출 능력 등을 바탕으로 여의도 정치판에서 실력을 드러냈다. 특히 민주당과 민주통합당, 국민의당에서 세 차례나 원내대표를 지내며 '영원한 원내대표'라는 별명도 얻었다.

적지 않은 나이임에도 매주 금요일 지역구인 목포로 내려갔다가 월요일 새벽에 서울로 돌아오는 '금귀월래(金歸月來)' 생활을 이어가고 있다. 김 전 대통령의 야당 총재 시절부터 대(對)언론 창구 역할을 하며 기자들과 깊게 교류했다. 그는 "정치를 하는 사람은 삼시 세끼를 기자하고 먹는 것이 제일 좋다"고 말한다.

출 생 1942년, 전남 진도
학 력 목포 문태고, 단국대 상학과
경 력 대통령 비서실장, 문화관광부 장관, 국가정보원장, 14·18·19·20·22대 국회의원

원내대표로 대선 승리 이끌다

박찬대
더불어민주당 의원

박찬대 더불어민주당 의원(인천 연수갑)은 22대 국회 첫 원내대표로 당 대표였던 이재명 대통령과 호흡을 맞췄고 대선 승리를 이끌었다.

박 의원은 회계사 출신의 경제 전문가다. 한국과 미국 공인회계사 시험에 합격했고 정계 입문 전까지는 삼일회계법인 등에서 근무했다. 금융감독원을 거쳐 한미회계법인 경인지역본부장을 지냈다.

그가 정치를 하기로 마음먹은 것은 2009년 노무현 전 대통령의 서거가 계기가 됐다. 안정적인 회계사 생활을 하면서 인천 시민사회단체를 외곽에서 도왔는데 노 전 대통령 서거 이후 직접 정치를 하겠다고 결심했다. 첫 국회의원 선거에 도전했던 2012년에는 아예 공천도 받지 못했다.

2014년 민주당의 험지인 인천 연수구 지역위원장을 맡았다. 20대 총선에서 민주당이 한 번도 승리한 적 없는 연수구에 출마해 214표 차이의 신승을 거뒀고 내리 3선에 성공했다. 초선 시절에는 민주당 원내대변인을, 재선 때는 당 원내수석부대표를 맡는 등 원내 주요 보직을 역임했다.

또 교육위원회 간사 당시 '대안교육법'을 여야 합의로 통과시키는 데 일조했고, 채용 비리를 방지하는 내용의 '사립학교법' 통과도 주도했다.

2022년 대선 때부터 친이재명계의 핵심으로 부각했다. 당시 선거캠프에서 수석대변인을 맡았고, 이어서 선거대책위원회 공보단 수석대변인으로 활동했다.

그리고 같은 해 8월 치러진 당 전당대회에서 이 대통령은 당 대표가 됐고, 박 의원은 정청래 의원 다음으로 많은 득표를 하며 최고위원이 됐다.

2024년 3선에 성공한 이후 민주당 원내대표 선거에 단독 출마했다. 민주당에서 원내대표 후보가 단독 출마한 것은 2005년 당시 정세균 의원 이후 19년 만이었다.

박 의원은 경북 안동 출신 독립운동가 이상룡 선생의 외가 쪽 먼 친척이기도 하다. 이상룡 선생은 신흥무관학교 설립을 주도했고 대한민국 임시정부 초대 국무령을 지냈다.

출 생 1967년, 인천
학 력 동인천고, 인하대 경영학과, 서울대 대학원 경영학 석사
경 력 삼일회계법인 회계사, 금융감독원 공시감독국, 20~22대 국회의원, 더불어민주당 최고위원, 민주당 원내대표

대여공세 앞장선 조직 전문가

박홍근
더불어민주당 의원

박홍근 더불어민주당 의원(서울 중랑을)은 중진 의원으로서 당의 전략가, 조직가로 핵심 역할을 맡고 있다. 민주당 원내대표로 취임할 당시 박 의원은 '강한 야당'을 표방하며 대여 공세에 앞장섰다. 검찰 수사와 사법리스크에 직면했던 이재명 대통령을 '정치 보복' 프레임으로 엄호하며 친명계의 구심점 역할을 했다.

전라남도 고흥 출신인 그는 경희대학교 국어국문학과를 졸업하고 총학생회장을 역임한 86(1980년대 학번·1960년대생) 학생운동권 출신이다. 박 의원은 보좌관 경험을 쌓은 뒤 2012년 19대 총선에서 중랑을 지역구에 출마해 처음 금배지를 달았고, 같은 지역구에서 내리 4선에 성공하며 민주당 중진 의원으로 자리매김했다. 시민사회단체에서 활동하던 시절 박원순 전 서울시장과 인연을 맺어 정치권에서 '박원순의 복심'으로 불리기도 했다.

그가 본격적으로 '친이재명계'로 분류되기 시작한 것은 20대 대선 과정에서 이재명 당시 후보의 비서실장을 맡으면서부터다. 중진 의원 가운데서는 처음으로 이 후보를 지지하면서 그의 당내 영향력 확대에 기여했다.

2022년 박 의원은 박광온 전 의원을 제치고 민주당 원내대표로 취임했다. 이를 두고 민주당 주류가 친문에서 친명으로 전환된 증거라는 분석도 나왔다. 대장동 50억 클럽·김건희 여사 주가 조작 의혹을 수사하는 쌍특검법안을 신속처리안건(패스트트랙)으로 지정하며 국민의힘의 거센 비판도 받았다.

박 의원은 꾸준히 이 대통령에 대한 공개적인 지지를 표명해왔다. 당내 비주류와의 갈등 국면에서도 친명계의 전면에 서서 전선을 형성했다. 그는 최근 비명계를 향해 "이재명과 다르다면 '흔들기'가 아닌 '넘기'를 보여달라"며 "새로운 리더가 되고 싶다면 이 대통령을 공격할 게 아니라 주권자가 원하는 대안을 제시해야 한다"고 했다.

출 생 1969년, 전남 고흥
학 력 순천효천고, 경희대 국어국문학과
경 력 더불어민주당 을지키는민생실천위원회 을지로위원장, 대한민국전환과미래포럼 공동대표, 민주당 원내대표, 19·20·21·22대 국회의원

'위기의 이재명' 구해낸 연수원 동기

박희승
더불어민주당 의원

박희승 더불어민주당 의원(전북 남원장수임실순창)은 이재명 대통령과의 특별한 인연과 신뢰를 바탕으로 대선 국면에서 핵심적인 역할을 맡고 있는 법조계 출신 의원이다. 1963년 전북 남원에서 출생해 한양대 법학과를 졸업하고 28회 사법시험에 합격해 오랜 기간 판사로 재직했다. 광주지법, 울산지법, 성남지원, 서울중앙지법 등에서 부장판사를 지내고 안양지원장을 역임하며 법조계에서 전문성을 인정받았다.

박 의원과 이 대통령의 인연은 사법연수원 동기라는 특별한 배경에서 출발한다. 실제로 이 대통령이 직접 "박희승은 사법연수원 동기"라고 강조한 바 있으며, 두 사람은 법조계 시절부터 깊은 신뢰를 쌓아왔다. 이 인연은 정치권에서도 이어져 박 의원은 이 대통령의 사법 리스크와 정치적 위기마다 누구보다 적극적으로 방어 논리를 펼치며 이 대통령을 옹호해왔다. 최근 이 대통령의 공직선거법 위반 사건에서 대법원의 파기환송 결정이 내려졌을 때 박 의원은 "법원이 정치적 판단을 했다"며 공개적으로 강하게 비판하는 등 이 대통령의 방패막이 역할을 자임했다.

2025년 대선에서는 이 대통령의 '진짜 대한민국' 선거대책위원회에 유세본부 부본부장으로 합류해 전북 지역을 중심으로 현장 지원과 메시지 전달에 앞장서고 있다. 박 의원은 법조계 인맥이 약한 민주당 내에서 이 대통령의 사법 리스크 대응과 법률 전략 수립에 중요한 역할을 맡고 있다는 평가를 받는다. 실제로 박 의원은 "대선을 앞두고 국민적 관심이 집중된 사안인 만큼 그 어느 사건보다 철저히 법과 원칙에 따라 살펴야 한다"며 이 대통령의 입장을 적극적으로 대변했다.

국회에 입성한 후에는 보건복지위원회에서 민생 법안 발의와 지역 현안 해결에 힘쓰고 있으며, 전북 남원장수임실순창 지역구를 기반으로 한 실용적 의정 활동도 높이 평가받는다.

출 생 1963년, 전북 남원
학 력 전주고, 한양대 법학과
경 력 광주지법 · 울산지법 · 성남지원 · 서울중앙지법 부장판사, 안양지원장, 22대 국회의원, 더불어민주당 대선캠프 유세본부 부본부장

초등교사 출신 교육 전문가

백승아
더불어민주당 의원

백승아 더불어민주당 의원(비례대표)은 초등학교 교사 출신 정치인이다. 22대 총선을 앞두고 민주당 인재영입 12호로 정치권에 입성했다. 현직 교사직을 사임하고 국회의원이 된 최초의 사례다.

2007년부터 17년간 강원도에서 교사로 활동한 백 의원은 2023년 발생한 서울 서이초 사건이 정치를 하기로 결심하게 된 계기가 됐다. '서이초 사건'은 학부모 갑질 의혹으로 교사가 학교 내에서 스스로 목숨을 끊은 사건이다.

그는 전국초등교사노동조합 부위원장을 맡아 성역 없는 수사와 진상 규명을 촉구했다. 앞서 2020년 백 의원은 강원 교사 노조를 창립하는 등 교권 향상에 많은 관심을 가졌다. 강원도교육청과의 단체교섭, 정책협의회를 통해 교사의 근무 여건·행정 업무 부담 개선 등을 이뤄냈다.

그는 본인을 "아이가 학교에서 행복하게 공부하고 생활할 수 있어야 우리나라의 미래가 바로 설 수 있다는 신념으로 학교에서 가르치고, 가정에서는 세 아이를 키우는 교육 전문가이자 열혈 워킹맘"이라고 소개한다. 정치인이 돼서도 교원들의 정치 참여 확대에 관심을 가졌다. 서이초 사건과 같은 일이 재발하지 않기 위해선 교육 현장의 목소리가 입법과 정책에 제대로 반영돼야 하고, 이를 위해선 교원의 정치적 기본권이 보장돼야 한다는 생각 때문이다. 이와 관련해 교원 정치 기본권 보장을 위한 7건의 법안을 임기 초 대표발의했다.

백 의원은 22대 총선 당시 민주당 비례 위성정당인 더불어민주연합의 공동대표를 맡았다. 민주당에서 2024년 5월부터 원내부대표를 지냈다. 2025년 21대 대선에서 김혜경 여사의 수행실장을 맡았다. 대선 기간 김 여사가 물밑에서 조용한 행보를 하는 데 주요 역할을 했다.

백 의원의 취미는 웹툰 그리기다. 정치인이 되기 전에도 SNS에 그림을 종종 올렸다. 한동안 그림 그리기를 멈췄던 그는 2024년 12월 3일 윤석열 전 대통령 계엄 사태 이후 1년 만에 웹툰 올리기를 재개했다.

출 생 1985년, 충북 제천
학 력 충주여고, 춘천교대 국어교육과
경 력 초등학교 교사, 강원교사노동조합 위원장, 22대 국회의원, 더불어민주당 선거대책위원회 배우자 수행실장

달걀 맞아가며 尹 파면 외친 강골

백혜련
더불어민주당 의원

백혜련 더불어민주당 의원(경기 수원을)은 법조인 출신의 3선 국회의원이다. 이재명 대통령이 경기도지사를 지내던 시절부터 그와 긴밀히 협력해왔다. 백 의원이 공수처법 개정안을 대표 발의하자 이 대통령은 "국민들의 숙원인 공수처 설치를 조금이라도 앞당길 수 있는 대안으로 기대한다"며 환영의 뜻을 밝힌 바 있다.

2021년 백 의원은 민주당 최고위원으로 선출됐다. 백 의원은 당시 "민주당을 쓴소리도 귀담아듣는 민생중심 정당, 합리적 균형 감각과 책임감이 있는 집권 여당으로 혁신하겠다"고 강조했다. 이후 2022년 대선에서는 이 대통령을 도와 민주당 선거대책위원회의 인재 영입 업무를 맡았다. 백범 김구 선생의 증손자 김용만 씨 등을 적극 영입하며 민주당의 이미지 제고에 힘썼다.

1967년 전라남도 장흥에서 태어난 백 의원은 서울 창덕여고를 졸업한 뒤 고려대 사회학과에 입학했다. 대학 졸업 이후에는 사회운동가로 활동하다 1997년 사법시험에 합격했다. 검사 시절에는 다양한 비리 사건을 맡아 철저한 일처리로 명성을 쌓았다. 2007년 방송된 MBC 드라마 '아현동 마님' 주인공의 실제 모델이기도 하다. 드라마 속에서 백 의원은 촉망받는 '워커홀릭 여검사'로 등장한다. 그러던 백 의원은 돌연 검사직을 내던지게 된다. 2012년 검찰의 정치적 중립성이 훼손됐다며 사직을 선언하고 정치계에 입문한 것이다. 민주당 국회의원이 된 이후에도 법제사법위원회에서 '검찰개혁'을 추진하며 강단 있는 행보를 보였다. 2025년 3월에는 헌법재판소 앞에서 '윤석열 전 대통령 신속 파면 촉구 기자회견'을 진행하던 중 군중이 던진 날계란에 얼굴을 맞는 사태가 발생하기도 했다.

국회에서 오랜 기간 여성의 입지를 넓히는 데 기여해온 백 의원은 민주당 중앙선대위에서 여성본부장을 맡았다. 용감한 '여검사'이자 '여성 최고위원'이었던 백 의원이 앞으로도 이 대통령과의 신뢰를 바탕으로 국민을 위한 실질적 변화를 이끌 것으로 기대된다.

출 생 1967년, 전남 장흥
학 력 서울 창덕여고, 고려대 사회학과
경 력 대구지방검찰청 형사3부 수석검사, 20 · 21 · 22대 국회의원, 더불어민주당 최고위원, 민주당 전국여성위원장

비상계엄 예측한 '최전방 공격수'

부승찬
더불어민주당 의원

부승찬 더불어민주당 의원(경기 용인병)은 군인 출신 특유의 강골 성향으로 이재명 대통령의 '최전방 공격수'이자 '스피커'로 꼽힌다.

제주도 출신인 그는 공군사관학교 43기로 입교해 1995년 공군 소위로 임관하며 군인의 길을 걸었다. 이후 공군본부, 한미연합군사령부, 공군작전사령부 등에서 정보장교로 복무하다 2010년 소령으로 전역했다.

전역 후 정치권에 투신해 최재천 전 민주통합당 의원, 김종대 전 정의당 의원 보좌관으로 일하다 문재인 정부 시절인 2018~2019년 정경두 전 국방부 장관의 정책보좌관직을 역임했다. 이후 2020년 12월 국방부 대변인직을 맡아 인지도를 올리기 시작했다.

2022년 문재인 정부 임기 만료와 함께 대변인직을 내려놓은 뒤 펴낸 저서 '권력과 안보'에서 서울 한남동 육군참모총장 공관에 역술인 '천공'이 방문해 이곳을 대통령 관저로 쓰도록 영향력을 행사했다는 의혹을 제기하며 파장을 일으켰다. 이후 민주당에서 친이재명계 원외 모임인 '퇴진과 혁신' 소속으로 활동하며 친명계 개혁파 정치 신인으로 주목받았다. 또 친명계 원외 신인들과 함께 '독(한)소리 오형제'라는 그룹을 만들어 움직이기도 했다.

이에 이 대통령의 전폭적 신임과 지원을 받았고, 2024년 22대 총선에서 경기 용인병에 출마해 당선됐다. 이후 의정활동에서 거침없는 말과 태도로 '민주당 대표 파이터' '부승질머리' '부승사자' 등의 별명을 얻기도 했다.

그는 김민석 민주당 수석최고위원과 함께 윤석열 전 대통령의 12·3 비상계엄 선포를 예측해 이슈 메이킹 능력도 탁월하다는 평가를 받는다. 2024년 6월 9일 페이스북에 "윤석열 정부가 의도적으로 탈북단체의 대북전단을 막지 않고, 북한의 군사적 대응을 유도한 뒤 계엄령을 선포하는 통일 시나리오로 갈 것"라는 주장을 본인의 페이스북에 게시했다.

출 생 1970년, 제주
학 력 세화고, 공군사관학교 43기
경 력 공군작전사령부 정보장교, 최재천 의원 보좌관, 국방부 장관 정책보좌관, 국방부 대변인, 더불어민주당 원내부대표, 22대 국회의원

서민의 영원한 다리 '서영교'

서영교
더불어민주당 의원

서영교 더불어민주당 의원(서울 중랑갑)은 학생운동, 시민운동, 당직자를 거쳐 여의도에 입성했다. 서 의원은 1986년 이화여대 총학생회장으로 활동했고 1988년부터 중랑구에서 무료 도서 대여실과 주부대학을 운영하며 시민운동가로 활약했다. 2000년 새천년민주당 창당 발기인으로 참여하며 정계에 입문했다.

이후 민주당 부대변인, 열린우리당 부대변인 등을 지내며 밑바닥부터 정치 내공을 쌓았고, 2007년에는 노무현 정부 청와대 춘추관장에 임명됐다.

2012년 19대 총선 당시 서울 중랑갑에서 당선되며 배지를 달았다. 서 의원은 경북 상주에서 태어났지만 유년 시절 중랑구에 정착했다. 초중고를 모두 이곳에서 졸업한 그는 50년 넘게 중랑구에서 산 '토박이'다. 밝은 성격으로 지역구 관리 능력이 좋다는 평가를 받는다. '서민의 영원한 다리(교)'로 이름 석 자를 기억하게끔 하는 전략도 자주 선보였다. 그 결과 20~22대 총선에서 내리 당선되며 4선 중진이 됐다. 22대 총선에서 서울 민주당 국회의원 중 최고 득표율인 62%를 기록했다.

초선 시절 살인죄 공소시효를 폐지한 '태완이법'을 대표발의해 국회 통과를 이끌었고 테러방지법 필리버스터에 참여해 6시간59분 동안 테러방지법의 독소조항을 개정할 것을 주장했다. 20대 국회에서는 고교무상교육법 입법을 주도했고 원내수석부대표도 맡았다. 21대 국회 전반기 행정안전위원회 위원장을 지냈다. 강렬한 목소리 덕에 박근혜 정권 당시 각종 대정부 규탄대회에서 단골 사회자였다. 2022년 8월 민주당 전당대회에서 최고위원으로 선출됐다.

2025년 5월 1일 이재명 대통령에 대한 공직선거법 위반 사건을 대법원에서 유죄 취지로 파기환송한 이후 서 의원은 "선거 전 대법원에서 이재명을 정리하겠다고 하는 충격적인 제보를 받았다"고 주장했다. 그는 선거대책위원회에서 저출생·고령화 대응, 인구미래 전략 수립을 총괄하는 후보 직속 조직인 선대위 인구위원회 위원장을 맡았다.

출 생 1964년, 경북 상주
학 력 혜원여고, 이화여대 정치외교학과, 이화여대 대학원 공공정책 석사
경 력 이화여대 총학생회장, 청와대 춘추관장, 19~22대 국회의원, 더불어민주당 최고위원

무소속 도의원 · 시장 4번…풀뿌리 정치인

신정훈
더불어민주당 의원

신정훈 더불어민주당 의원은 지방의원 · 단체장을 거친 풀뿌리 정치인이다.

신 의원은 고려대 재학 중 1985년 서울 미국문화원 점거 농성에 참여했고 이 사건으로 약 3년간 수감 생활을 했다.

그는 출소 후 고향 나주로 내려와 농사를 지으며 농민운동에 투신했다. 그는 전국 수세거부대책위원회(1988년)와 나주농민회(1990년)를 주도적으로 결성하고 사무국장으로 활동하며 농민 권익 향상을 위해 힘썼다.

1995년 만 31세 나이로 전남도의회 의원에 무소속으로 당선되며 정치에 입문했다. 당시 최연소 도의원이었던 그는 1998년 재선에 성공하며 지역 농민과 주민의 두터운 신뢰를 확인했다. 2002년에는 나주시장에 출마해 당선됐고 재선에도 성공했다. 도의원과 나주시장을 2번씩, 총 4차례 선거 과정에서 모두 무소속으로 출마해 당선되는 흔치 않은 진기록도 보유하고 있다.

나주시장 재임 시절 농민 중심의 정책과 지역 밀착형 행정을 펼치며 지방자치의 혁신을 주도했다. 이 과정에서 그는 '정당공천폐지 시민행동' 공동대표로 활동하며 정치 개혁과 자치분권의 목소리를 높였다.

2014년 나주 · 화순 보궐선거에서 새정치민주연합 후보로 당선돼 19대 국회의원이 된다. 20대 총선에서는 '국민의당 돌풍'에 밀려 손금주 전 의원에게 패배했다. 이후 문재인 정부에서 청와대 농어업비서관을 맡아 농어업 정책을 총괄했다. 21~22대 총선에서 연이어 당선되며 3선 중진이 됐다. 농민운동 출신 정치인답게 국회 상임위원회 활동도 주로 농림축산 분야에서 활동했다. 22대 국회에서는 행정안전위원장을 맡고 있다. 지난 총선 기간에 23대 총선 불출마를 선언했다.

출 생 1964년, 전남 나주

학 력 광주인성고, 고려대 신문방송학과

경 력 5 · 6대 전남도의원, 민선3 · 4기 나주시장, 19 · 21 · 22대 국회의원, 국회 행정안전위원장

방송개혁 깃발 들고 정치 선택한 앵커

안귀령
더불어민주당 대변인

안귀령 더불어민주당 대변인은 아나운서 출신 정치인이다.

학창 시절부터 아나운서를 꿈꿨던 그는 초등학교 5학년 때 방송반에 선발된 경험을 계기로 방송인의 길을 결심했다고 한다.

대학 재학 시절부터 방송 경력을 쌓기 위해 방송국 규모나 고용 형태를 가리지 않고 다양한 채널에 지원했다. 2014년 광주방송(KBC) 아나운서를 거쳐 2016년 4월부터 YTN에 비정규직 앵커로 입사했다.

2022년 1월 YTN에 사직서를 제출한 지 열흘 만에 당시 이재명 더불어민주당 대선 후보 선거대책위원회에 대변인으로 합류하면서 정치에 본격 입문했다. 비정규직 앵커 출신 30대 청년으로서 청년 문제 해결과 비정규직 처우 개선, 방송 개혁 등을 위해 힘을 보태겠다고 밝혔다.

2024년 22대 총선에서 서울 도봉갑에 전략공천을 받고 출마했다. 김근태 전 보건복지부 장관의 아내인 인재근 전 의원이 3선을 했던 곳이다. 하지만 김재섭 국민의힘 후보에게 패배했다.

안 대변인은 2024년 12월 3일 비상계엄 선포 이후에는 국회의사당에 진입하려는 계엄군과 대치하며 물리적 충돌을 겪었다. 안 대변인이 계엄군 총부리를 잡아 막는 장면이 언론 보도를 통해 공개됐고, 계엄 정국 속 민주당 여성 정치인의 상징적 대응 사례로 회자됐다. 이 장면은 영국 BBC가 '2024년 가장 인상적인 이미지' 중 하나로 선정하기도 했다. BBC는 "한 한국 여성(안귀령)이 군인의 소총 총열을 두려움 없이 움켜잡았다"고 표현했다.

평소에도 방송 경험을 살려 김어준 유튜브 채널, 이동형TV 등의 시사 프로그램에 다수 출연하며 당의 정책·전략을 적극 알리고 있다. 한 방송에서 '차은우보다 이재명이 이상형'이라는 발언을 해 화제를 모았다.

출 생 1989년, 경북 경주
학 력 삼산고, 이화여대 언론정보학과, 상명대 상담대학원 석사
경 력 YTN 앵커, 더불어민주당 대변인, 서울 도봉갑 지역위원장

평민당보 기자 출신 '국방통' 5선 의원

안규백
더불어민주당 의원

안규백 더불어민주당 의원(서울 동대문갑)은 1988년 평화민주당 당보 기자 공채를 통해 정치권에 입문한 5선 의원이다. 안 의원은 김대중 당시 평민당 총재와 야권의 목소리를 오롯이 담아내는 유일한 매체였던 평민당보 기자로 민주화운동 현장을 누볐다.

그는 오랜 기간 당직자로 활동했고 2008년 18대 총선에서 통합민주당 비례대표 순번을 받아 국회에 입성했다. 이후 국방위원회에 들어가 5선 내내 국방위에서 활동하며 국방부와 군 안팎에 단단한 인맥과 정보망을 구축했다. 2015년 국정감사에서는 '단군 이래 최대 방산 프로젝트'인 20조 원 규모 공군 차기 전투기(KFX) 개발사업의 난맥상을 파헤쳐 주목받았다.

안 의원은 이러한 경력 때문에 문재인 정부 때부터 '군의 문민통제'를 실현할 수 있는 민간인 출신 첫 국방부 장관 후보로 꾸준히 거론됐다. 다만 안 의원은 '국방부 장관보다는 국회의원 선수를 더 쌓아 국회의장직에 도전하는 것이 개인적인 목표'라는 입장이 강하다고 알려졌다. 이번 대선에서는 이재명 대통령 후보 직속 총괄특보단장으로 뛰었다.

온화하고 원만한 성품 덕분에 여야를 아우르며 의원들 사이에서 신망이 높은 의원 중 하나로 평가된다. 수년간 고향인 전라북도 고창 특산물인 수박을 여야 의원들과 국회 직원들에게 선물해왔다는 일화도 있다. 22대 총선에서는 민주당 전략공천관리위원장으로 일하며 당의 총선 승리에 일조했다.

'국방위 붙박이'였던 안 의원은 12·3 비상계엄 사태 이후 탁월한 군 안팎 정보력을 바탕으로 계엄정보단장을 맡았다. 그는 계엄 이후 민주당에서 띄웠던 '윤석열 정부의 비상계엄 선포를 통한 내란 혐의 진상규명 국정조사 특별위원회(내란국조특위)' 위원장으로 활동하며 국방부와 군 주요 직위자들과 계엄군 지휘관을 증언대에 세웠다. 계엄 당시 국회로 출동했던 김현태 전 육군 특수전사령부 707특임단장이 안 의원을 국회에서 마주쳤지만, 체포하지 않고 오히려 인사를 건넨 일화도 잘 알려졌다.

출 생 1961년, 전북 고창
학 력 광주서석고, 성균관대 철학과, 성균관대 대학원 무역학 석사 수료
경 력 더불어민주당 사무총장, 민주당 원내수석부대표, 국회 국방위원장, 18~22대 국회의원

기재부 개편 밑그림 그리는 예산 전문가

안도걸
더불어민주당 의원

안도걸 더불어민주당 의원(광주 동남을)은 기획재정부 2차관과 예산실장 등 예산·재정 분야 요직을 거친 관료 출신이다. 22대 국회에서 민주당의 거시경제 정책을 이끌고 있다.

1989년 행정고시 33회 합격으로 공직에 입문했다. 기재부 예산실 복지예산심의관, 행정예산심의관을 지냈고 보건복지부로 건너가 보건산업정책국장을 지내기도 했다. 다시 기재부로 복귀해 경제예산심의관, 예산총괄심의관을 역임하고 장관들도 눈치를 본다고 하는 요직인 예산실장까지 지낸 대표 경제기획원(EPB) 라인으로 꼽힌다. 민주당 정책위원회 수석전문위원을 지내며 공무원 재직 당시 민주당과 인연을 맺기도 했다.

전남 화순군에서 7남매 중 장남으로 태어났다. 광주동신고, 서울대 경영학과를 나와 서울대 행정대학원에서 행정학 석사 학위를 취득했다. 기재부에서 근무할 때 해외연수 기회를 얻어 하버드대 케네디스쿨(행정대학원)에서 행정학 석사 학위를 취득했다.

문재인 정부 5년 차이던 2021년 3월 기재부 제2차관에 임명됐다. 윤석열 정부로 정권이 교체된 직후인 2022년 5월 공직에서 물러났고, 2024년 22대 총선에서 광주 동남을 지역에 출마해 당선됐다. 안 의원은 30여 년간 예산과 재정 분야에서 쌓은 경험을 바탕으로, 국회 예산결산특별위원회 계수조정소위 위원, 민주당 정책위원회 상임부의장, 국가경제자문회의 부의장으로 활약했다. 또 가상자산 시장의 성장과 투자자 보호를 위한 법·제도 마련, 디지털 금융 혁신 등 신산업 정책에도 적극적이다.

이재명 대통령의 대선 공약 설계 과정에서 안 의원은 국가 균형발전, 미래 산업 육성 등 굵직한 정책 과제의 실무를 책임졌다. 안 의원은 이 대통령의 기재부 분할 구상의 밑그림을 그리는 역할도 맡았다. 이 대통령은 기재부에 권한이 집중돼 부처 왕 노릇을 하고 있어 개편이 불가피하다는 입장을 여러 차례 밝혔다.

출 생 1965년, 전남 화순
학 력 광주동신고, 서울대 경영학과, 하버드대 케네디스쿨
경 력 기획재정부 예산실장·2차관, 전남대 연구석좌교수, 더불어민주당 정책위 상임부의장, 국가
　　　　 경제자문회의 부의장, 22대 국회의원

이재명의 15년 친구…국회 밖의 조력자

안민석
전 더불어민주당 의원

경기 오산 지역구에서 5선을 한 안민석 전 더불어민주당 의원은 20년 넘게 의정 활동을 하는 동안 당과 지역, 그리고 동료 정치인들을 위해 헌신해온 인물로 평가받는다. 특히 이재명 대통령과의 깊은 인연과 신뢰는 그의 정치 인생에서 중요한 축을 이룬다.

안 전 의원은 1963년 경남 의령에서 태어나 2004년 17대 총선에서 국회에 입성한 뒤 내리 5선을 기록했다. 열린우리당 시절부터 체육특별위원장, 민주당 원내부대표, 국회 교육과학기술위원회 간사, 예결특위 간사 등 요직을 두루 거치며 당내 입지를 다졌다. 특히 18대 총선 등 당이 어려울 때마다 지역구를 지키며 민주당계 정당의 뚝심을 보여준 몇 안 되는 인물로 꼽힌다.

이 대통령과의 인연은 단순한 동료를 넘어선다. 안 전 의원은 '이재명의 15년 친구'임을 자처하며, 이 대표의 정치적 철학과 성과를 계승하고 발전시키겠다는 의지를 여러 차례 밝혔다. 실제로 2022년 경기도지사 선거 경선 출마 당시에도 "이재명을 계승하고 지키는 강한 야권 지도자가 되겠다"고 강조했다. 이 대통령 역시 안 전 의원의 헌신과 희생을 높이 평가하며, 2024년 전략공천 결정에 따라 불출마를 선언한 안 전 의원에게 "의원님의 희생과 헌신을 잊지 않겠다"며 각별한 감사를 전했다.

안 전 의원은 이 대통령이 당내에서 어려움에 처할 때마다 공개적으로 힘을 실어주는 친명계의 대표적 인사다. 2023년 이낙연 전 대표의 귀국 당시 "이재명 대표와 통합의 길을 가야 민주당이 승리할 수 있다"며 이재명 당시 대표 중심의 통합을 촉구하기도 했다. 또한 그의 총선 출마 문제에 대해서도 "종로에 출마해 헌신하는 지도자의 모습을 보여야 한다"며 리더십과 책임감을 강조한 바 있다.

이처럼 안 전 의원은 이 대통령과의 두터운 신뢰와 동행을 바탕으로 당내 통합과 혁신, 그리고 총선 승리를 위해 자신을 희생하는 결단을 보여줬다. "저의 희생이 총선 승리의 밀알이 되기를 바란다"는 그의 고백은 민주당의 미래와 이 대통령의 리더십을 위해 자신을 내던진 정치인의 진정성을 보여준다.

출 생   1963년, 경남 의령
학 력   수성고, 서울대 체육교육학과
경 력   중앙대 사회체육학과 교수, 17~21대 국회의원, 국회 문화체육관광위원장

위기마다 최전선에 나선 '충직투사'

양문석
더불어민주당 의원

양문석 더불어민주당 의원(경기 안산갑)은 당내 대표적인 강경 '친명' 인사로 꼽힌다. 언론연대 사무총장, 방송통신위원회 상임위원, 미디어오늘 대표 등 언론·미디어 분야에서 두각을 나타냈고, 2024년 총선에서 경기 안산갑에서 당선돼 22대 국회에 입성했다.

양 의원은 당내 최대 친명 조직으로 급부상한 '더민주전국혁신회의' 소속이다. 혁신회의는 2024년 총선에서 31명의 당선자를 내며 민주당 내 신주류로 떠올랐고, 이재명 대통령의 리더십과 정책 노선을 강하게 뒷받침하는 핵심 조직으로 평가받는다. 양 의원은 혁신회의 내에서도 대표적인 강경파로, 이 대통령이 정치적·법률적 위기에 직면할 때마다 누구보다 앞장서서 대통령을 옹호하며 친명계 결집을 이끌어왔다.

양 의원은 직설적이고 거친 언사로 여러 차례 논란의 중심에 섰다. 2024년 국정감사에서 김건희 여사가 참석한 간담회 국악 공연을 두고 "기생집 같다"는 표현을 사용해 논란이 일었고, 이에 대해 "거칠고 오해를 살 수 있는 표현이었다"며 공식 사과했다. 이외에도 개헌 국민투표 제안에 "제발 그 입 닥쳐라. 개헌은 개나 줘라"라는 SNS 발언 등으로 강성 친명계의 상징적 인물로 부상했다.

이 밖에도 윤석열 전 대통령 부부의 망명설과 관련해 "즉각 출국금지와 체포 조치를 취해야 한다"며 강경한 입장을 밝히는 등 현 정부와 국민의힘을 향한 공세적 언행으로 주목받았다. 언론을 겨냥해서도 "기레기, 애완견 높여줘도 발작 증세" 등 직설적 비판을 이어가며 당내외 논란의 중심에 섰다.

의정 활동에서는 문화체육관광위원회와 국회운영위원회 등에서 미디어, 소통, 사회적 약자 보호 등 다양한 분야에 집중하며, 이 대통령의 정책 노선을 적극 뒷받침하고 있다. 방송법, 언론중재법 등 미디어 관련 입법에도 힘쓰며, 사회적 약자와 소외계층의 목소리를 국회에 전달하는 데 주력하고 있다.

출 생   1966년, 경남 통영
학 력   성균관대학교 문학사, 정치학 석사, 언론학 박사
경 력   언론연대 사무총장, 방송통신위원회 상임위원, 미디어오늘 대표, 22대 국회의원

공고 출신 고검장…이재명의 '방패'

양부남
더불어민주당 의원

양부남 더불어민주당 의원(광주 서을)은 검사 출신 정치인이다.

양 의원은 '공고 출신 고검장'의 주인공이다. 담양공고, 전남대 법대 졸업 후 사법시험(31회)에 합격했다. 서울지검 검사를 시작으로 대검찰청 형사부장, 광주지검장, 부산고검장 등을 역임했다.

현역 검사 시절에는 공무원 비리를 잡는 검사로 이름을 날렸다. 또 2003년 192명이 숨진 대구 지하철 방화 사건을 시작으로 한나라당 불법 대선자금 전달·강원랜드 채용 비리 등 국내의 굵직한 사건을 수사하며 검찰 내에서 입지를 다졌다. 문재인 정부에서 검찰총장 후보 하마평에 오르내리기도 했지만 2020년 돌연 사직했다.

2022년 20대 대선 후보였던 이재명 대통령의 법률지원단장으로 활동하면서 리스크 방어와 함께 당시 윤석열 국민의힘 후보 일가의 비리 의혹에 대한 공격적인 검증에서 주도적인 역할을 해 언론의 주목을 받았다. 2022년 9월에는 판사 출신 김승원 의원과 민주당 법률위원장에 공동으로 선임되면서 정치적 발판을 마련했다.

양 의원은 언론 인터뷰에서 "이 대통령이 성남시장과 경기도지사를 하면서 보여줬던 실적과 실용주의 노선에 굉장한 감동을 받았다. 우리나라가 굉장한 위기에 처해 있는데, 이 대통령이 이를 도약의 기회로 전환할 적임자라고 판단했다"며 지지 이유를 밝혔다.

양 의원은 2024년 8월 광주시당 위원장 선거에서 또 다른 친명인 강위원 더민주전국혁신회의 상임대표를 누르고 당선됐다. 광주 지역 의원들이 추대한 배지와 당내 최대 계파로 성장한 모임의 원외인사 간 대결로 관심을 모았다.

국회에서 1호 법안으로 수사기관의 피의사실공표 행위를 금지하는 내용의 '피의사실공표금지법' 제정안을 대표발의했다. 검찰과 경찰, 고위공직자범죄수사처 등 수사기관이 수사 대상인 피의자의 혐의, 조사 과정에서 진술한 내용 등을 원칙적으로 외부에 알리지 못하도록 하는 것이다.

출 생 1961년, 전남 담양

학 력 담양공고, 전남대 법학과

경 력 31회 사법시험(사법연수원 22기), 대검찰청 형사부장, 광주지검장, 부산고검장, 22대 국회 의원, 더불어민주당 광주시당 위원장

대화와 타협을 중시하는 '86그룹' 맏형

우상호
전 더불어민주당 의원

우상호 전 더불어민주당 의원은 4선 의원을 지냈다.

연세대 국문과에 진학해 시인과 국어교사를 꿈꿨다. 연세 문학회의 핵심으로 '5월문학상'과 '운동주문학상'도 수상했다. 학생운동에 대한 제의도 받았지만 선뜻 함께하지 못하고 군대에 간다. 학교에 복학하고 후배의 소개로 운동권 모임에 참여했다. 군 제대 후 학생운동을 하는 경우가 흔치 않아 후배들에게 부담을 주지 않으려고 84학번으로 소개하고 '강타'라는 가명을 사용했다. 1987년 연세대 총학생회장과 전국대학생대표자협의회 부의장을 맡아 6월 항쟁 등 민주화운동의 선봉에 섰다. 당시 이한열 열사 장례집행위원장을 맡았고 그가 이 열사 영정을 들고 있는 사진이 유명하다.

우 전 의원은 1988년 김대중 전 대통령의 정치 입문 제안을 거절했다. 대선 분열과 패배를 책임지는 자세가 필요하다고 보고 청년운동에 주력했다. 1998년 국민의정부가 들어서고 김 전 대통령이 젊은 피 수혈에 나서면서 우 전 의원도 정계에 입문한다.

2004년 17대 총선에서 처음 국회의원에 당선됐고 19~21대 총선에서 승리했다. 우 전 의원은 조리 있는 말솜씨와 언론 소통 능력으로 열린우리당, 민주당, 통합민주당 등에서 대변인으로 활약했다. 2016년 더불어민주당 원내대표로서 박근혜 대통령 탄핵에 주도적 역할을 수행한다. 여당 내 '비박근혜계'를 설득해 탄핵안 가결에 결정적 기여를 했다는 평가를 받는다. 민주당 내에서도 '조정자'로 불릴 만큼 갈등 조정과 대화, 타협의 정치를 중시한다.

2021년 차기 총선 불출마를 선언하고 서울시장 보궐선거에 도전했지만 당내 경선에서 박영선 후보에 밀려 낙선했다. 2022년 6월 지방선거에서 패배한 민주당의 비상대책위원장을 맡으며 당내 위기 수습에 나섰다. 2025년 21대 대선에서 민주당 강원권 공동선대위원장을 맡아 이재명 대통령의 취약 지역을 공략하는 데 힘썼다.

출 생 1962년, 강원 철원
학 력 용문고, 연세대 국어국문학과
경 력 연세대 총학생회장, 17 · 19 · 20 · 21대 국회의원, 더불어민주당 원내대표

실용외교 이끌 李의 '외교책사'

위성락
더불어민주당 의원

도널드 트럼프 미국 행정부가 들어서면서 이재명 대통령의 '실용외교' 비전도 각광받고 있다. 순발력 있는 대응, 기존 외교문법에서 벗어난 임기응변 등이 한층 중요해졌다는 게 외교가의 평가다.

평생 외교관의 길을 걷다 지난해 총선에서 비례대표로 국회에 입성한 자타공인 '전략통' 위성락 더불어민주당 의원(비례대표) 이 실용외교의 설계자다.

외무고시 13회로 외무부에 입부한 위 의원은 김영삼 정부 청와대 외교안보수석실 행정관, 16대 대통령직 인수위원회 외교통일안보분과위원회 행정관, 외교통상부 북미국장 등을 거쳤다.

이어 주미 대사관 정무공사, 외교통상부 장관 특별보좌관을 거쳐 이명박 정부에서 외교통상부 한반도평화교섭본부장, 주러시아 대사 등을 역임했다.

미국과 러시아 사정에 모두 밝은 그는 "우리를 중국이 9시, 미국이 3시 방향으로 잡아당기려 한다면 우리는 1시 내지 1시 반 정도 방향의 정책을 선택해야 한다"고 말하는 등 '실리외교'를 중시한다. 북한 중심의 문재인 정부 외교정책에 대해서도 비판적 시각을 보였다.

실무 경험도 풍부하지만, 특히 큰 그림을 보며 외교 대전략의 틀을 설계하는 데 있어선 한국 외교가에서 최고 수준이라는 평가를 받는다.

기존 진보진영 외교문법에서 탈피해 유연한 균형외교를 추구하는 그의 스타일은 이 대통령의 외교·안보정책 관련 '실용적 로드맵' 구축 기조와 잘 맞는다는 평가를 받는다. 이에 이 대통령은 2022년 20대 대선 당시 위 의원을 대선 캠프에 영입하는 데 10개월 넘게 공을 들였다.

결국 위 의원은 이 대통령의 '삼고초려'를 받아들여 이재명 캠프 선거대책위원회 실용외교위원장을 맡아 대북정책과 외교정책의 큰 틀을 설계하는 등 '이재명 외교'의 핵심으로 자리매김했다. 한일협력 강화, 한반도 평화체제 구축 등 굵직한 외교 현안에 대해 현실적 해법을 제시하며 이 대통령의 외교·안보정책을 뒷받침하고 있다.

출 생 1954년, 전남 장흥
학 력 남성고, 서울대 외교학과
경 력 외무고시 13회, 외교부 한반도평화교섭본부장, 주러시아 대사, 22대 국회의원

회계사 출신 '실물 경제' 브레인

유동수
더불어민주당 의원

유동수 더불어민주당 의원(인천 계양갑)은 당내 대표적인 경제 전문가이다. 유 의원은 회계사 출신 실물경제 전문가다. 여기에 3선 의원으로서 국회에서 쌓아온 경제·재정 분야의 전문성을 바탕으로 민주당 정책 라인의 중심을 지키고 있다. 20·21대 국회에서 국회 정무위원회 간사, 원내부대표, 민주연구원 회계감사, 민주당 국가경제자문회의 거시경제 금융분과위원장, 원내정책수석부대표 등을 역임했다. 유 의원과 이재명 대통령의 인연은 계양 지역 현안을 해결하는 과정에서 더욱 깊어졌다고 한다. 대표적인 사례가 수도권광역급행철도(GTX)-D노선 및 계양테크노밸리(계양 TV) 철도망 구축을 위한 국토교통부 차관 면담이다. 2023년 6월 이 대통령의 요청으로 유 의원은 김민기 국토교통위원장, 어명소 국토부 2차관, 이한준 한국토지주택공사(LH) 사장 등과 함께 국회에서 만나 GTX-D노선 Y자 노선과 계양TV 철도망 문제를 논의했다. 이 자리는 계양 지역 발전을 위한 실질적 성과로 이어졌는데, 이 대통령이 지역 현안 해결에 얼마나 적극적으로 나서는지 보여준 대표적 장면으로 회자된다.

당시 유 의원은 이때의 협력에 대해 "바쁜 일정에도 불구하고 계양 지역 최대 현안인 철도망 문제 해결을 위해 이 대통령이 직접 나섰다"며 "이 대통령의 실사구시적 리더십과 지역에 대한 애정이 인상적이었다"고 설명했다. 실제로 이 대통령은 계양 발전을 위한 정책 추진 과정에서 유 의원의 전문성과 현장 경험을 높이 평가하고, 당의 경제 정책 구상에 적극적으로 참여하도록 독려했다는 후문이다. 이 같은 신뢰는 당내 공식 직책 인선에서도 확인된다. 2024년 10월 이 대통령의 '당대표 총괄 특보단'에서 유 의원은 경제특보단장에 내정됐다. 특보단은 민생·정무·경제·안보·언론 등 5개 분야의 조직으로, 분야별 전문성을 갖춘 친명계 현역 의원들이 주축을 이뤘다. 유 의원은 경제 분야의 총괄 책임자로서, 차기 대선 전략과 집권 이후 경제 청사진을 그리는 핵심 역할을 맡았다.

출 생 1961년, 전북 부안

학 력 전라고, 연세대 경영학과

경 력 공인회계사, 20~22대 국회의원, 국회 정무위원회 간사, 민주연구원 회계감사, 더불어민주당 인천광역시당위원장, 민주당 원내정책수석부대표

평민당부터 당을 지켜온 통합형 리더

윤호중
더불어민주당 의원

윤호중 더불어민주당 의원(경기 구리)은 이재명 대통령의 2025년 대선 경선 캠프에서 좌장 역할을 맡았다. 그는 문재인 전 대통령의 대선 후보 시절 정책본부장을 지냈고, 국회 법제사법위원장으로서 공수처 설치 등 검찰개혁 입법을 주도했다.

윤 의원은 이해찬계로 분류되지만 일각에선 '초계파형' 중진으로 평가한다. 문 전 대통령과도 가까웠고 2022년 대선에선 원내대표로서 이 대통령의 첫 대선 본선 선거를 지휘했다.

윤 의원은 사석에서 "나는 계파가 없는 의원"이라고 강조하며 "모임에서 특정 계파색이 부각되려 하면 오히려 만류하는 경우도 있다"고 말하기도 했다. 그의 선거대책위원장 선임 소식이 전해지자 앞다퉈 '통합형 선대위'를 상징하는 인선이라는 평가가 나온 배경이다.

윤 의원은 서울대 재학 중 학원자율화추진위원회를 결성하고 위원장을 맡다 수감되기도 했다. 대학 졸업 후 1987년 김대중 전 대통령이 이끄는 평화민주당 기획조정실에서 근무하며 정치권에 입문했다. 이후 한광옥 전 의원 비서관과 민주당 부대변인을 거쳐 2004년 17대 국회에 처음 입성했다. 이후 19~22대 국회의원에 연이어 당선됐다.

2018년 9월부터는 이해찬 대표 체제에서 사무총장을 맡아 21대 총선 승리를 이끌었다. 특히 총선평가단장을 맡아 시스템 공천과 탈계파 공천 실무를 주도했고, 공천 결과에 대해 후보들의 반발이 없었던 점을 압승의 핵심 요인으로 꼽는다.

그리고 2021년에도 원내대표로 선출됐다. 당시 초선 의원들과의 우호적 관계가 작용했다는 평가가 있다. 당내에서는 원만한 성품으로 동료 의원들의 신망을 받는 인물로 꼽히며, 지난 대선 패배 이후에는 비상대책위원장을 맡아 당을 수습했다.

2025년 대선을 앞두고 이재명 대통령의 경선 캠프 선대위원장을 맡은 것도 계파 구도를 넘어서려는 상징적 인선으로 해석된다. 이 대통령의 측근인 한 중진 의원은 "확장성 있는 인물"이라고 평가했다.

출 생   1963년, 경기 가평
학 력   춘천고, 서울대 철학과
경 력   한광옥 의원 비서관, 더불어민주당 정책위의장 · 사무총장 · 원내대표 · 비상대책위원장, 17
대 · 19~22대 국회의원

험지 파주서 4선…'이재명의 꾀주머니'

윤후덕
더불어민주당 의원

윤후덕 더불어민주당 의원은 국회의원실 보좌진에서 4선 중진 의원으로까지 성장한 25년 경력의 뼛속까지 정치인이다. 김대중 정부에서 보건복지부 장관을 지낸 김원길 전 의원 보좌관을 시작으로 정치권에 들어와 노무현 정부에서 청와대 정무비서관·정책조정비서관, 국무총리 비서실장을 지냈다. 당시 윤 의원이 모신 국무총리가 한덕수 국무총리다. 이런 인연으로 2022년 윤석열 정부 출범 직후 윤 전 대통령이 한 총리를 지명하자 민주당 소속임에도 "행정, 정책능력이 탁월한 적임자"라는 입장을 내기도 했다.

연세대 재학 중 긴급조치 9호에 대항해 운동권의 중심에서 활동했다. 노영민 전 문재인 정부 비서실장 및 우원식 국회의장과 동갑내기 연세대 동문으로 함께 운동권에서 활동했다. 운동권 출신이라는 딱지 때문에 대학 졸업 후 취업이 힘들게 되자 출판사를 운영하며 생계를 이어갔다. 이적 출판물 출판 혐의로 여러 차례 구속되다 복권되길 반복했다. 2012년 민주당 출신으론 첫 파주 국회의원이라는 기록을 쓴 뒤 내리 4선에 성공했다. 윤 의원은 20대 대선에서 이재명 당시 후보의 정책본부장을 맡아 공약을 책임졌는데, 21대 대선 경선 캠프에서도 정책본부장을 맡았다.

윤 의원이 이 대통령과 가까워진 것은 지역구인 파주 지역 산업단지 유치 과정에서 경기도지사이던 이 대통령이 힘을 실어준 게 계기가 됐다. 산단을 유치하려면 상급 지방자치단체인 경기도의 판단과 승인이 필요했는데, 윤 의원의 건의를 들은 이 대통령이 그다음 날 곧바로 경기도 실·국장들과 협의해 빠른 속도로 일을 처리해줬다. 윤 의원은 "이 대통령이 파주 발전에 도움을 줬는데, 나도 이 대통령에게 도움이 돼야겠다고 생각했다"고 말했다.

윤 의원은 정책 개발 능력을 인정받으며 계속 이 대통령의 핵심 참모 역할을 하고 있다. 과거 당내 기반이 취약했던 이 대통령이 당의 정책라인을 흡수하기 위해 계파색이 옅으면서도 경험 많은 중진인 윤 의원을 발탁했다는 평가가 나왔다.

출 생 1957년, 경기 파주
학 력 중동고, 연세대 사회학과, 경기대 정치학 박사
경 력 김원길 의원 보좌관, 청와대 정무비서관·정책조정비서관·정책기획비서관, 19~22대 국회의원

민생경제 · 골목상권 입법 전문가

이강일
더불어민주당 의원

이강일 더불어민주당 의원(충북 청주상당)은 초선 의원이다. 하지만 1990년대 초부터 정치권에서 활동하며 오랜 기간 경력을 쌓아온 특이한 이력 덕에 초선답지 않은 무게감을 자랑한다.

이 의원은 1996년 김영춘 전 의원의 보좌진으로 정치에 입문했다. 2002년에는 한나라당 소속으로 서울특별시의원에 당선됐고, 열린우리당 창당에도 참여했다. 하지만 제도권 정치보다는 사회운동에 적극적으로 참여하며 여의도를 떠났다. 이 기간 그는 행복가정재단 상임이사, 사단법인 나눔과 미래의 등기이사 등으로 활동했다.

이 의원이 다시 여의도로 돌아온 것은 2019년 민생경제지원단을 발족해 상임위원장으로 활동하면서다. 이 단체는 민주주의, 민생경제, 골목상권 등 민생과 관련한 다양한 활동을 통해 우리 사회의 건강한 변화와 발전을 이루는 것을 목표로 했다.

이재명 대통령과의 인연은 20대 대선 당시 이재명 후보의 경선후원회 사무장으로 활동하면서다. 대선 기간 전체 재정과 사무를 책임지는 무게감 있는 자리인 동시에 일선에서 직접 활동해야 하는 어려운 자리를 맡았다.

이 의원은 사무장 임무 수행을 통해 이 대통령과 깊은 신뢰를 쌓았고, 이를 바탕으로 2022년 7월 민주당 청주상당 지역위원장에 선출됐다. 2024년 22대 총선에서는 청주상당에서 민주당 후보로 출마해 51.45%의 득표율로 당선됐다.

현재 그는 국회 정무위원회 위원으로 활동하며, 민생경제와 관련된 입법 활동에 주력하고 있다. 초선이지만, 초선답지 않은 무게감으로 이 후보의 든든한 균형추 역할을 하고 있다는 평가를 받는다.

출 생　1967년, 충북 진천
학 력　세광고, 충북대 경영학과, 연세대 정책학 석사
경 력　6대 서울특별시의회 의원, 민생경제지원단 상임위원장, 더불어민주당 청주상당 지역위원장, 22대 국회의원

법으로 이재명 지키는 '대장동 변호사'

이건태
더불어민주당 의원

이건태 더불어민주당 의원(경기 부천병)은 22대 국회에 처음 입성한 초선이지만 '친명 핵심'으로 불린다. 이 의원은 검사 출신 변호사로, 이재명 대통령의 사법 리스크를 방어하는 법률 대변인 역할을 맡아왔다. 대장동 사건 등 굵직한 재판에서 이 대표의 측근 정진상 전 민주당 당대표 정무조정실장 등을 직접 변호하며 '대장동 변호사'로 불린다.

이 의원은 이 대통령이 위기에 처할 때마다 법률적 조력자로 나섰고, 이 대통령도 이 의원의 전문성 등을 높이 평가해 당 법률 대변인 등 핵심 역할을 맡겼다. 이 의원은 이 대통령과 인연을 "정치적 동지이자, 위기 때마다 서로를 지켜온 신뢰의 관계"라고 표현한다.

2025년 2월 이 대통령의 공직선거법 위반 사건 항소심에서 이 의원은 적극적인 방어 논리를 펼쳤고, 실제 2심에서 무죄 판결이 나오자 "검찰의 무리한 기소를 법원이 바로잡았다"고 목소리를 높였다. 이 의원은 "이 대표의 사법 리스크가 차기 대선에 별다른 영향을 미치지 않을 것"이라고 단언하며 당 안팎의 여론전도 이끌었다.

이 의원은 의정 활동에서도 표적 수사 금지 등 검찰개혁 과제에 앞장섰다. 이 의원은 평소에도 "이재명 정부가 들어선다면 검찰개혁을 확실히 완수할 수 있다"고 얘기했다. 검찰에서 20년 동안 쌓은 전문성이 국회에서도 발휘됐다.

그는 법무부 법무심의관으로 근무할 때 민생 관련 법안 기획을 많이 했다. 특히 소위 '최진실법'으로 불리는 친권 자동부활제 폐지, 대부업자들이 빚을 받아낼 때 협박이나 폭행을 금지하는 '채권의 공정한 추심에 관한 법률', '상가 임대차 보호법 시행령' 개정 등을 기획하고 시행한 경험이 있다.

고위공직자범죄수사처 도입 여부가 사회적 이슈가 됐을 때 방송 토론과 인터뷰에 출연하며 문재인 정부 입장을 적극 알렸다. 부천병에는 21대 총선에서도 출마했지만 공천을 받지 못했다. 이후 주민들의 생활 법률 문제 해결사를 자처하는 등 '우리 동네 변호사'로 활약하며 인지도를 높였다.

출 생 1966년, 전남 영암
학 력 광주일고, 고려대 법학과
경 력 사법연수원 19기, 의정부지검 고양지청장, 더불어민주당 법률대변인, 22대 국회의원

노무현의 오른팔…전략 기획의 달인

이광재
전 더불어민주당 의원

이광재 전 더불어민주당 의원은 노무현 전 대통령의 최측근 참모였다. 안희정 전 충남도지사와 함께 '좌희정 우광재'로 불렸다.

연세대 재학 중 학생운동에 투신했고, 부산에서 공장 노동자로도 일했다.

1988년 23세의 나이에 노무현 당시 13대 국회의원의 보좌관으로 정계에 첫발을 내디뎠다. 이때부터 노무현 전 대통령 옆에서 기획과 전략을 담당했고, 노 전 대통령이 정치적 결단을 내릴 때마다 조언을 아끼지 않았다.

노 전 대통령이 재선에 실패한 이후 지방자치실무연구소를 차렸는데, 이때 이 전 의원, 안 전 지사, 서갑원 전 의원 등이 함께하며 매달 세미나를 열고 각종 현안에 대해 공부했다.

노 전 대통령은 38세에 불과했던 이 전 의원을 청와대 국정상황실장에 발탁했다. 그는 국정 상황 전반을 분석해 보고하는 역할을 맡았고, 노 전 대통령의 정책 결정 과정에도 의견을 제시하면서 국정 전반에 대해 경험할 수 있는 기회를 갖는다.

2004년 17대 총선에서 강원 태백영월평창정선 지역구에서 열린우리당 후보로 출마해 당선됐다. 2008년 18대 총선에서도 재선에 성공했다. 2010년에는 민주당 후보로 강원도지사에 출마해 당선돼 강원도 최초의 민주당 출신 도지사가 됐다. 그러나 2009년 '박연차 게이트'에 연루돼 기소됐고, 2011년 대법원에서 유죄가 확정되면서 도지사직을 상실했다. 10년간 피선거권도 박탈돼 정치적 암흑기를 겪었다.

이 시기 그는 중국에서 2년간 머물며 재충전의 시간을 가졌다. 귀국 후에는 '여시재'에서 사회적 과제를 연구하고 인재를 육성하는 데 힘썼다.

2019년 12월 문재인 정부의 특별사면으로 피선거권을 회복한 그는 2020년 21대 총선에서 강원 원주갑에 출마해 당선돼 10년 만에 국회에 복귀했다. 2022년 당의 요청으로 강원도지사 선거에 나섰으나 낙선했고, 2024년 22대 총선에선 험지인 경기 성남 분당갑에 출마해 패배했다.

출 생 1965년, 강원 평창
학 력 원주고, 연세대 법학과
경 력 청와대 국정상황실장, 강원도지사, 17·18·21대 국회의원, 국회 사무총장

김앤장 출신 기후·환경 전문가

이소영
더불어민주당 의원

이소영 더불어민주당 의원(경기 의왕과천)은 김앤장 법률사무소 출신 변호사로 기후·환경 전문가이다. 2022년 20대 대선에서 5개월간 당시 대선 후보였던 이재명 대통령의 '현장 대변인' '수행 대변인'을 맡아 후보와 함께 전국을 돌면서 '친이재명계'로 자리매김했다.

이 의원은 2009년 대학교 4학년 때 사법시험에 합격했다. 사법시험뿐만 아니라 사법연수원 성적도 최상위권이라 법관도 가능했지만 변호사의 길을 택했다. 김앤장에서 환경과 에너지 분야를 맡았고 환경 전문 법률사무소인 엘프스에서도 일했다. 그는 사법시험에 합격한 후 만든 마이너스통장으로 항공권부터 샀다. 덴마크 코펜하겐에서 열리는 유엔기후변화협약 회의에 참석하기 위해서다. 학창 시절부터 환경·기후에 대한 이 의원의 관심이 얼마나 컸는지 알 수 있는 대목이다.

변호사 시절 초반 그는 전국의 공장을 찾아다니며 공장별 컴플라이언스 및 환경 리스크를 점검했다. 이때 공장의 구조와 생산공정을 배웠고, 안전모 및 안전화 착용이 익숙한 법조인이 됐다. 이 의원은 "문과 출신이라 물질 원료에 약해 EBS에서 하는 고등학교 화학 과목 강의도 자주 들었다"고 말했다.

그는 인재영입 형태로 민주당에 들어왔고 현 지역구에 전략공천돼 35세에 여의도에 입성했다. 이 대통령은 2022년 대선 당시 유세 기간에 취재진과의 저녁 자리에서 "이 의원은 저랑 함께 현장을 다니는 분 중 저에게 가장 직설적이고 현실적인 조언을 해준다"며 "별로다 싶으면 정확히 왜 별로인지를 솔직하게 얘기하는데, 저는 그게 기분 나쁘진 않더라"고 말했다.

이 의원은 2023년 국정감사에서 김건희 여사의 '서울~양평 고속도로 특혜 의혹'과 관련해 원희룡 당시 국토교통부 장관을 상대로 매서운 질의를 쏟아내며 '양평 1타 강사'라는 별명을 얻었다. 또 그는 2024년 금융투자세 논란 속에서 제도 시행을 공개적으로 반대했고, 결국 민주당이 유예를 선택하는 데 역할을 했다.

출 생 1985년, 부산
학 력 백영고, 성균관대 법학과, 서울대 대학원 법학 석사과정 수료
경 력 21·22대 국회의원, 사법연수원 41기, 김앤장 법률사무소 변호사, 더불어민주당 원내부대표·대변인

국힘 갔다 복당한 기업 임원 출신 경제통

이언주
더불어민주당 의원

이언주 더불어민주당 의원(경기 용인정)은 기업에서 임원을 지내는 등 경제 분야에 전문성을 갖고 있다. 변호사로 재직하던 중 르노삼성자동차에 입사했으며 이후 2009년에는 37세 나이로 에쓰오일 최연소 법무총괄 상무가 됐다.

2012년 19대 총선에서 민주통합당에 영입됐다. 선거 한 달여를 남기고 경기 광명을에 전략공천을 받았는데, 상대는 광명시장·보건복지부 장관을 지내고 당시 3선 의원이던 전재희 새누리당 의원이었다. 하지만 예상을 깨고 이 의원이 승리하며 화제 속에서 여의도에 등원했다. 'OUT! MB정권 4년 전재희 18년'이란 구호가 주목을 받았다.

초선 시절 원내대변인을 맡았고 2016년 재선에 성공하며 차세대 리더로 떠오른다. 하지만 당시 당의 주류였던 친문재인계를 겨냥해 '패권주의'라고 비판하면서 이후 정치 인생이 큰 변화를 맞게 된다. 2017년 4월 대선 국면에서 안철수 국민의당 후보 지지를 선언하며 민주당을 탈당했고, 이후 바른미래당 등을 거쳐 2020년 미래통합당(국민의힘 전신)에 합류하면서 보수 정치인으로 변신했다. 문재인 정부의 조국 법무부 장관 임명에 반대하며 삭발도 했다.

하지만 2022년 윤석열 정부가 출범한 이후에는 윤석열 전 대통령과 각을 세웠고 2024년 국민의힘을 다시 탈당한다. 22대 총선 국면에서 이재명 당시 당 대표의 권유로 민주당에 복당해 용인정에 출마해 3선 의원이 된다.

2024년 8월 민주당 전당대회에서 이 의원은 최고위원으로 당선된다. 부산 출신이라 민주당이 영남 지역에서 외연을 확장하는 데 주요한 역할을 할 수 있다고 강조한 것이 득표에 도움이 됐다는 분석이다.

엘리트 이력과 달리 그는 아버지 회사가 IMF 때 부도가 나면서 어려움을 겪는다. 사법시험을 준비하며 아르바이트로 학습지 교사, 호프집 종업원을 하면서 돈을 벌었다고 한다.

출 생 1972년, 부산
학 력 영도여고, 서울대 불어불문학과, 연세대 법무대학원 석사
경 력 법무법인 충정 변호사, S-Oil 법무총괄 상무, 민주통합당 원내대변인, 19·20·22대 국회 의원, 더불어민주당 최고위원

李와 '사회 통합' 뜻 모은 TK 출신 3선 의원

이인기
전 새누리당 의원

이인기 전 한나라당 의원은 대구·경북(TK)에서 3선 의원을 지낸 보수 정치인이다.

이재명 대통령은 TK 출신으로 20대 대선에서 윤석열 캠프에 참여한 이 전 의원에게 직접 연락하고 공동선거대책위원장직을 제안했다. 이는 보수 진영 인사들에게도 손을 내밀어 '오른쪽'으로 외연을 넓히고 해묵은 지역 구도를 극복하겠다는 이 대통령의 정치적 구상으로 해석된다.

이 전 의원은 2025년 21대 대선 과정에서 김문수 전 고용노동부 장관의 대선 출마를 촉구하는 125인의 전직 의원 명단에 이름을 올렸다. 하지만 국민의힘이 김 전 장관과 한덕수 전 국무총리 간 후보 결정을 놓고 내홍이 깊어지자 이 대통령을 최종 선택했다.

이 전 의원은 경북 칠곡에서 태어나 대구 계성고, 서울대 법대를 졸업하고 24회 사법시험에 합격했다. 사법시험에 붙었지만 판검사가 아닌 경찰로 입문했다. 이후 5년간 서울지방경찰청에서 근무하고 퇴임해 대구에서 변호사로 활동했다.

그는 1996년 15대 총선에서 경북 칠곡군위 지역구에 무소속으로 출마했지만 3위에 그쳤다. 2000년 16대 총선에서 한나라당 공천을 받아 칠곡에 출마했다. 이때 상대 후보가 민주국민당의 이수성 전 국무총리였다. 이 전 총리는 이 전 의원의 법대 시절 스승이었다. 사제 대결에 관심이 집중됐고 제자가 승리했다.

2004년 17대 총선에서 재선에 성공했다. 하지만 2008년 소위 친이명박계 공천 학살로 인해 공천을 받지 못하자 탈당해 무소속으로 당선돼 3선 의원이 됐다.

이 전 의원은 국회에서 경찰 수사권 독립, 검찰 견제 강화를 주장했다. 한나라당에서 불교 의원 모임인 불자회 회장도 맡았다. 2009년 국회에서 용산 참사를 '자살폭탄테러'라고 말해 논란을 빚은 바 있다.

출 생 1953년, 경북 칠곡
학 력 대구 계성고, 서울대 법학과
경 력 24회 사법시험, 16~18대 국회의원, 한나라당 부총무, 국회 행정안전위원장

민변 사무처장 출신 개혁정치인

이재정
더불어민주당 의원

이재정 더불어민주당 의원(경기 안양동안을)은 민주사회를 위한 변호사모임 사무처장을 역임한 개혁파 정치인이다.

이 의원은 장사를 하는 아버지의 경제 상황이 불안정해 사글셋방을 전전했고 초등학교만 대구에서 서울까지 5~6군데 전학 다니는 어린 시절을 보냈다. 그래서 그는 "초등학교 6년, 중학교 3년 등 온전한 교우관계를 가진 친구들을 부러워했다"고 한 언론 인터뷰에서 말했다.

1998년 대학 졸업 후에 서울로 올라와 신림동 고시촌에서 아르바이트를 하며 사법시험 준비를 했다. 2003년 45회 사법시험에 합격해 2006년부터 변호사 생활을 시작했다. 참여연대 공익법센터 운영위원 등 법률가로서 적극적인 시민단체 활동도 했다. 변호사 시절 '나는 꼼수다' 공직선거법 위반 사건에서 방송인 주진우·김어준 씨의 변호와 이석기 내란음모사건 변호를 맡아 유명세를 탔다.

20대 국회에서 비례대표로 국회에 입성했으며 21대 총선에서 경기 안양동안을에 출마해 당시 이 지역에서 5선을 하고 있던 심재철 전 의원을 꺾고 재선에 성공했다. 그리고 21대 총선에서 심 전 의원과 리턴매치를 벌여 승리해 3선 의원이 된다.

그는 초선 의원 시절 당 대변인과 원내대변인을 맡았다. 재선 때 전반기에는 외교통일위원회 위원장 직무대리를 했고, 하반기에는 여성 의원 우선 배치 원칙을 적용받아 산업통상자원중소벤처기업위원회 위원장을 맡았다.

2021년 민주당 대선 경선 국면에서는 박주민 의원과 함께 이재명 대통령의 선거캠프에 합류하면서 '친이재명계'로 분류됐다. 당시 이 대통령은 페이스북에 "든든하고, 두 의원님 모두 그동안 당의 개혁적인 정책에 앞장서주셨고 우리 정치의 미래를 밝힐 분들"이라고 평가했다.

출 생 1974년, 대구

학 력 성화여고, 경북대 사법학과

경 력 45회 사법시험, 민주사회를위한변호사모임 사무처장, 20~22대 국회의원

李 부부 향한 공세 막아낸 율사

이태형
변호사

이태형 변호사는 '이재명·김혜경의 방패'라고 불릴 정도로 이재명 대통령의 최측근이다. 2025년 대선에선 경선에 이어 본선에서도 역할을 맡았다. 율사 출신 의원들과 어깨를 나란히 하며 공명선거법률지원단 변호사에 선임됐다.

이 변호사는 1967년 경남 산청에서 태어났다. 연고지는 경남이지만 서울 영등포고를 거쳐 고려대 법학과를 졸업했다. 사법연수원 24기로 서울지방검찰청 동부지청(현 서울동부지검)에서 검사 생활을 시작했다. 서울중앙지검을 비롯해 수원지검 공안부장, 서울서부지검 형사4부장, 청주지검 충주지청장 등을 지내며 엘리트 검사 코스를 걸었다. 의정부지검 차장검사를 끝으로 정들었던 검찰을 떠나 변호사 개업을 했다.

김혜경 여사의 변호를 맡으면서 이 대통령과 인연을 맺게 됐다. 2018년 김 여사가 '혜경궁 김씨' 사건으로 재판에 넘겨지자 이 변호사가 변호인단으로 합류했다. 이전까지만 하더라도 민주·진보 계열 김상곤 전 경기도교육감을 기소한 검사라 민주당과는 거리가 멀다는 평가를 받기도 했다.

이 변호사는 이 대통령의 대장동·백현동 재판에서도 변호인단으로 활약했다. 본인도 변호사비 대납 의혹에 휩싸였으나 이 대통령을 돕기 위해 팔을 걷어붙이며 최전선에 나섰던 셈이다. 대선 과정에서도 역할을 톡톡히 했다. 2022년 대선에선 법률지원단장을 지냈다.

2025년 대선에서는 경선 캠프에서 법률지원단 변호사를 맡은 데 이어 본선에서는 공명선거법률지원단 부단장이라는 중책에 임명됐다. 함께 부단장을 맡은 율사가 박균택·김기표 의원이라는 점을 고려하면 이 대통령이 이 변호사를 얼마나 신뢰할 수 있는지 가늠할 수 있다.

'친명(이재명)계' 핵심 그룹에서도 이 변호사를 눈여겨보고 있다. 이 대통령이 정권을 되찾아온 만큼 대통령실에 바로 기용할 정도로 유능하고 믿음직한 인재라는 이유에서다. 한 친명계 의원은 이 변호사는 어디서든 이 대통령을 옆에서 도우려는 인물이라고 평가했다.

출 생 1967년, 경남 산청

학 력 서울 영등포고, 고려대 법학과

경 력 사법연수원 24기, 수원지검 공안부장, 서울서부지검 형사4부장, 금융정보분석원 심사법무실장, 의정부지검 차장, 더불어민주당 법률위원장, 민주당 선대위 공명선거법률지원단 부단장

李의 비서실장…깔끔한 일처리로 신뢰

이해식
더불어민주당 의원

이해식 더불어민주당 의원(서울 강동을)은 이재명 대통령 대선캠프에서 비서실장을 맡았다. 이 의원은 20대 대선 때는 이 대통령 배우자 비서실장으로 김혜경 씨를 보좌했고, 이후 이 대통령 2기 당대표 비서실장까지 지내며 최측근으로 분류돼왔다.

서강대 총학생회장을 지낸 그는 이부영 전 의원의 보좌관으로 정계에 입문했다.

지방행정 경력이 특히 두드러진다. 서울 강동구청장을 3번 역임했다. 구의원·시의원 등을 포함해 지방정치만 20여 년 경험했다. 성남시장으로 정계에 입문한 대통령과 공통적인 지점이다.

이 대통령이 창립 멤버로 있는 전국자치분권민주지도자회의(KDLC)에서 공동대표를 지내기도 했다. KDLC는 과거 지방자치단체장을 지낸 국회의원들이 주로 소속된 조직으로, 지방자치 현안에 공동 대응하기 위해 발족했다. 이 단체는 2023년 이 대통령 체포동의안 표결 국면에서 국회를 포위하는 부결 총집회를 주최하며 친명단체로 활동하기도 했다. 이 의원은 지방정치 경력을 살려 행정안전위원회에 초선 때부터 몸담아 2기 연속 활동 중이기도 하다.

중앙정치는 2018년 이해찬 당대표 캠프 대변인으로 시작했다. 이해찬 민주당 대표로부터 당 대변인에 임명되며 '민주당의 입'으로서 중앙정치를 경험했다.

21대 국회의원 선거에서 강동을 지역구 국회의원으로 당선돼 국회에 본격 입성했다. 초선 때 조직부총장으로 당무감사 및 조직관리 전반을 주도했다. 재선한 뒤에는 당 수석대변인을 연이어 맡았다.

이 대통령과의 인연은 20대 대선 준비 과정에서 본격적으로 시작됐다. 경선 초반 무렵 대통령 지지 모임인 민주평화광장이라는 조직이 출범했다. 이때 국회의원 30명 정도가 참여했는데 주축이 이 의원을 비롯한 이해찬계 의원들이었다. 이 지지모임에서 주도적인 역할을 하면서 정치적으로 관계가 깊어졌다. 대선 과정에서 이 대통령 배우자 비서실장까지 맡으며 깔끔한 일처리로 이 대통령 신뢰를 샀다는 당내 평가가 나온다.

출 생 1963년, 전남 보성
학 력 마산고, 서강대 철학과
경 력 16~18대 서울특별시 강동구청장, 21·22대 국회의원, 더불어민주당 당대표 비서실장

국세청서 잔뼈 굵은 '세금의 달인'

임광현
더불어민주당 의원

임광현 더불어민주당 의원(비례대표)은 국세청 관료 출신의 초선 의원이다.

38회 행정고시에 합격해 공직에 입문해 국세청에서 업무를 시작했다. 그는 서울지방국세청, 부산지방국세청, 중부지방국세청 등 전국 주요 세무관서에서 핵심 보직을 두루 거쳤다. 참여정부 시절에는 대통령비서실 경제정책수석비서관실에서 행정관으로 근무했다.

2015년부터는 중부지방국세청 조사1국장·조사4국장, 서울지방국세청 조사2국장·조사4국장·조사1국장 등 요직을 거쳤다. 2020년 1월에는 국세청 조사국장에 임명돼 전국의 세무조사 정책을 총괄했다. 같은 해 9월 서울지방국세청장으로 승진해 서울 지역의 세무행정을 이끌었다. 2021년 7월에는 국세청 차장으로 임명돼 국세청의 실질적 2인자로서 국세 행정 전반을 1년간 관장했다.

국세청 조사국장 재직 당시 코로나19 마스크 대란이 벌어졌을 때에는 마스크 온라인 판매상과 수출 브로커 등에 대해 고강도 세무조사를 즉각 실시해 수급 불안을 조기 해소하는 데 역할을 했다는 평가를 받는다. 또 법인명의 슈퍼카를 타며 탈세를 일삼는 이들에 대한 기획조사를 실시했다.

퇴직 후에는 '세무법인 선택'과 조세연구소 '세금과 미래'를 출범하며 제2의 인생을 시작했다.

2024년 2월 민주당 인재 영입 22호로 정계에 진출한다. 비례위성정당인 더불어민주연합의 비례대표 4번을 받아 당선됐다. 국세청 차장 출신답게 조세개혁과 경제정책을 주요 의제로 삼았다. 윤석열 정부의 감세정책에 대해 비판적 입장을 견지하며, 조세 형평성과 국가 재정 건전성 확보를 강조했다.

2024년 12월 3일 비상계엄 당시 차단된 국회로 들어가는 과정에서 손가락 골절 부상을 당한 모습도 포착됐다.

출 생 1970년, 충남 홍성
학 력 강서고, 연세대 경제학과, 하버드 법학전문대학원
경 력 행정고시 38회, 국세청 차장, 22대 국회의원, 더불어민주당 원내부대표

대선후보 · 통일장관 지낸 '이재명계 원로'

정동영
더불어민주당 의원

정동영 더불어민주당 의원(전주병)은 이재명 대통령과 남다른 정치적 인연을 맺고 있는 5선 정치인이다.

정 의원은 경기도 성남을 기반으로 한 변호사 출신 시민운동가였던 이 대통령을 당 대선후보 비서실 부실장으로 썼다. 이 대통령도 이때 정 의원의 지지 조직인 '정동영과 통하는 사람들(정통)' 공동대표를 맡아 이른바 'DY(정동영)계' 정치인으로 분류됐다.

정 의원은 이 대통령의 성남시장 선거운동 때 지원 유세를 하며 끈끈한 관계를 보여줬다. 또 이 대통령이 2023년 윤석열 정권에 맞서 단식농성을 했을 때도 직접 농성장을 방문해 응원했다.

정 의원은 2007년 대선에서 고배를 들었지만, 오랜 시간을 돌고 돌아 '이재명을 돕겠다'며 민주당에 복당해 당에서 '이재명계의 원로'로 자리매김했다. 이번 대선에서는 공동선거대책위원장과 빛의혁명 시민본부장 등을 맡았다.

MBC 기자 출신인 정 의원은 대학 시절 유신 반대 학생 시위에 참여했다가 옥고를 치르기도 했다. 대학을 졸업하고서는 MBC에서 기자로 활동했고 간판스타 앵커로 발돋움했다. 이후 김대중 새정치국민회의 총재 권유로 정계에 입문해 1996년 15대 총선에서 전북 전주덕진 지역구에 출마해 전국 최다 득표율로 당선됐다.

노무현 정부에서는 통일부 장관을 지내며 국가안전보장회의(NSC) 상임위원장으로서 남북관계와 안보 전반을 지휘했다. 2006년 대통령 특사 자격으로 평양을 방문해 김정일 북한 국방위원장을 면담했고, 그로부터 '비핵화는 선대(김일성 주석)의 유훈'이라는 발언을 이끌어낸 것으로 유명하다.

그는 2007년 대선에서 이명박 전 대통령에게 밀려 패배했다. 2010년대 중반부터는 국민의당과 민주평화당, 민생당 등 여러 정당을 거쳐 2022년에 민주당에 복당했다. 2024년 총선에서 전주병에 출마해 당선되면서 여의도로 복귀했다.

출 생   1953년, 전북 순창
학 력   전주고, 서울대 국사학과
경 력   MBC 기자 · 앵커, 통일부 장관, 열린우리당 의장, 15 · 16 · 18 · 20 · 22대 국회의원

관료 출신 교통 분야 전문가

정일영
더불어민주당 의원

정일영 더불어민주당 의원(인천 연수을)은 관료로서 교통·물류 분야에서 전문성을 쌓은 후 정계에 입문했다.

1979년 행정고시에 합격한 뒤 교통부, 해양수산부, 건설교통부 등에서 공직을 두루 거쳤고, 교통안전공단 이사장, 인천국제공항공사 사장 등 교통·물류 분야에서 전문성을 쌓았다.

특히 인천국제공항공사 사장 재임 중에 문재인 전 대통령이 취임을 한다. 문 전 대통령은 취임 3일 후인 2017년 5월 12일 인천공항공사를 찾아 공항 비정규직 노동자들 앞에서 "공공부문 비정규직 제로 시대를 열겠다"고 선언했다. 또 공항의 미래 모습으로 '에어시티'의 청사진을 세웠다.

정 의원은 2019년 더불어민주당 인천 연수을 지역위원장으로 임명되면서 정치권에 입문한다. 한 언론 인터뷰에서 "아내가 나쁜 정치를 하거나 사람이 이상하게 바뀌는 것 같으면 그만두게 하겠다는 조건으로 허락했다"고 밝혔다.

21대 총선에서는 '교통·경제 전문가'라는 타이틀로 수도권광역급행철도(GTX)-B노선 조기 착공, 송도내부순환선 추진 등 지역 현안을 앞세워 보수 강세 지역에서 민경욱 후보를 꺾고 당선에 성공했다. 당시 이정미 정의당 의원이 출마하면서 진보 진영 표의 분산이 있었음에도 승리했다. 이후 국회에서 활발한 입법 활동과 함께 송도국제도시 교통망 개선, 학교 신설, 바이오도시 육성 등 굵직한 지역 사업을 주도하며 주민 신뢰를 얻었다.

정 의원과 이재명 대통령의 인연은 2022년에 대선을 준비하면서부터 굳건해졌다. 당시 정 의원은 이재명 캠프 인천총괄본부장을 맡아 지역 조직을 이끌었고, 대선 이후에도 이 대통령의 정책 노선과 민생경제 비전에 힘을 실어왔다. 특히 이 대통령의 '확장 재정' 기조와 예산 편성 구조개혁 등 핵심 정책 논의 과정에서 전문성을 바탕으로 실무적 조언을 아끼지 않았다는 평가가 나온다.

출 생 1957년, 충남 보령
학 력 용산고, 연세대 경영학과, 서울대 행정학 석사, 영국 옥스퍼드대 경제학 석사, 영국 리즈대 경제학 박사
경 력 국토해양부 항공정책실장, 교통안전공단 이사장, 인천국제공항공사 사장, 더불어민주당 부대변인, 21·22대 국회의원

경제지 기자 출신 이재명의 입

정진욱
더불어민주당 의원

정진욱 더불어민주당 의원(광주 동남갑)은 언론인 출신으로 네 번이나 이재명 대통령의 입이라고 할 수 있는 대변인을 지냈다. 2022년 대선을 앞두고 경기도지사였던 이 대통령의 당내 경선부터 본선까지 모두 대변인을 맡았다. 또 이 대통령이 당대표 선거에 나서자 정무특별보좌관으로 위기 관리까지 맡는 등 이 대통령의 핵심 관계자로 불린다.

정 의원은 대학 졸업 후 한국경제신문 기자로 언론계에 입문했다. 이후 인터넷서점 '모닝365'를 창업해 예스24·교보문고와 경쟁했고, 교보문고 인터넷사업본부장을 거쳐 한국경제TV 앵커로도 활동했다. 정치는 그에게 오래 준비한 다음 챕터였다. 2011년 원외 친노(친노무현)계가 주축이 돼 만든 시민통합당으로 정계에 입문했는데 숱한 공천 탈락의 아픔도 겪었다.

그의 정치적 분기점은 2021년 이 대통령의 대선 캠프 대변인단 합류였다. 경선과 본선 내내 메시지 라인의 실무로 일했고, 2022년 민주당 당대표 선거 때도 다시 대변인을 맡아 이재명 캠프의 일관된 어조와 방어 논리를 설계했다. 이후 2023년 7월 '이재명 대표 체제'에서 정무특별보좌역으로 임명된다. 그리고 같은 해 8월 이 대통령이 국정 쇄신과 내각 총사퇴를 요구하며 24일간 단식 투쟁을 벌였을 때는 16일 동안 단식에 동참했다.

2024년 총선에서는 광주 동남갑에 전략공천을 받아 출마해 "호남에서조차 당의 위상이 흔들리는 현실을 되돌려야 한다"는 말과 함께 선거전에 돌입했고, 88.69%라는 압도적인 지지로 당선됐다. 정당보다 인물 중심으로 표심이 움직인 광주에서 인정받은 셈이다. 정 의원은 등원 이후에도 원내대표 비서실장을 맡는 등 이 대통령과 원내 사이의 가교 역할을 맡았다.

출 생 1964년, 전남 영광
학 력 금호고, 서울대 정치학과
경 력 한국경제신문 기자, 모닝365 창업자, 교보문고 인터넷사업본부장, 한국경제TV 앵커, 더불어민주당 이재명 당대표 정무특별보좌관, 민주당 원내대표 비서실장, 22대 국회의원

계엄 정국서 빛난 '특등 저격수'

정청래
더불어민주당 의원

정청래 더불어민주당 의원(서울 마포을)은 1980년대 학생운동권 출신이자, 당내 대표적 강경파로 꼽히는 인물이다. 1965년 충남 금산에서 태어나 건국대 산업공학과를 졸업했다. 그는 전대협 산하 건국대 조국통일특별위원장으로 활동하며 1989년 주한 미국 대사관저 점거 농성을 주도해 국가보안법 위반으로 2년간 복역한 이력이 있다. 이후 1991년부터 1997년까지 서울 마포구 성산동에서 '길잡이학원'을 운영하다가 노사모(노무현을 사랑하는 사람들) 활동을 통해 정치에 발을 들였다. 2004년 17대 총선에서 서울 마포을에 당선되며 여의도에 입성했다.

정 의원은 4선 중진으로, 17·19·21·22대 국회의원을 지내며 국가보안법 폐지, 세월호특별법 제정, 언론개혁, 검찰개혁 등 굵직한 개혁 과제에서 선명한 목소리를 내왔다. 21대 국회에서는 과학기술정보방송통신위원장으로서 방송3법 강행 처리를 주도했다. 22대 국회에서는 법제사법위원장에 지명되며 상임위원회 '상원' 격인 법사위에서 쟁점 법안 처리의 선봉장 역할을 맡았다.

정 의원과 이재명 대통령의 인연은 당내 위기와 갈등의 순간마다 더욱 두드러졌다. 2022년 대선 당시 불교계 반발로 당내에서 자진 탈당 권유를 받았지만, 정 의원은 "저는 민주당을 탈당하지 않는다. 굴하지 않고 버티며 대선 승리를 위해 헌신하겠다"며 끝까지 당과 이 대통령을 지켰다.

이 대통령에 대한 정 의원의 지지는 꾸준했다. 그는 "이재명과 윤석열은 비교하는 자체가 어불성설"이라며 이 대통령의 리더십과 정책 비전을 적극 옹호해왔다. 2025년 윤석열 전 대통령 파면 이후에는 "국회 소추위원의 무거운 짐을 내려놓고 이재명 민주정부를 만드는 데 최선을 다하겠다"는 의지를 밝혔다. 그는 "당이 저를 버려도 저는 당을 버리지 않겠다. 오히려 당을 위해, 대선 승리를 위해 헌신하겠다"고 밝히며 이 대통령과의 신뢰와 동지애를 드러냈다. 2024년 8월 전당대회를 앞두고는 당시 이재명 대표의 연임을 공개적으로 지지하며 '또대명(또 당대표는 이재명)' 띄우기에 앞장서기도 했다.

출 생 1965년, 충남 금산

학 력 대전 보문고, 건국대 산업공학과

경 력 17·19·21·22대 국회의원, 국회 과학기술정보방송통신위원장, 국회 법제사법위원장, 윤석열 대통령 탄핵심판 소추위원

검찰·사법개혁 선두에 선 대장동 변호사

조상호
변호사

조상호 변호사는 이재명 대통령의 변호인단을 맡으며 '이재명 호위무사'로 떠올랐다. 2025년 대선 기간 우원식 국회의장 비서실 제도혁신비서관으로 근무하면서 각종 방송이나 유튜브에 출연해 이 대통령에 대한 엄호와 상대 진영에 대한 공세에 나서는 모습을 보여줬다.

1976년 서울에서 태어난 조 변호사는 서울 영등포고와 한양대 신문방송학과를 졸업했다. 전공은 신문방송학이었으나 법조인에 뜻을 두고 사법시험을 준비했다. 사법연수원 38기를 수료한 이후에는 판검사보다는 변호사를 택했다. 변호사 활동을 하며 정치·사회에 관심을 갖게 됐다. 2017년 박근혜 전 대통령이 탄핵되자 문재인 선거대책위원회에 뛰어들며 정계에 입문했다. 문재인 정부가 들어서자 대통령 직속 북방경제협력위원회 전문위원을 지냈다.

당시에는 비교적 계파색이 옅은 정치인으로 분류됐다. 문재인 정부에서 활동했으나 박원순 전 서울시장의 선거를 돕기도 했다. 조 변호사는 박원순 선거대책위원회에서 언론특보를 지냈다. 법률·경제뿐 아니라 공보 업무까지 영역을 넓히게 된 셈이다.

조 변호사는 대장동 재판을 맡으면서 이 대통령으로부터도 신뢰를 받게 됐다. 이후부터는 '친이재명계' 정치인으로 완전히 탈바꿈했다. 이 대통령의 사법 리스크 대응 최전선에 나서면서 호위무사로서 역할을 톡톡히 해냈던 셈이다.

지난해 총선에서는 서울 금천에 도전장을 내밀기도 했다. 경선 단계에선 최기상 민주당 의원과 맞붙었으나 아쉽게 패배하며 금배지를 달 기회를 미뤄야만 했다. 그러나 조 변호사는 원외에만 머무르지 않았다. 우원식 민주당 의원이 22대 국회 전반기 국회의장에 선출되자 부름을 받게 된 것이다.

조 변호사는 의장비서실 제도혁신비서관을 하면서도 검찰개혁·사법개혁 최전선에는 여전히 서 있다. 대법원이 이 대통령의 공직선거법 위반 혐의에 무죄를 선고한 원심을 뒤집고 유죄 취지로 사건을 돌려보내자 사법부 개혁을 부르짖기도 했다.

출 생 1976년, 서울

학 력 서울 영등포고, 한양대 신문방송학과

경 력 사법연수원 38기, 법률사무소 온 변호사, 박원순 서울시장 후보 언론특보, 더불어민주당 법률위원회 부위원장, 국회의장비서실 제도혁신비서관

유연함과 소통능력 갖춘 수석대변인

조승래
더불어민주당 의원

조승래 더불어민주당 의원(대전 유성갑)은 3선의 경륜과 전략적 감각, 탁월한 소통 능력을 겸비한 이재명 대통령 체제 민주당의 핵심 인사다. 조 의원은 계파색이 옅으면서도 실력과 경험을 인정받아 당내 통합과 대외 소통을 이끌고 있다. 이 대통령은 2024년 민주당 대표 연임에 성공한 뒤 조 의원을 수석대변인에 임명하면서 "논리정연한 논평과 공보 기획의 적임자"라고 평가했다. 조 의원은 전략기획위원장, 정책위 선임 부의장 등 당의 전략과 정책을 총괄하는 요직을 두루 거쳤고, 이 대통령의 대외 메시지와 정책 방향을 실무적으로 뒷받침하는 역할을 해왔다. 계파 통합을 강조해온 이 대통령이 비명계로 분류되는 조 의원을 중용한 것을 두고 포용 의지를 드러냈다는 평가가 나왔다.

조 의원은 20~22대 국회의원을 지내며 국방위원회와 정무위원회 등에서 활약했다. 본회의 출석률 100%를 기록하는 등 성실한 의정활동으로 지역구와 중앙정치 모두에서 신뢰를 쌓았다. 22대 국회에서는 24건의 대표발의 법안을 통해 공직선거법, 공익신고자 보호법, 자본시장법 등 사회 각 분야의 입법을 주도하고 있다. 미래경제연구회와 문화콘텐츠포럼 등 연구단체 대표로서 국가 미래경제와 문화콘텐츠 산업 발전에도 힘을 쏟고 있다. 조 의원은 "정치의 본질은 국민과의 소통과 신뢰"라며 현장 중심의 정책과 실용적 입법에 집중하고 있다.

조 의원은 '이재명 대표 체제'에서 당의 대외 소통을 책임지는 수석대변인으로서 당의 메시지 전략과 정책 홍보를 총괄했다. 신중하고 차분한 정무 감각으로 신친명계 대표주자로 평가받는다.

대학 졸업 후 민주당 전신인 새천년민주당, 열린우리당 시절 당직자로 정치 활동을 시작한 당료 출신이다. 조 의원의 정무 감각과 친화력, 융통성, 소통 능력, 균형 감각은 당료 출신 정치인들에게서 발견되는 공통적인 특징이다. 참여정부 때 4년여간 행정관을 지내다 마지막 해인 2007년 청와대 사회조정비서관으로 승진했다. 이후 줄곧 친노 적자인 안희정 전 충남도지사와 함께하다 안 전 지사가 몰락하면서 특정 계파에 속하지 않으면서도 어느 당 대표든지 중용하고 싶은 인물로 존재감을 드러내왔다.

출 생　1968년, 충남 논산
학 력　한밭고, 충남대 사회학과
경 력　충남도지사 비서실장, 청와대 사회조정비서관, 민주연구원 부원장, 더불어민주당 수석대변인, 20~22대 국회의원

국회와 당에서 요직 거친 6선…자타공인 정책통

조정식
더불어민주당 의원

조정식 더불어민주당 의원(경기 시흥을)은 친이재명계 정치인 중에서도 이재명 대통령과 연이 가장 깊고 오래된 것으로 잘 알려져 있다. 당내 비주류로 시작한 이 대통령이 역경을 딛고 정치적 기반을 다져온 과정은 조 의원을 빼놓고 설명할 수 없다는 평가다.

조 의원은 과거 이 대통령이 성남시장 출마를 준비할 때 초선 의원으로 통합민주당 원내대변인직을 역임하며 처음 연을 맺었다. 이후 이 대통령이 2010년 성남시장에 당선되고, 성남시 내 노후 아파트 리모델링 활성화를 위해 팔을 걷어붙이자 조 의원은 이와 관련한 주택법·건축법 개정안을 발의해 법안 통과까지 이끌며 주파수를 맞췄다.

조 의원은 이후 이 대통령이 2018년 경기도지사 선거에 나섰을 때 선거대책본부 공동위원장을 맡았고, 승리 이후엔 경기도 인수위원장을 맡아 그와 함께 경기도정의 밑그림을 그렸다.

특히 2020년 21대 총선에서 민주당이 대승을 거둔 이후 이 대통령은 당내 지지 기반 확장에 나선다. 이 대통령은 경기도지사 공관에 현역 의원들을 초청해 자신을 도와달라고 설득하며 당내 기반을 늘려나갔는데, 이때 의원들을 초청하는 과정에서 조 의원이 다시 한번 활약한 것으로 알려졌다. 2022년 20대 대선에선 캠프 총괄본부장을 맡아 선거 전략을 이끌었고, 이후 이 대통령이 당대표가 되자 사무총장으로 중용되며 '이재명 친정체제'의 완성을 이끌었다. 스스로도 "이 대통령과 가장 호흡이 맞는 적임자는 나"라고 자부할 정도다.

조 의원은 대학에서 열혈 운동권은 아니었으나 졸업 후 학력을 숨기고 프레스공으로 위장 취업해서 노동운동에 종사했다. 14대 총선에서 빈민 운동의 대부였던 제정구 전 의원의 보좌관으로 정치활동을 시작했다. 2004년 17대 총선에서 처음 당선된 뒤 지난해 총선까지 내리 6선을 지내는 등 의정 경험도 풍부하다. 민주당 정책위의장, 국회 국토교통위원장 등 요직을 두루 지내며 자타공인 '정책통'으로 통한다.

출 생 1963년, 서울
학 력 동성고, 연세대 건축공학과
경 력 17~22대 국회의원, 새정치민주연합 사무총장, 20대 국회 국토교통위원장, 더불어민주당 사무총장·정책위의장

당대표들이 찾는 전략기획 전문가

진성준
더불어민주당 의원

진성준 더불어민주당 의원(서울 강서을)은 전략기획위원장만 수차례 한 대표적 기획통이다. 의원 생활을 하면서 정책통으로 활동 반경을 넓혔다. 진 의원은 전북대 부총학생회장을 하는 등 학생운동을 했다. 군대에선 동료들과 인권 문제를 해결해 보려고 관련 논의를 하다가 육군보안사령부로부터 불순 조직으로 몰려 체포돼 육군교도소에 수감됐다.

1990년대 초 정치적 스승인 장영달 전 의원의 권유로 정계에 입문해 그의 의정 활동을 보좌했다. 2000년대 후반부터 당직자로 일하며 민주당 전략기획국장과 전략기획위원장 등을 거쳤다. 정세균·손학규 민주당 대표 체제에서 전략기획국장을, 한명숙 대표 시절에는 전략기획위원장을 맡았다. 2012년에는 비례대표로 19대 국회에 진출했다. 2012년 대선 당시 문재인 민주통합당 후보 캠프 대변인을 지냈으며 2017년 대선에서 역시 문재인 후보의 전략본부 부본부장, TV토론단장으로서 당선에 기여했다.

2016년 20대 총선에서는 서울 강서을에 출마했으나 김성태 당시 새누리당 의원에게 고배를 마셨다. 이후 민주당 민주연구원 부원장, 대선 캠프를 거쳤다. 문재인 전 대통령 당선 후에는 청와대 정무기획비서관을 지내며 정세 판단을 조언하고 국회와의 소통을 담당하는 등 핵심 비서관 역할을 해왔다. 이후 박원순 전 서울시장 시절 정무부시장으로 자리를 옮겼다. 2019년 당에 돌아와 21·22대 총선에서 연속 당선됐다.

2024년 4월 22대 총선에서 압승한 후 '이재명 대표 체제'에서 정책위의장에 임명된다. 금융투자소득세와 종합부동산세를 두고 당내에서 규제 중심의 입장을 주로 대변해왔다. 이 대통령과 의견차를 보였음에도, 이 대통령이 당대표 연임에 성공한 후에 정책위의장직을 유지했다. 진 의원은 언론 인터뷰에서 "이 대통령은 일부러라도 이견을 들으려고 한다"고 설명했다. 2025년 21대 대선에서도 이한주 민주연구원장 등과 함께 대선정책을 책임졌다.

출 생 1967년, 전북 전주

학 력 동암고, 전북대 법학과

경 력 문재인 정부 대통령비서실 정무기획비서관, 서울특별시 정무부시장, 더불어민주당 정책위원회 의장, 19·21·22대 국회의원

기획 · 정무 능력 뛰어난 '아이디어 뱅크'

천준호
더불어민주당 의원

천준호 더불어민주당 의원(서울 강북갑)은 전략 · 기획 · 정무 능력이 뛰어나다는 평가를 받는다. 천 의원은 1993년 경희대 총학생회장을 지냈다. 이후 시민운동을 했고 2011년부터 박원순 전 서울시장과 호흡을 맞췄다. 서울시에서 기획보좌관, 비서실장 등을 지냈는데, 이 당시 박 전 시장에게 올라오는 보고서 등을 검토하면서 행정 업무를 경험했다.

그는 2022년 대선 당내 경선을 앞두고 이재명 대통령과 인연을 맺는다. 당시 대선에서 천 의원은 '매타버스(매주 타는 민생버스)' 단장을 맡아 관련 아이디어와 동선까지 직접 챙기면서 최고 히트 상품을 만들었다. 기존 대선 후보들이 가보지 않았던 지역까지 방문해 장터 등 현장 민심을 청취한 결과 해당 지역 지지율 상승으로 이어졌다. 매타버스 준비 당시 당내에서 "지방 내려가는 것은 2등 전략"이라며 반대 여론도 있었지만 '시즌2'로 이어지는 반전을 선보였다.

2022년 대선 이후 '이재명 대표 체제' 1기에서 당대표 비서실장을 역임하고 2기에서는 당 전략기획위원장을 맡고 있다. 이 대통령이 사석에서 '쓴소리'를 포함해 조언을 챙겨 듣는 의원으로 천 의원을 꼽는다. 친이재명계 핵심 의원은 "큰 흐름을 읽는 능력이 탁월하고 이념보다는 실용을 강조한다"고 평했다.

특히 대선 패배 후 당대표를 맡고 중앙정치에 본격 입문한 이 대통령에게 "성남시장 · 경기도지사는 행정 공무원들을 통해서 강하게 밀어붙일 수 있지만 당 조직은 그렇지 않다"며 "너무 많은 걸 하려고 하지 말고 중요한 핵심 과제 몇 가지만 선정해서 제대로 하라"고 조언했다.

첫 국회의원 선거 낙선은 그를 내적으로 더 단단하게 만들었다고 한다. 그는 2016년 민주당의 양지로 불리는 강북구에 공천을 받았지만 패배했다. 4년 후 원내 입성한 뒤 그는 "첫 선거에서 떨어져 본 경험이 있는 의원과 그러지 않은 의원은 배지의 무거움을 느끼는 게 다른 것 같더라"고 말했다.

출 생 1971년, 서울

학 력 대광고, 경희대 사학과, 경희대 행정대학원 자치행정학과 석사

경 력 경희대 총학생회장, 박원순 서울시장 비서실장, 21 · 22대 국회의원, 더불어민주당 원내기획
부대표, 당대표 비서실장, 전략기획위원장

영원한 '추다르크'…최다선 여성 의원

추미애
더불어민주당 의원

추미애 더불어민주당 의원(경기 하남갑)은 헌정사상 여성 최다선(6선) 의원이다.

대구의 '세탁소집 둘째 딸'로 태어난 그는 넉넉지 않은 가정에서 자랐다. 판사로서 소신 있는 판결을 내려 주목을 받았다. 1986년 학생 1000여 명이 구속된 '건국대 점거농성사건' 당시 학생들이 읽었던 책 100여 권을 압수수색하겠다는 검찰의 영장을 기각했다. 1990년 3당 합당 규탄 시위로 연행된 학생들에 대한 구속영장도 기각했다.

1995년 김대중 전 대통령의 추천으로 새정치국민회의 부대변인으로 정계에 데뷔했다. 김 전 대통령은 추 의원에 대해 "세탁소집 둘째 딸이 부정부패한 정치판을 세탁하러 왔다"며 "호남 사람인 제가 대구 며느리를 얻었다"고 말했다.

1997년 대선에서 보수 성향이 강한 고향 대구에서 유세단을 이끌며 김 전 대통령 지지를 호소하면서 '추다르크'라는 별명을 얻었다. 2002년 대선에서는 노무현 후보의 국민참여운동본부 공동본부장으로서 돼지저금통으로 상징되는 후원금을 모으는 데 기여해 '돼지엄마'로 불렸다. 승승장구하던 그는 2003년 열린우리당 분당 때 민주당에 남았고 노 전 대통령의 탄핵에 참여하면서 정치적 위기를 겪는다. 속죄의 의미로 '삼보일배'를 하며 반성하는 모습을 보였지만 17대 총선에서 낙선했다.

추 의원은 2016년 '노무현 탄핵' 논란을 극복하고 친노무현 · 친문재인계 지지를 받아 민주당 대표가 된다. 문재인 정부에서 조국 전 법무부 장관의 후임으로 법무부 장관을 지냈다. 2020년 10월 19일 추 의원은 '김건희 주가조작' 사건에 대한 윤석열 당시 검찰총장의 수사지휘권을 박탈하는 등 검찰 수뇌부와 대립 구도를 이어갔다.

추 의원은 2021년 민주당 대선후보 경선에 출마해 3위를 기록했다. 이때 이낙연 전 국무총리와 각을 세우면서 '명추연대(이재명 · 추미애 연대)'라는 말도 나왔다.

출 생 1958년, 대구

학 력 경북여고, 한양대 법학과, 연세대 경제대학원 석사

경 력 24회 사법시험(사법연수원 14기), 광주고등법원 판사, 15 · 16 · 18 · 19 · 20 · 22대 국회의원, 더불어민주당 대표, 법무부 장관

부산 흉기 테러 때 李 지혈했던 측근

한민수
더불어민주당 의원

2024년 1월 부산을 방문한 이재명 당시 더불어민주당 대표가 피습당한 직후, 혼란에 휩싸인 현장 한가운데서 손수건으로 대표의 목 부위를 누르며 지혈하던 인물이 있었다. 원외였던 한민수 현장 대변인이다. 그는 그날 단지 대변인이 아니었다. 위기 속에서 몸을 먼저 움직인 사람, 정치적 언어 이전에 행동으로 신뢰를 입증한 인물이다.

한민수 민주당 의원(서울 강북을)은 전북 익산 출신으로, 국민일보 기자와 정치부장, 논설위원을 거쳐 정치권에 입문했다. 언론계에서 잔뼈가 굵은 그는 국회 대변인, 국회의장 공보수석비서관, 민주당 원외대변인을 역임하며 공보 전략 실무자에서 설계자로 성장했다.

그리고 2022년 대선과 이재명 당대표 체제에서, 원외 대변인으로 '이재명의 메신저' 역할을 충실히 수행했다. 이재명 대통령 특유의 직설적 화법과 논쟁적 이슈를 공론장에서 완충하고 정리한 인물도 그였다.

한 의원의 정치 여정은 공보의 무대에만 머물지 않았다. 방송 패널로 대중과 꾸준히 접점을 넓혀왔고, 2024년 총선에서는 서울 강북을에 전략공천을 받아 출마해 당선되며 본격적인 정치 무대로 나섰다.

물론 그의 원내 입성은 쉽지 않았다. '측근 밀어주기'라는 논란 속에서 공천장을 받았고, 당내 반발이 적지 않았다. 이에 대한 정치적 부담은 고스란히 그의 몫이 됐다.

하지만 그가 보여준 위기 대응력, 메시지 정제 능력, 그리고 무엇보다 피습 당시 망설임 없이 대표에게 달려가 지혈했던 순간의 '행동'은 이 대통령과의 신뢰 관계를 넘어 당 전체가 인정한 '실행의 사람'으로 자리매김하게 됐다.

출 생 1969년, 전북 익산

학 력 남성고, 서강대 신문방송학과

경 력 국민일보 정치부장, 국민일보 논설위원, 국회 대변인, 국회의장 정무수석비서관, 더불어민주당 대변인, 22대 국회의원

추진력 강점…대선 경선 종합상황실 지휘

한병도
더불어민주당 의원

한병도 더불어민주당 의원(전북 익산을)은 이재명 대통령의 22대 대선 경선캠프에서 종합상황실장을 맡았다. 문재인 정부에서 청와대 정무수석을 지냈고 2020년에 16년 만에 재선 의원으로 여의도에 돌아왔으며, 22대 총선에서 3선 고지를 밟았다.

한 의원은 이 대통령과 함께 2023년 민주당 전략기획위원장으로 호흡을 맞추기 시작하며 '신(新)이재명계'로 자리매김하게 된다. 두 사람의 최초 인연은 이 대통령이 성남시장을 하기 전부터였지만 정치적으로 본격적인 의기투합을 하게 된 시점은 2023년이다. 당 전략을 총괄하면서 22대 총선에서 민주당이 175석을 얻는 데 주요 역할을 했다.

한 의원은 전략통 평가를 받지만 동시에 '조직의 귀재'라는 말도 듣는다. 누구에게나 친근하게 대하는 모습 때문에 여야 의원들 사이에서도 호평을 받는다. 2022년에 대한민국 국회의정대상에선 여야협치부문 우수의원으로 선정됐다.

이런 능력은 청와대 정무수석 시절에도 발휘됐다. 당시 여야 관계가 경색됐고 김성태 자유한국당 원내대표가 국회에 오지 말라고 해도 한 의원은 그를 열심히 만나며 야당과의 관계 개선에 힘썼다. 또 문재인 당시 대통령의 지시를 받고 헌정사상 첫 '여야정 국정상설협의체'를 탄생시킨 주인공이다. 문 전 대통령과 여야 5당 원내대표가 2018년 11월 함께 모여 협치를 논의하고 합의문도 발표했다.

그의 별명 '뽀빠이'는 체구는 작지만 추진력과 스킨십이 강하다고 해서 지역민들이 붙인 것이다. 또 다른 별명은 술을 한 병도 마시지 못한다고 해서 '한병도'다.

한 의원은 원광대 총학생회장을 지냈다. 대학에 입학했을 때는 학내에 터지는 최루탄 가스 냄새가 싫어서 시위하는 학생들을 원망했다고 한다. 하지만 곳곳에 붙은 대자보를 읽고, 단과대 안에 틀어져 있는 5·18 민주화운동 관련 비디오를 본 뒤 세상에 대한 의구심을 갖게 됐다. 이후 책을 읽고 직접 시위에도 나가면서 실상을 알게 된 후 '사회에 이바지하는 삶을 살겠다'는 결심을 했다.

출 생 1967년, 전북 익산
학 력 원광고, 원광대 신문방송학과
경 력 17·21·22대 국회의원, 원광대 총학생회장, 대통령 비서실 정무수석

MBC 아나운서 출신 최고위원

한준호
더불어민주당 의원

12·3 비상계엄 사태 때 계엄 해제 표결 전까지 이재명 대통령이 피신해 있던 장소는 어딜까. 국회 이재명 의원실이 아니라 한준호 더불어민주당 의원(경기 고양을)의 사무실이었다. 한 의원은 계엄군이 가장 먼저 체포할 정치인이 당연히 이 대통령이라고 봤고 서둘러 그를 의원실로 모셨다고 한다.

1974년 전북 전주에서 태어난 한 의원은 이 대통령과 닮은 점이 많다. 그는 가난에 쫓겨 초등학생 때만 총 7번을 전학 다녀야 했다. 군 전역 후 고졸 사원으로 일하다 대학에 가겠다고 결심하고, 연세대 수학과에 입학했다. 등록금과 생활비를 벌기 위해 주유소, 공사장 등 수많은 아르바이트를 했다.

졸업 후 프로그래머, 증권 애널리스트로 활동하다가 MBC 아나운서가 됐다. 그러다 2008년 이명박 정부에 맞선 전국언론노동조합 총파업 당시 MBC노조 집행부 교육문화국장을 맡으며 파업을 주도했다. 이후 아나운서 경력이 중단됐다.

작가로 지내던 한 의원은 2018년 우상호 당시 더불어민주당 의원의 서울특별시장 경선 캠프 대변인을 지내면서 정계에 입문했다. 같은 해 청와대 대통령비서실 국민소통수석실에서 행정관으로 근무했다. 이후 국회의원 선거에 도전하고 21대, 22대 내리 국회 입성에 성공했다.

이 대통령과의 인연은 20대 대선에서 본격적으로 맺어졌다. 이 대통령이 대선 캠프를 꾸릴 때 한 의원의 지역구인 경기 고양시에 찾아가 그에게 수행실장을 맡아달라고 제안했다. 이후 100여 일 동안 이 대통령의 모든 일정에 동행했다. 경호 임무도 함께 수행했다.

한 의원은 대통령까지의 '성장'을 가장 가까이에서 지켜본 인물로 평가받는다. 인간 이재명의 모습을 본 인사기도 하다. 22대 국회에서 최고위원으로서 이 대통령과 호흡을 맞췄다.

출 생 1974년, 전북 전주
학 력 전주 우석고, 연세대 수학과, 가톨릭대 대학원 한류비즈니스행정학 석사
경 력 MBC 아나운서, 청와대 국민소통수석실 행정관, 21·22대 국회의원

평사원에서 증권사 CEO로…민주당 경제교사

홍성국
전 더불어민주당 의원

홍성국 전 의원은 경제 · 금융 전문가이자 정치인이다.

홍 전 의원은 1986년 대우증권에 평사원으로 입사하며 금융계에 첫발을 내디뎠다. 이후 대우증권에서 투자분석부장, 리서치센터장 등 요직을 두루 거친 후 미래에셋대우 사장(CEO)까지 올랐다. 첫 공채 출신 CEO였다.

엘리트 애널리스트 출신답게 홍 전 의원은 증권업계에 있을 때도 시장을 읽는 눈과 경제 흐름에 대한 분석 및 예측으로 명성을 날렸다. 책을 손에서 놓지 않을 정도의 소문난 독서광인 그는 개인의 미래 설계부터 북한 경제, 통일 경제, 세계 경제 등 다양한 주제로 책을 출간했다.

2020년 더불어민주당의 17호 영입 인재로 정계에 입문했다. 경제 · 금융 전문가로서 쌓은 경험을 바탕으로 민주당 경제대변인, 정책위원회 부의장 등 주요 당직을 맡았다. 2020년 21대 총선에서 세종갑에 전략공천돼 여의도에 입성한다.

홍 전 의원은 2023년 12월 22대 총선 불출마를 선언했다. 그는 "한국 사회는 양극화, 저출생 · 고령화, 기후변화, 산업구조 전환 등 혁명적 변화가 필요하다"며 "국회의원으로서 새로운 시각으로 사회를 바꿔보려 했으나 후진적인 정치 구조의 한계로 성과를 내지 못했다"고 밝혔다. 그는 "국민과 직접 소통하며 미래 비전을 제시하는 미래학 연구자로 돌아가겠다"고 결심했다.

원외 인사인 그는 22대 국회에서 민주당 국회의원을 대상으로 매주 '경제는 민주당'이라는 이름의 경제 세미나를 진행하고 있다.

이재명 대통령은 당 대표 시절인 2024년 10월 민주당 국가경제자문회의 의장으로 그를 임명한다. 홍 전 의원은 초선 시절 '비이재명계'로 분류됐고, 국가경제자문회의 의장은 김진표 전 국회의장 등 당내 중량감 있는 인사들이 주로 맡았다는 점에서 그를 발탁한 배경이 주목을 받았다.

출 생 1963년, 충남 연기
학 력 고려대 사범대부속고, 서강대 정치외교학과, 동국대 행정대학원 행정학 석사
경 력 KDB대우증권 사장, 미래에셋대우 사장, 21대 국회의원, 더불어민주당 최고위원

서초구 험지 도전한 전 원내사령탑

홍익표
전 더불어민주당 의원

홍익표 전 더불어민주당 의원은 당내에서 비교적 뒤늦게 친이재명계 색깔을 드러낸 편이다. 그러나 이재명 대통령이 사법 리스크로 급격히 흔들릴 때 원내대표로서 '이재명 중심' 기조를 견지하며 당내 비주류의 '이재명 퇴진론'에 선을 그어 단시간 내 이 대통령의 신임을 얻었다.

정치학 박사인 홍 전 의원은 1996년부터 대외경제정책연구원에서 통일 문제에 관한 전문연구원으로 근무했다. 노무현 정부 시절 이재정 통일부 장관의 정책보좌관을 지냈다. 2012년 19대 국회의원 총선거에서 민주통합당 임종석 사무총장의 추천을 받아 성동을 지역구에 출마해 여의도에 입성했다. 동일 지역에서 3선을 했고 당내에서 전략기획위원장, 민주연구원 원장, 민주당 정책위원회 의장 등을 역임하며 정책 역량을 인정받았다.

2013년 민주당 원내대변인 당시 "일본 제국주의가 세운 만주국의 귀태(태어나지 않아야 할 사람)로 박정희와 기시 노부스케가 있는데, 아이러니하게도 귀태의 후손들이 한국과 일본의 정상으로 있다. 바로 박근혜 대통령과 아베 총리"라고 얘기해 정국경색으로 이어지기도 했다.

홍 전 의원은 2023년 이 대통령에 대한 국회 체포동의안이 가결되고 박광온 당시 원내대표가 물러난 후 치러진 원내대표 경선에서 "이재명 대표를 중심으로 흔들림 없는 단결된 힘으로 오늘의 어려움을 극복해나가겠다"고 선언하며 친명계의 지원을 받았다. 그는 원내대표 시절 온건하고 합리적 리더십으로 당내 친명계와 비명계 간 갈등을 조화롭게 해결하려 노력했다는 평가를 받는다.

2024년 4월 22대 총선을 앞두고는 본인의 텃밭 대신 민주당에 최대 험지로 분류되는 서초을 지역구에 출마하겠다는 결단을 내렸다. 결국 험지의 불리함을 넘지 못하고 총선에서 낙선했지만, 대선 캠프에 합류해 대북정책 전반에서 역할을 담당하며 이 대통령에게 변함없는 신뢰를 받았다.

출 생 1967년, 서울
학 력 관악고, 한양대 정치외교 학·석·박사
경 력 대외경제정책연구원 전문연구원, 19~21대 국회의원, 민주연구원장, 더불어민주당 원내대표

3선 논산시장을 지낸 李의 숨은 살림꾼

황명선
더불어민주당 의원

황명선 더불어민주당 의원(충남 논산계룡금산)은 시의원·논산시장 등을 거쳐 여의도로 입성한 지방자치 전문가다.

2002년 새천년민주당 서울시장 사무처장을 거쳐 서울시의회 비례대표 의원을 역임했다. 2010년 민주당으로 논산시장에 당선된 이후 3선 시장이 됐다. 2020년에는 전국시장군수구청장협의회 회장으로 활동했다. 2022년에 충남도지사 출마를 선언하며 '리틀 이재명'을 자임하면서 '강한 추진력으로, 충남을 당당하게'라는 슬로건을 사용했다.

이재명 대통령과의 인연은 앞서 민주당 전국자치분권민주지도자회의(KDLC) 시절부터 시작됐다. 당시 황 의원은 논산시장, 이재명 대통령은 성남시장으로 자치분권과 생활밀착형 혁신정책을 함께 주도하며, 지방정부 발전과 민주당의 가치 실현에 앞장섰다. 이 시기부터 쌓인 신뢰와 협력은 이후 당내 주요 국면마다 굳건한 동행으로 이어졌다. 2022년 대선에서는 자치분권 특보단장을 맡아 이 대통령의 선거를 도왔다.

황 의원은 2024년부터 민주당의 조직사무부총장을 맡고 있다. 조직사무부총장은 사무총장과 함께 전국 지역위원회와 시도당 등 당 조직을 총괄 관리하며, 총선 등 주요 선거의 공천 실무와 전략을 책임지는 역할이다. 황 의원은 당원 중심의 정당 운영과 조직 혁신을 이끌고 있다.

2024년 총선 당시 이 대통령이 직접 논산 딸기축제 현장을 찾아 황 의원과 나란히 서서 지역 유세를 지원해주기도 했다. 이 대통령은 현장에서 "현 정부는 물가를 잡을 의지도, 능력도 없는 역대 최악의 무능한 정부"라며 정권심판론을 강조했고, 황 의원과 함께 충청권 표심을 공략했다. 이 자리에서 황 의원은 "이재명은 저의 정치 인생을 함께해온 선배 동지이자 경쟁자"라며 "이재명의 신념은 저 황명선의 신념과 같다"고 강조해왔다.

출 생 1966년, 충남 논산
학 력 논산대건고, 국민대 토목환경공학과, 국민대 대학원 행정학 석박사
경 력 서울시의원(비례대표), 논산시장(3선), 더불어민주당 조직사무부총장, 22대 국회의원

싱크탱크

軍 혁신 이끌 38년 '작전통'

강건작
전 육군교육사령관

이재명 대통령의 대선 후보 시절 싱크탱크 '성장과 통합' 국방분과위원장을 맡고 있는 강건작 전 육군교육사령관은 군인이자 철학가다. 1985년 군에 투신한 이래 2023년 전역할 때까지 38년간 한국군의 조직개편·인사혁신 및 전술·전략 강화 방법을 모색하는 데 일생을 바쳤다.

1985년 육군사관학교 45기로 입교한 강 전 사령관은 각급 야전부대와 국방부·육군본부·한미연합사 등에서 지휘관과 참모를 역임했다. 중대장 시절 '세계에서 가장 우수한 젊은이들이 모인 우리 군대가 왜 세계 최고의 전투력을 발휘하지 못하는 것일까'란 의문을 품기 시작했다고 한다. 국방부 장관실 국방정책총괄장교와 육군본부 정책과장을 역임하면서는 한국 국방정책과 군사체제의 문제점을 인식하게 됐다.

이어 문재인 정부에서 청와대 국방개혁비서관으로 임용돼 전략미사일 사업, 전시작전통제권 전환, 장병 급식체계 개선, 주요 핵심 무기 도입 사업 등에 관여했다.

육군 교육사령관 시절에는 육군 '미래혁신 태스크포스(TF)'를 이끌면서 육군 장군들에게 군이 나아가야 할 정책 방향을 제시하기도 했다. 주요 저서로 '무기와 전술' '한국군이 새롭게 거듭나기 위한 강군의 조건'이 있으며, 이를 비롯해 다수의 군사교범 등을 낸 것으로 알려져 있다.

강 전 사령관은 국방의 중요성을 강조하면서도 대화를 병행해야 한다고 주장하는 실용파다. 윤석열 정부의 강경한 안보정책에 대해 "국방태세를 위태롭게 한다"고 비판하기도 했다. 또 전작권의 신속한 전환, 군의 정치적 중립 등도 강조하고 있다.

이 대통령은 강 전 사령관의 실용적 안보관과 군 조직 혁신 노하우를 눈여겨보고 그를 '성장과 통합'의 국방 분야 핵심위원으로 발탁했다. 그는 현재 국방분과위원장으로서 안보전략, 군 인사혁신 등 이 대통령의 국방정책 전반을 설계하고 있다.

출 생 1966년

학 력 안양 신성고, 육군사관학교 45기

경 력 국방부 장관실 국방정책총괄장교, 육군본부 정책과장, 국가안보실 국가위기관리센터장, 국가안보실 국방개혁비서관

법조계 유리천장 깬 검찰개혁의 아이콘

강금실
전 법무부 장관

강금실 전 법무부 장관은 법조계에서 '최초 여성' 타이틀을 다수 보유하고 있다. 서울 지역 여성 최초 형사단독판사, 로펌 대표 변호사, 민주사회를 위한 변호사모임(민변) 여성 부회장에 이어 여성 최초 법무부 장관까지.

1975년 서울대 법학과에 입학한 그는 동아리 '가면극연구회'에 들어가 탈춤도 배우고 학습도 하며 유신 치하의 현실에 대한 비판적 시각을 키운다. 졸업 후 고시 공부에 전념해 1981년 사법시험에 합격하고 사법연수원을 7등으로 졸업한다.

판사 시절 진보적 판결로 주목을 받았다. 집회 및 시위에 관한 법률 위반으로 검거된 대학생들의 구속영장을 잇달아 기각하거나 무죄로 석방했다. 1993년에는 사법부 민주화를 요구하는 '평판사 회의' 설립에 적극 가담해 당시 김덕주 대법원장에게 '사법개혁 건의서'를 전달하는 데 주도적 역할을 했다. 1996년 판사를 퇴임한 후에는 인권변호사의 길을 걸었다.

2003년 노무현 전 대통령이 그를 법무부 장관으로 발탁할 당시 나이는 46세였다. 강 전 장관은 참여정부의 아이콘이었고, 검찰개혁의 상징이었다. 관행으로 굳어진 검찰의 서열주의, 기수 존중 풍토가 40대 판사 출신 여성 변호사를 장관으로 받아들이지 못했다. 노 전 대통령과 평검사 간 토론회로 유명한 '검사와의 대화'가 이뤄졌고, '검사스럽다'는 신조어만 남았다.

2006년 강 전 장관은 열린우리당 서울시장 후보로 출마한다. 당시 보라색 정장 차림에 보라색 구두를 갖춰 신고 "붉은색과 푸른색을 한데 아우르는 보라색 정치로 경계를 허물겠다"는 포부도 밝혔다. 하지만 오세훈 한나라당 후보에게 밀려 낙선했다.

이재명 대통령과는 2021년부터 인연을 맺었다. 경기도지사였던 이 대통령이 만든 '경기도청 기후대응·산업전환 특별위원회' 공동위원장을 맡았다. 2022년 20대 대선에선 이 대통령의 후원회장을 맡는다. 2025년 21대 대선에선 총괄선거대책위원장으로서 이 대통령을 도왔다.

출 생 1957년, 제주
학 력 경기여고, 서울대 법학과
경 력 23회 사법시험(사법연수원 13기), 서울고등법원 판사, 법무법인 지평 대표변호사, 민주사회를 위한 변호사모임 부회장, 법무법인 원 구성원변호사

이재명의 '기본 시리즈' 설계자

강남훈
한신대 명예교수

강남훈 한신대 명예교수는 '기본소득' 정책의 국내 대표 이론가이자 이재명 대통령의 핵심 정책 브레인으로 꼽힌다. 이한주 민주연구원장과 함께 이 대통령의 기본소득 구상에 큰 틀을 제공한 핵심 인사다.

서울대 경제학과를 졸업하고 독일 베를린자유대에서 경제학 박사 학위를 받은 뒤, 한신대 경제학과 교수로 재직하며 분배정의와 복지국가, 기본소득에 관한 연구와 실천을 꾸준히 해왔다.

강 교수는 2010년대 초부터 기본소득한국네트워크를 창립하고 대표로 활동하며, 국내 기본소득 논의의 중심을 이끌었다. 경기 기본소득위원회 공동위원장으로서 경기도형 기본소득 모델을 설계·실행하는 데 주도적 역할을 했다.

이 대통령과의 인연은 성남시장과 경기도지사 시절로 거슬러 올라간다. 이 대통령이 성남시장과 경기도지사를 거치며 기본소득 실험을 추진할 때, 강 교수는 정책 설계와 이론적 자문을 맡아 '이재명표 기본소득'의 토대를 마련했다.

강 교수는 성남시청 공무원들을 대상으로 기본소득 특강을 했다. 이후 이 대통령은 강 교수의 조언을 수시로 들으며 기본소득 구상을 이어갔다. 강 교수는 성남시가 발주한 청년 배당 연구용역을 수행하기도 했다.

2022년 대선에서는 이 대통령의 경제정책 자문단으로 참여해 기본소득 공약의 구체화와 대중적 설득에 힘을 보탰다. 언론에서는 그를 "이재명의 기본소득 스승"으로 부르며, 정책 노선에 결정적 영향을 미친 인물로 평가한다.

강 교수는 "기본소득이 선거의 전면에 나섰다면 결과가 달라졌을 것"이라는 아쉬움을 밝히기도 했지만, 여전히 기본소득의 사회적 확산과 제도화를 위해 활발히 목소리를 내고 있다. 이 대통령과의 신뢰와 협력 속에서 한국 복지국가의 미래를 설계하는 정책가로 자리매김하고 있다.

출 생 1957년
학 력 서울대 경제학과, 서울대 대학원 경제학 석사, 독일 베를린자유대 경제학 박사
경 력 한신대 경제학과 교수, 기본소득한국네트워크 대표, 경기 기본소득위원회 공동위원장

국가예산의 1인자…李 경제정책 설계

구윤철
전 국무조정실장

2022년 20대 대선 때 구윤철 당시 국무조정실장은 이재명 당시 더불어민주당 대선 후보의 정책 구상에 공개적으로 반대했다. 이 후보가 기획재정부의 예산 편성 기능을 청와대나 총리실로 이관하는 방안을 언급하자, 구 실장은 기재부의 힘을 빼려다가 오히려 기재부가 더 강해질 수 있다고 우려했다. 예산 책정 기능을 분리해도 실질적인 권한은 여전히 기재부에 남을 수밖에 없어 실익이 없다는 취지였다.

문재인 정부의 장관급 인사가 민주당 대선 후보의 공약에 반기를 들기는 쉽지 않다. 할 말은 하는 인물이라는 의미다. 1965년 경북 성주에서 태어난 구 전 실장은 대구 영신고를 졸업하고 82학번으로 서울대 경제학과에 진학했다. 서울대에서 행정학 석사를 취득하고 미국 위스콘신대에서 공공정책학 석사도 땄다. 이후 중앙대에서 무역물류학 박사 학위를 받았다.

32회 행정고시에 합격하며 공직에 입문했다. 주로 기재부에서 예산 관련 업무를 맡았다. 이재명 대통령에게 자신 있게 '쓴소리'를 한 배경이다. 구 전 실장은 진보 정부에서 주요 관직을 역임했다. 노무현 정부에서 청와대 대통령비서실 행정관, 국정상황실장 등을 지냈다. 이후 기재부에 복귀해 예산총괄심의관, 예산실장을 거쳐 2차관에 올랐다. 국무조정실장을 거친 뒤 현재는 서울대 경제학부 특임교수로 재직하고 있다.

경제정책에서 물러섬이 없던 최고 전문가는 이 대통령의 '브레인'으로 변신했다. 구 전 실장은 이 대통령의 핵심 경제 비전 구상에 직접 참여했다. 2025년 3월 이 대통령이 직접 서문을 쓴 책 '잘사니즘'에 공동 저자로 이름을 올렸다. 구 전 실장은 단기 재정의 적자와 국가 채무 규모에 집착할 필요 없이 재정지출의 성과 증대로 건전성을 확보할 수 있다는 주장을 담았다. 구 전 실장은 이 대통령의 대선 싱크탱크인 '성장과 통합'에도 참여했다. 실전 경제정책을 마련하고 점검하는 데 핵심 역할을 하고 있다는 평가를 받았다.

출 생 1965년, 경북 성주
학 력 대구 영신고, 서울대 경제학과
경 력 국무조정실장, 기획재정부 2차관, 서울대 경제학부 특임교수

남북 긴장 완화 · 충돌 방지의 첨병

김도균
전 수도방위사령관

김도균 전 수도방위사령관(예비역 육군 중장)은 문재인 정부 시기 체결된 9·19 남북군사합의의 주역 중 한 사람이다. 그는 군 시절 다양한 남북 간 실무급·고위급 군사회담 대표로 나서 북한군 장성들과 협상을 펼친 바 있다.

김 전 사령관은 6·25전쟁 흥남철수작전 때 미군 수송선을 타고 월남한 어머니를 둔 실향민 2세대다. 당시 어머니가 '통일이 되면 함경도로 돌아가겠다'며 정착한 곳이 실향민들이 모여 살던 속초 아바이마을이었다. 김 전 사령관은 수방사령관을 마지막으로 전역한 뒤 22대 총선에서 고향이자 더불어민주당의 험지인 속초고성양양인제에 출마해 선전했지만 낙선했다.

그는 군 재직 시절에는 대북정책·남북 군사회담 분야에서 전문성을 키웠다. 대령 시절에는 국방부 북한정책과장과 남북군사회담 태스크포스(TF)장을 맡았다. 장성 진급 이후 문재인 정부의 사실상 '대통령직인수위원회' 역할을 했던 국정기획자문회의에 파견됐고, 국가안보실 국방개혁비서관으로 발탁돼 '국방개혁 2.0' 추진을 주도했다. 이어 국방부로 돌아와 대북정책관으로 활동하며 문재인 정부 한반도 평화 프로세스의 한 축인 군사적 긴장 완화와 우발적 충돌 방지 방안의 밑그림을 그리는 데 이바지했다.

그는 2018년 4·27 판문점 남북정상회담 후속 조치인 9·19 남북군사합의를 이뤄내기 위한 북측과의 실무 협상을 주도했다. 또 수시로 협상 진행 내용을 한미연합군사령부와 협의하며 군사적 대비 태세 유지 방안도 함께 챙긴 것으로 알려졌다.

그는 2023년 6월 민주당에 입당한 이후 안보대변인으로 선임됐고 강원도당위원장으로도 선출됐다. 12·3 비상계엄 국면에서는 수방사령관을 거친 경력을 바탕으로 윤석열 전 대통령과 계엄군 주요 지휘관들의 주장을 조목조목 공박하는 등 '지원사격'을 펼쳤다. 21대 대통령선거 국면에서는 예비역 장병들의 '이재명 지지'를 이끌어내는 데 핵심적 역할을 했다. 김 전 사령관은 강원도 선대위 공동상임선대위원장으로도 뛰면서 척박한 표밭에서 분투했다.

출 생 1965년, 강원 속초
학 력 속초고, 육군사관학교 44기
경 력 수도방위사령관, 국방부 대북정책관, 국가안보실 국방개혁비서관

이재명의 동북아 정책 밑돌 놓을 전문가

김양희
대구대 경제금융학부 교수

'실용외교'를 핵심 기조로 내세운 이재명 대통령의 동북아시아 정책을 설계할 적임자로 김양희 대구대 교수가 주목받고 있다. 김 교수는 이재명 캠프의 외곽 싱크탱크 '성장과 통합'에 비상임 공동대표로 참여했다. 국립외교원 경제통상개발연구부장 출신으로 경제통상 및 금융 분야 전문가로 꼽힌다. 김 교수는 성장과 통합 내에서 대외정책과 경제안보, 미·중 전략경쟁 대응 등 핵심 현안에 대한 균형 잡힌 해법을 제시하는 역할을 부여받았다.

김 교수의 외교관은 무엇보다 국익 중심의 신중함과 실용성에 기반한다. 그는 "한국은 대국이 아니며, 강대국 사이에서 어느 한쪽에 일방적으로 줄을 서기보다 우리의 원칙과 양보 불가능한 국익을 분명히 밝히는 외교가 필요하다"고 강조해왔다.

미·중 경쟁이 격화되는 상황에서도 "모든 사안을 이분법적으로 보면 설 자리가 없다"며 제조업과 혁신 역량을 바탕으로 미국과 중국 모두에 전략적 가치를 인정받는 현실적 외교를 주문한다. 감정적 대응이나 국내 정치에 휘둘리는 외교가 아니라 국민의 실질적 이익과 국가의 미래를 위한 장기적 관점에서 접근해야 한다는 점도 일관되게 주장해왔다.

이러한 김 교수의 외교관은 이 대통령이 강조하는 실용외교 노선과도 잘 부합한다. 이 대통령 역시 당선 전에 "한미동맹은 한미동맹대로, 중국과의 관계도 실익에 따라 유연하게 관리해야 한다"며 윤석열 정부의 이념 중심 외교가 경제·무역에 실질적 피해를 줬다고 지적해왔다. 김 교수는 특히 한국·중국·일본을 다루는 동북아 연구에 매진해온 만큼 미·중 사이에서 균형을 중시하는 국익 위주 실용외교의 이론적·정책적 토대를 제공할 적임자로 평가된다.

특히 최근 글로벌 공급망 재편 등 동북아 경제 환경 변화를 주목한 김 교수는 "한국은 등 터진 새우가 아니라 전략적 선택을 할 수 있는 주체"임을 강조해왔다.

출 생　1969년, 서울
학 력　세종대, 일본 도쿄대 경제학 석박사
경 력　대구대 경제금융학부 교수, 국립외교원 경제통상개발연구부장(국장급), 삼성경제연구소 수석연구원, 대외경제정책연구원 선임연구위원, 대통령자문 동북아시대위원회 수석전문위원, 대통령자문 국민경제자문회의 수석전문위원, 영국 브래드퍼드대 객원연구원

민주당 정부의 의료정책 원저자

김용익
돌봄과 미래 이사장

김용익 돌봄과 미래 이사장은 이재명 대통령과 의료·복지정책 분야에서 오랜 인연을 맺어온 대표적 진보 의료정책가다. 서울대 의대 교수, 19대 국회의원(비례), 국민건강보험공단 이사장 등을 거쳐 현재 '돌봄과 미래' 이사장으로 활동하며, 우리 사회의 돌봄·복지 혁신을 이끌고 있다.

김 이사장은 대학 1학년 때 '송촌 의료봉사회'에 들어가 졸업할 때까지 주말마다 판자촌 진료를 하고 방학 때는 무의촌 진료를 다녔다. 1987년 인도주의실천의사협회 창립에 참여하는 등 보건의료 개혁을 위해 활발한 활동을 벌여왔다. 국민의 정부에서 의약분업 실행위원, 참여정부에서 대통령 자문 고령화 및 미래사회위원장을 지냈고, 참여정부에선 청와대 사회정책수석비서관으로 일했다.

이 대통령과의 인연은 이 대통령이 성남시장이던 시절부터 공공의료 확충, 지역사회 돌봄 등 정책적 공감대를 쌓으면서 시작됐다. 특히 이 대통령이 대선 후보로 나서며 '공공의료 확충' 공약을 전면에 내세웠을 때, 정치권에서는 "이 대통령이 김용익 사단의 논리를 대폭 수용했다"는 평가가 나왔다. 실제로 김 이사장은 이 대통령의 싱크탱크 '성장과 통합' 상임고문으로 참여하며, 의료·복지 분야 핵심 정책 자문을 맡았다.

더불어민주당 내에서는 김 이사장이 역대 진보정권의 '의료 정책 저수지' 역할을 해왔다는 평가를 한다. 그는 2013년 4월 경남의 진주의료원 폐업에 대한 철회를 요구하며 단식투쟁을 벌였다. 2017년부터 2021년까지 국민건강보험공단 이사장을 지냈다. 문재인 정부의 건강보험 보장성 강화 대책인 이른바 '문재인 케어'를 적극 추진했다.

2022년 9월 재단법인 돌봄과 미래를 창립하고 현재 이사장을 맡고 있다. 돌봄과 미래는 아프다고, 늙었다고, 장애가 있다고 무조건 병원이나 시설에 감금되지 않는 삶, 인간다운 생을 이어가는 삶, 가족들이 돌봄 노동과 비용의 짐을 떠안지 않는 삶을 추구한다.

출 생 1952년, 충남 논산
학 력 서울고, 서울대 의대, 서울대 대학원 예방의학 박사
경 력 서울대 명예교수, 19대 국회의원, 국민건강보험공단 이사장, 재단법인 돌봄과 미래 이사장, 이재명 캠프 '성장과 통합' 상임고문

李의 군축·대북정책 분야 책사

김진아
한국외대 LD학부 교수

김진아 한국외대 LD학부 교수는 이재명 대통령의 대선 후보 시절 싱크탱크인 '성장과 통합'에서 공동대표를 맡았다.

김 교수는 국제 관계와 군축, 비확산, 북한 문제를 오랜 기간 연구해온 대표적인 대북정책 전문가다. 미국 플레처스쿨에서 국제관계학 박사 학위를 받고, 국방부와 합동참모본부, 민주평화통일자문회의 등에서 정책자문위원으로 활동했다.

2024년에는 유엔 사무총장 직속 군축자문위원에 임명됐다. 김 교수의 군축자문위원 임명은 한국인으로서는 세 번째다. 이전에는 이호진 전 주헝가리 대사, 최성주 전 전남 국제관계대사가 있었다. 그리고 외교관 출신이 아닌 민간인으로는 처음이다. 그는 매년 2차례 정기회의와 유엔군축연구소(UNIDIR) 이사회에 참석해 군축·현안들을 논의하고 자문 의견을 유엔 사무총장에게 제출한다.

김 교수의 주요 연구 주제는 북핵 위기, 한반도 비핵화, 미·중 전략경쟁, 동북아시아 안보, 군축과 비확산, 국제기구의 역할 등이다. '한국 국방과 미래 육군의 역할', '미중 ICT 경쟁과 남북 ICT 협력' 등 다수의 저서를 출간했고, 'The Washington Quarterly' 'Survival' 'Korean Journal of Defense Analysis' 등 국내외 저명 학술지에도 논문을 발표했다.

김 교수는 언론, 방송 등에도 적극 출연하며 한반도와 동북아 안보, 북핵, 국제 정세에 대한 심도 있는 견해를 전달하고 있다. 김 교수가 제시하는 국제관계에 관한 시각을 이 대통령도 평소에 참고했던 것으로 알려졌다.

출 생 1979년, 부산
학 력 연세대 국제학대학원 국제학 석사, 미국 터프츠대 플레처스쿨 국제관계학 박사
경 력 한국외대 LD학부 교수, 유엔 사무총장 직속 군축자문위원, 성장과 통합 공동대표

대미협상 '검투사'…민주당 정부서 중용

김현종
전 국가안보실 2차장

김현종 더불어민주당 통상안보 태스크포스(TF) 단장은 대한민국을 대표하는 통상·외교 전문가로, 미국 컬럼비아대 로스쿨을 졸업하고 세계무역기구(WTO) 상소기구 위원, 외교통상부 및 산업통상자원부 통상교섭본부장 등 굵직한 직책을 두루 거쳤다. 노무현 정부 시절 외교통상부 통상교섭본부장(2004~2007년)으로 한미 자유무역협정(FTA) 협상을 주도했으며, "두 임금을 섬길 수 없다"며 보수진영 영입 제안을 거절한 일화로도 잘 알려져 있다. 문재인 정부에서는 통상교섭본부장과 청와대 국가안보실 2차장으로서 미국 도널드 트럼프 행정부의 철강 관세에 맞선 한미 FTA 개정 협상을 성공적으로 이끌었다.

김 단장은 2025년 2월 이재명 대통령의 제안으로 민주당에 입당해 외교안보보좌관, 이어 통상안보 TF 단장으로 발탁됐다. 이 대통령에 대해서는 대선 국면에서 공개적으로 지지를 선언하며, "이재명 후보는 약속을 실행하고 결과를 내는 지도자가 필요한 시기에 적임자"라고 평가했다. 실제로 이 대통령과 30차례 넘게 보고서를 주고받으며 긴밀히 소통했고, 미 대선을 앞두고는 미국을 돌며 트럼프 '섀도캐비닛' 인사들과 접촉하는 등 글로벌 네트워크를 적극 활용했다.

트럼프 행정부와 협상할 당시 로버트 라이트하이저 전 미국 무역대표부(USTR) 대표는 "김현종은 엄격한 관리자이자 미국 스포츠에 정통한 뉴요커 같은 인물"이라며 협상 스타일을 높이 평가했다. 김 단장 역시 "협상에는 진짜 미국식 영어와 문화 이해가 필요하다"고 강조하며, 회의장 밖에서 미국 야구 이야기를 주고받은 일화를 소개하기도 했다.

김 단장은 강경하고 불도저 같은 실무형 리더십으로 "평가가 엇갈리는 인물"이라는 평도 있지만, 외교·통상 현장에서 국익을 지키는 실력과 추진력만큼은 정파를 넘어 높이 인정받고 있다. 이 대통령과의 협업을 통해 민주당의 통상·안보 전략에 새로운 활력을 불어넣고 있다는 평가다.

출 생 1959년, 서울
학 력 미국 컬럼비아대 국제정치학 학사, 컬럼비아대 대학원 국제정치학 석사, 컬럼비아대 로스쿨 법학 박사
경 력 외교통상부 통상교섭본부 통상전문관, WTO 법률국 법률자문관, 외교통상부 통상교섭본부장, 유엔(UN) 주재대사, 산업통상자원부 통상교섭본부장, 국가안보실 제2차장, 대통령실 외교안보특별보좌관, 더불어민주당 당대표 외교안보보좌관

언론인 출신 이재명의 AI 책사

박태웅
민주연구원 집단지성센터장

박태웅 민주연구원 집단지성센터장은 신문기자 출신의 정보기술(IT) 전문가로, 더불어민주당의 정책 소통 플랫폼 '모두의 질문Q'를 기획하고 운영하고 있다. 이 플랫폼은 시민의 질문을 수집하고 정책으로 연결하기 위해 만들어졌다. 박 센터장은 이재명 대통령의 '인공지능(AI) 책사'로 불린다. 서울대 경영학과를 졸업한 뒤 1990년부터 약 10년간 한겨레신문 기자로 근무했다. '한겨레21'과 '씨네21' 창간 작업에 참여했다. 신문사 입사 전에는 한신경제연구소에서 근무한 이력도 있다.

언론계를 떠난 뒤 1999년 '인티즌(Intizen)'이라는 회사를 창업했다. 인티즌은 쇼핑, 이메일, 커뮤니티 기능을 한데 모은 '허브 사이트'를 지향했다. 당시는 포털 개념이 정착되지 않았던 시점으로, 라이코스와 야후 같은 해외 포털이 국내에 진출하던 시기였다. 그러나 창업 직후 공동대표로 합류한 공병호 사장과의 인사권 갈등으로 회사를 떠났고, 이후 안철수연구소, 자무스, 엠파스, KTH 등에서 IT 기획 및 경영 업무를 수행했다. 최근까지는 한빛미디어 이사회 의장을 지냈으며, 2021년에는 정보통신 분야 발전 공로로 동탑산업훈장을 받았다.

박 센터장이 정치권과 접점을 맺기 시작한 것은 2022년 20대 대선을 앞두고다. 당시 민주당 대선 후보였던 이 대통령이 박 센터장의 저서 '눈떠보니 선진국'을 읽고 직접 전화를 걸며 연락을 시작했다. 이후 당의 AI 관련 정책 자문에 참여했고, 이 대통령은 여러 인터뷰를 통해 해당 저서를 추천했다. 유튜브에 이 대통령과 박 센터장 간의 대담 형식 영상도 공개됐다. 이 과정에서 이 대통령의 'K엔비디아' 발언도 나왔다.

출 생 1963년, 경북 포항
학 력 경북고, 서울대 경영학과
경 력 한겨레신문 기자, 인티즌 사장, 한빛미디어 이사회 의장, 민주연구원 집단지성센터장

尹·金 고발로 최전선에서 뛰었다

안진걸
민생경제연구소장

안진걸 민생경제연구소장은 윤석열·김건희 부부뿐 아니라 국민의힘을 상대로 여러 차례 고발을 해왔다. 이재명 대통령과 더불어민주당이 선뜻 나서지 못하는 사건에도 고발인을 자처하며 최전선에 섰던 것이다.

안 소장은 1972년 전남 화순에서 태어나 광주 인성고등학교와 중앙대 법학과를 졸업했다. 이 대통령의 중앙대 법대 직속 후배인 셈이다. 중앙대에 다녔을 때에는 법대 학생회장을 지내며 학생운동에 적극적으로 참여했다. 운동했던 경험을 살려 사법시험보다는 시민단체 운동에 투신했다.

1999년 참여연대 시민권리국 간사로 사회생활을 시작했다. 참여연대에서는 시민참여팀장, 민생팀장, 사무처장 등을 역임했다. 2008년 이명박 정부가 미국산 쇠고기 수입을 추진하자 야간 집회를 기획했다는 혐의로 구속되기도 했다.

2016~2017년에는 박근혜 정권 퇴진 비상국민행동 공동대변인을 맡기도 했다. 이후에는 참여연대를 떠나 임세은 전 청와대 부대변인과 함께 민생경제연구소를 이끌었다. 안 소장은 집회·시위뿐 아니라 고발장 제출을 통해서도 명성을 날렸다.

2023년에는 서울·양평고속도로 특혜 의혹을 처음 제기하며 윤석열 정부를 파헤쳤다. 안 소장은 윤석열과 김건희, 국민의힘을 상대로 고발장을 여러 차례 제출했다. 수시로 검찰·경찰을 드나들며 고발인 조사를 받았다. 조사를 받을 때마다 고발 경위를 자세하게 설명하며 야권 스피커로도 활동했다.

이번 대선에서는 '민생'이라는 전공을 다시 살렸다. 민주당 중앙선거대책위원회에 꾸려진 서민·중산층경제살리기위원장을 맡았다. 안 소장은 안도걸 민주당 의원(광주 동남을)의 사촌동생으로도 유명하다. 안 의원은 문재인 정부에서 기획재정부 차관을 지냈다.

출 생 1972년, 전남 화순
학 력 광주 인성고, 중앙대 법학과
경 력 참여연대 사무처장, 금융정의연대 운영위원, 사회민주당 민생경제자문위원, 민생경제연구소장, 더불어민주당 선거대책위원회 서민·중산층경제살리기위원장

'軍 위상 재건' 국방 개혁론자

여운태
전 육군참모차장

장병들 사이에서는 인자했다는 기억으로 남고, 지휘관 선후배들 사이에서는 합리적이라는 평가를 받는 예비역 장군이 있다. 현재 원광대 국방기술학과 석좌교수로 재직하며 안보 관련 연구를 하고 있는 여운태 전 육군참모차장이다.

1965년 전북 익산에서 태어난 여 전 차장은 익산 이리고, 육군사관학교(45기)를 졸업했다. 군 생활은 야전과 정책 부서를 오갔다. 야전 경력은 주로 동해안에 집중돼 있다. 2018년 육군 53사단장을 지내고, 2021년에는 22사단장을 역임했다. 이후 4개월 만에 육군 8군단장(중장)에 취임했다. 2022년 6월 윤석열 정부의 최초 장성급 인사 때 육군참모차장으로 임명됐다.

사단장을 두 번 지냈다는 이례적인 경력이 여 전 차장에 대한 내부 평가를 보여준다. 최전방인 22사단에서는 당시 사건·사고가 많이 발생해 전임 사단장들이 줄줄이 보직 해임됐다. 이에 군은 53사단장 역할을 무리 없이 수행하고, 상급 부대인 8군단에서 인사참모직을 지낸 여 전 차장을 임명했다. 해결사로서 그를 기용했다는 의미다.

정책 부서로는 2016년 국방부에서 국회협력단장을 지내고, 2019년 육군본부 인사참모부장을 역임했다. 이후 2020년 육군 3사관학교장을 지냈다. 2023년 7월 전역한 뒤에는 학계에 머무르고 있다. 원광대 국방기술학과에서 북한 핵 개발에 대한 대응 전략, 군 무기 체계 전력화, 군 인사정책, 리더십과 조직 문화 등 광범위한 연구를 진행 중이다. 한미 동맹 역시 연구 분야다. 그는 한국외대에서 외교안보학 석사 학위를 취득했다.

여 전 차장은 이재명 대통령의 대선 싱크탱크인 '성장과 통합'에 외교·국방 분야 전문가로 참여했다. 군 안팎에서는 안보 관련 제언 외에도 12·3 비상계엄으로 실추된 군의 위상을 다시 세우는 역할이 기대된다는 평가가 있다. 그는 특히 인사 부문에서 군과 정치가 분리돼야 한다고 본다. 또 현재 군 기강 해이가 심각한 수준이라고 보고 있다.

출 생 1965년, 전북 익산
학 력 익산 이리고, 육군사관학교 45기
경 력 육군참모차장, 원광대 국방기술학과 석좌교수

성장정책 설계자…개혁적 케인스주의자

유종일
성장과 통합 상임공동대표

유종일 성장과 통합 상임공동대표는 진보 경제학자이자 현실 비판에 충실한 '개혁적 케인스주의자'다. 진보 경제학자 중 가장 오른쪽에 서 있는 인물이라는 평가를 받는다.

21대 대선 국면에선 이재명 대통령의 정책 비전을 실질적으로 설계하는 핵심 브레인으로 활약했다. 유 대표는 이 대통령과 10여 년 전부터 정책 자문 인연을 이어오며, 경제 성장과 분배의 균형을 꾀하는 실용적 정책을 주도해왔다.

유 대표와 이 대통령의 인연은 2010년대 초반으로 거슬러 올라간다. 당시 유 대표는 성남시장이던 이 대통령이 불법 사금융 단속과 채무 취약계층 지원 등 현장 중심의 개혁정책을 펼치는 것에 주목해 정책 자문을 시작했다. 이후 이 대통령이 "성장 전략을 짜달라"는 직접적인 요청을 하면서 두 사람의 신뢰는 더욱 깊어졌다. 유 대표는 이 대통령을 두고 "정의감과 공정성, 그리고 사회적 약자에 대한 강한 책임감을 갖춘 정치인"이라고 평가하며, 10년 넘게 정책 동반자로 함께해왔다.

2025년 대선을 앞두고 유 대표는 이 대통령의 외곽 정책자문그룹인 '성장과 통합'의 상임공동대표를 맡았다. 성장과 통합은 실용적이고 중도 확장적 정책 기조를 천명했다. 유 대표가 성장과 통합 출범 때 제시한 '3-4-5 성장전략'은 2030년까지 △잠재성장률 3% △세계 4대 수출국 △1인당 국민소득 5만달러 달성을 의미한다. 그는 인공지능(AI)의 전 산업 활용, 아시아 제조업 데이터허브 구축 등 생산성 혁신을 국가적 프로젝트로 제안했다.

유 대표는 "모든 경제정책은 시장 원리에 어긋나지 않아야 한다"며 문재인 정부 부동산 정책 등 과거 실패 사례를 반면교사로 삼아야 한다고 말했다. 그는 "성장과 분배는 모두 중요하지만, 성장의 활력이 꺼지면 아무것도 할 수 없다"며, 분배와 성장의 균형을 중시하는 현실적 접근을 내세운다.

서울대 경제학과와 하버드대 경제학 박사 출신인 유 대표는 유신독재 시절 민주화운동으로 투옥된 이력도 갖고 있다. 2018~2023년 한국개발연구원(KDI) 국제정책대학원장을 지냈고, 이 대통령이 성남시장이던 시절 설립한 주빌리은행 대표를 맡았다.

출 생　1959년, 전북 정읍
학 력　서라벌고, 서울대 경제학과, 하버드대 경제학 박사
경 력　KDI 국제정책대학원장, 주빌리은행 대표

이재명 대통령의 '보수멘토'

윤여준
더불어민주당 상임총괄선대위원장

윤여준 더불어민주당 상임총괄선대위원장은 보수 진영의 대표적 전략가이자, 이재명 대통령의 외연 확장과 국민 통합 전략의 상징적 인물로 꼽힌다.

동아일보, 경향신문 기자, 대통령 비서실 공보수석, 환경부 장관, 16대 국회의원, 여의도연구원장 등 언론·정치·행정의 요직을 두루 거쳤다. 그의 행정·정치 이력은 보수 정부·정당에서 주로 이뤄졌다. 주일대사관 공보관으로 정치에 입문한 후 국회의장, 대통령 공보, 의전, 정무비서관을 지내고 정무1장관실 보좌관과 국가안전기획부장 특별보좌관도 지냈다.

김영삼 정부에서 청와대 대변인 겸 공보수석으로 발탁됐다. 김영삼 전 대통령이 아들 김현철 씨의 국정 개입을 사과하는 특별담화를 발표했을 때 담화문을 작성한 것으로 알려졌다. 그리고 같은 정부에서 환경부 장관으로 취임해 지속가능한 발전과 환경보전 정책을 추진하며 산업화 시대의 환경문제 해결에 앞장섰다. 김대중 정부가 들어선 이후에는 이회창 전 국무총리의 참모로 활동했고, 그의 2002년 대선 출마 당시 선거 전략을 담당했다. 이때의 활약으로 한나라당의 '전략통' '보수 진영 책사' 등의 별칭을 얻었다.

2011년에 안철수 의원과 토크콘서트를 함께하며 '안철수의 멘토'라고 불렸다. 하지만 안 의원이 당시 "윤여준 전 장관이 제 멘토라면 제 멘토는 300명쯤 된다"고 말하면서 둘 사이가 멀어졌다는 얘기가 돌았다.

윤 위원장과 이재명 대통령의 인연은 꾸준한 교류와 조언을 통해 이뤄졌다. 이 대통령은 "윤 위원장은 평소에도 저에게 고언을 많이 해주신 분"이라고 공개적으로 말했다. 윤 위원장도 이 대통령의 상황 판단력과 순발력을 높이 평가하며 "어려운 국가 현실에서 중요한 자질"이라고 언론 인터뷰에서 강조했다. 2025년 4월 이 대통령은 그를 상임총괄선대위원장으로 영입했다. 이는 중도·보수층을 포용하는 '빅텐트 전략'의 일환이다.

출 생 1939년, 경남 진주
학 력 경기고, 단국대 정치학과
경 력 동아일보 기자, 대통령비서실 공보수석비서관, 환경부 장관, 16대 국회의원, 대통령 직속 지속가능발전위원회 위원장, 더불어민주당 2025년 대선 상임총괄선대위원장

'대통령의 부동산 책사'

이상경
가천대 교수

이상경 가천대 도시계획 · 조경학부 교수는 이재명 대통령의 부동산 정책 참모다. 20대 대선에 이어 21대 대선에서도 이 대통령의 부동산 정책 설계에 관여했다.

21대 대선에서 이 교수는 이 대통령 캠프의 정책 싱크탱크로 출범했던 '성장과 통합'에서 부동산특별위원회를 이끌었다. 공식적으로 발표된 34개 분과 외에 따로 구성된 이 비공개 특위는 세밀한 조율이 필요한 부동산 정책을 다루는 기구로 알려졌다.

앞서 2022년 20대 대선에서도 이재명 후보 직속 부동산개혁위원회 위원장을 맡아 '기본주택 100만가구' 등의 공약을 설계했다. 당시 부동산개혁위는 기본주택 100만가구를 포함해 향후 5년간 250만가구의 주택을 공급하겠다면서 연간 50만가구의 주택 공급으로 주택시장 수요와 공급을 안정적으로 관리하겠다는 구상을 내놨다. 부동산개혁위는 도시개발사업에 공공참여를 확대하고 민간이 시행하는 개발이익을 사회 공동체로 귀속시키는 제도도 마련하겠다고 했다.

이처럼 이 교수의 주된 연구 분야는 부동산 개발이익 공공환수다. 개발사업 초과이익은 공공과 나눠야 한다는 철학을 바탕으로 부동산 정책의 이론적 토대를 제공해왔다.

특히 이 교수는 대장동 개발사업의 성과를 긍정 평가하는 이론적 토대를 만들기도 했다. 2019년 1월 '공공개발이익 도민환원제: 대장동 개발사업의 특징과 시사점' 경기연구원 보고서와 같은 해 3월 경기도와 경기연구원의 '공공개발 도민환원제 토론회'에서 '대장동 개발사업의 특징과 공공개발이익 도민환원제에 대한 시사점'이라는 발표 등을 통해 대장동 개발사업을 '공공개발이익 도민환원'이라고 평가했다.

출 생 1968년

학 력 서울대 도시공학 학 · 석 · 박사

경 력 가천대 도시계획 · 조경학부 교수, 성남시도시재생지원센터 센터장, 경기도 도시계획위원회 위원

상식을 중시하는 헌법주의자

이석연
전 법제처장

이석연 전 법제처장을 21대 대선에서 더불어민주당 공동선거대책위원장으로 영입한 것은 이재명 대통령의 외연 확장을 보여주는 대표적 사례다.

이 전 처장은 이명박 정부 법제처장을 지내고 21대 총선 당시 미래통합당(국민의힘 전신)에서 공천관리위원회 부위원장을 지내 '보수 원로'로 꼽히는 인물이다.

1954년 전북 정읍에서 태어난 이 전 처장은 대입 검정고시를 통해 전북대 법학과에 진학했다. 그는 행정고시 합격 후 법제처에서 근무했고, 사법고시에 합격해 1989년 출범한 헌법재판소에서 '1호 헌법연구관'으로 일했다. 변호사로서 헌법 관련 사건을 주로 맡아 헌법 전문가로 통한다. 노무현 정부의 행정수도 이전 정책에 대한 헌법소원에서 법률대리인으로서 위헌 판결을 이끈 장본인이다.

1세대 시민운동가로 참여연대 운영위원, 경제정의실천시민연합(경실련) 사무총장 등을 역임했다. 2006년에는 뉴라이트전국연합 상임대표를 맡았다.

이 전 처장은 본인에 대해 "체제와 관련해서는 보수가 맞지만 법치주의, 적법 절차, 절차적 정의, 사회적 약자의 기본권 보장 등에서는 누구보다 진보적"이라고 주장한다.

이 대통령을 돕기로 한 것에 대해 이 전 처장은 한 언론에 "마음의 빚이 있었다"고 말했다. 이 대통령은 경기도지사 때부터 이 전 차장을 종종 찾아가 의견을 들었다. 그리고 20대 대선에서 윤석열 전 대통령과 박빙 구도로 맞붙고 있을 때 이 대통령이 지지 선언을 요청했지만 중립을 지키겠다며 거절했던 게 마음에 걸렸다고 한다. 또 이 대통령을 만나볼수록 시장경제와 자유민주주의에 대한 확고한 신념을 갖고 있다는 점이 마음에 들었다고 밝혔다.

출 생 1954년, 전북 정읍
학 력 대입검정고시, 전북대 법학과, 서울대 법학박사
경 력 행정고시 23회, 사법고시 27회헌법재판소 헌법연구관, 경제정의실천시민연합 사무총장, 법제처장

도시행정 전문가…李 싱크탱크 핵심 멤버

이현웅
전 한국문화정보원장

이현웅 전 한국문화정보원장은 21대 대선에서 이재명 대통령의 싱크탱크인 '성장과 통합'의 기획 운영위원장을 맡았다. 도시정책, 공공 정보화, 전자정부 등 공공행정과 정보기술 융합 분야에서 오랜 기간 연구와 실무를 병행해온 정책전문가다.

충북대 총학생회장을 했고 1994년 제적된 충북대 도시공학과에 재입학해 1996년 학사모를 썼다. 그는 서울시립대 도시행정학 박사 과정 수료 후 KAIST 공공혁신전자정부연구센터 연구위원, 전자정부교류연구센터 전략기획본부장으로 활동했다. 또 성북구청 정책소통팀장과 한국개발연구원(KDI) 세계도시정책연구소, 국가리더십센터 부소장 등도 역임해 공직에 관한 이해와 조직 운영을 위한 지도력도 높다는 평가를 받았다.

이처럼 그는 이 대통령이 각별한 관심을 갖고 있는 것으로 알려진 빅데이터, 정보통신기술(ICT) 등 4차 산업혁명과 관련된 공공정책, 도시행정, 정보화 정책에서 많은 이력을 쌓았다. 한국문화 정보원장 재임 시절에는 문화·정보 융합 정책, 공공데이터 개방, 디지털 행정 혁신 등 저서와 정책보고서도 다수 발표했다.

이 전 원장은 주로 충청권을 기반으로 정치를 했다. 2023년에는 김영환 충북도지사에 대해 청주 오송 지하차도 참사 관련 책임을 묻는 주민소환 서명운동을 주도했다. 2024년에는 22대 총선에서 청주 상당에 출마했으나 공천을 받지 못했다. 2025년 '성장과 통합' 기획운영위원장을 맡으면서 주목을 받았다.

'성장과 통합'이 출범 1주일 만에 논란의 중심이 되자 그는 "특정 후보 싱크탱크로 불리며, 일부 인사의 차기 정부 요직 거론, 사전 선거운동 시비 등 혼란이 우려된다"며 해체 결정을 공식 발표했다.

출 생 1969년, 충북 청주
학 력 청주신흥고, 충북대 도시공학과, 서울시립대 도시행정학 박사 수료
경 력 KAIST 연구원, KDI 전문위원, 한국문화정보원장, 서원대 융복합대학 조교수, 더불어민주당 전략기획위원회 부위원장, 성장과 통합 기획운영위원장

중소상인회장 지낸 자영업 전문가

인태연
전 청와대 자영업비서관

인태연 전 청와대 자영업비서관은 인천 부평 문화의거리에서 직접 의류를 판매해왔던 소상공인·자영업자 출신이다. 2018년 문재인 정부에서 청와대 자영업비서관으로 발탁된 데 이어 2025년 대선에선 이재명 대통령의 소상공인·자영업자 공약을 만드는 역할을 맡았다.

1963년 인천에서 태어난 인 전 비서관은 경성고와 한국외대 독일어과를 다녔다. 대학을 졸업했으나 다른 동문들과는 달리 소상공인·자영업자의 길을 걸었다. 고향인 인천에 있는 부평 문화의거리에서 의류를 판매하며 상인회장을 지냈다.

시장에서는 영리만 노린 게 아니라 소상공인·자영업자 동료들을 돕고자 팔을 걷어붙였다. 문화의거리 상인회장을 시작으로 전국유통상인연합회 공동회장과 한국중소상인자영업자총연합회 회장을 역임했다. 소상공인·자영업자 단체에 10년 이상 몸담으며 카드 수수료, 대형마트 확장 출점 문제 등에 목소리를 내왔다.

현장에서 뛰어다니던 인 전 비서관을 정계로 끌어올린 인물이 문재인 전 대통령이다. 2018년 문 전 대통령은 인 본부장을 비서관으로 전격 발탁했다. 문재인 정부에서도 인 전 비서관은 소상공인·자영업자 목소리를 대변하고자 노력했다.

소득주도성장 정책으로 최저임금이 가파르게 올라가던 때에도 '업종별 차등 적용'을 주장했다. 당시 인 전 비서관은 "목에 물이 차 있는 상황에서 입과 코를 막는 현상이 발생한다"며 획일적인 최저임금 인상을 경계했다. 그러나 문재인 정부에선 최저임금 차등화가 이뤄지지 못했다.

문재인 정부 청와대 출신인 인 본부장은 이 대통령과 함께했다. 이 대통령이 당대표를 지내면서 더불어민주당 민생연석회의를 꾸리자 공동의장을 맡았다. 이 대통령과 함께 민생연석회의를 이끌면서 20대 민생 입법과제를 내놓기도 했다.

출 생　1963년, 인천
학 력　경성고, 한국외대 독일어과
경 력　부평 문화의거리 상인회장, 전국유통상인연합회 공동회장, 한국중소상인자영업자총연합회
　　　　회장, 문재인 정부 청와대 자영업비서관, 더불어민주당 소상공인특별위원회 수석부위원장,
　　　　민주당 민생연석회의 공동의장

광주 · 전남 '여성 최초' 3관왕 변호사

임선숙
변호사

임선숙 변호사는 호남 지역에서 잔뼈가 굵은 대표적인 여성 법조인이다. 지역에서 '여성 최초'라는 수식어가 늘 따라다니는 인물이다.

1996년 38회 사법시험에 합격해 1997년 사법연수원 28기를 수료하며 법조계에 입문했다. 전남대 출신 첫 여성 사법시험 합격자라는 타이틀을 얻으며, 지역 여성 법조인 역사에 한 획을 그었다. 당시는 법대 내 여학생 비율이 10%가 채 안 되던 1980년대였는데, 그는 전남대 법학과에 수석 입학했지만 수업보단 시위 현장에 더 충실했다.

임 변호사는 1999년부터 변호사로 활동했다. 2012년부터 2013년까지 민주사회를 위한 변호사 모임(민변) 광주전남지부장을 맡았고, 2019년에는 광주지방변호사회 회장에 선출됐다. 민변 지부장, 광주지방변호사회 회장 모두 여성 최초라는 기록을 세웠다. 이외에도 광주여성민우회 대표이사, 5 · 18기념재단 이사, 국가균형발전위원회 위원, 법무부 검찰과거사위원회 위원 등 다양한 공익 · 시민사회 활동을 이어왔다.

법조인으로 사회적 약자와 인권 보호에 앞장섰다. 국가보안법 위반 사건, 광주 인화학교 장애인 학대 피해자 손해배상 소송 등 굵직한 인권 변론을 맡으며 지역사회의 신망을 얻었다. 정부 업무와 관련해서도 폭넓은 경험을 했다. 노무현 정부 시절인 2006년 3기 대통령 직속 국가균형발전위원회 위원(장관급)을 지냈고, 문재인 정부에서는 국무조정실 정부업무평가위원회 위원과 법무부 검찰과거사위원회 위원으로 활동했다.

정치권과의 본격적 인연은 2022년 이재명 더불어민주당 대표 체제에서 시작됐다. 임 변호사는 호남과 여성의 목소리를 대변할 인물로 지명직 최고위원에 발탁됐다.

임 변호사는 2025년 대선에서 이재명 대통령의 배우자 김혜경 씨를 보좌하는 민주당 중앙선대위 배우자실장으로 임명됐다. 그의 배우자는 정진욱 민주당 의원(광주 동남갑)이다.

출 생 1966년, 전남 완도
학 력 살레시오여고, 전남대 법학과
경 력 38회 사법시험(사법연수원 28기), 민주사회를 위한 변호사 모임 광주전남지부장, 광주지방변호사회 회장, 더불어민주당 최고위원

민주주의 이론의 석학

임혁백
고려대 명예교수

임혁백 고려대 명예교수는 국내 대표 정치학자이자 민주주의 이론의 권위자다.

미국 시카고대에서 정치학 석사·박사 학위를 얻었다. 당시 지도교수는 미국의 정치학자인 애덤 셰보르스키다. 이화여대 정외과 교수로 활동하다가 1998년부터 고려대에서 강의했다.

임 교수가 민주주의 이행 과정 등을 분석한 논문들을 묶어 내놓은 '시장·국가·민주주의: 한국 민주화와 정치경제이론'은 명작으로 평가받는다. 시장과 국가의 관계를 새롭게 조명했고 민주화와 민주주의에 대한 이론들을 깊이 있게 탐구했다.

임 교수는 2009~2015년 세계정치학회(IPSA) 집행위원을 재선했다. IPSA는 각국 정치학회가 회원으로 참여하고 있으며 '정치학회의 유엔'으로 불린다. 아시아 출신 IPSA 집행위원은 당시 임 교수를 포함해 두 명뿐이었다.

임 교수는 김대중 정부의 대통령 자문 정책기획위원, 노무현 정부 대통령직 인수위원회 정치개혁연구실장 등 역대 민주당 정부의 핵심 정책 자문 역할을 맡아왔다. 민주당과는 오랜 인연을 이어왔으며, 2021년 대선 경선에서는 이재명 당시 대선 후보의 정책자문단 '세상을 바꾸는 정책 2022'에 참여해 공약 설계와 정책 방향에 깊이 관여했다.

2024년 22대 총선을 앞두고 이재명 대통령이 '통합과 혁신'을 내세우며 계파색이 옅은 외부 인사를 공관위원장으로 물색한 끝에 임 교수를 낙점한 것도 그의 학문적 권위와 당내 신뢰를 동시에 고려한 인사로 해석된다.

임 교수는 2024년 22대 총선에서 '시스템 공천'을 앞세워 현역 의원 교체율 45%를 이뤄내는 데 공헌했고, 그 공천은 결과적으로 민주당의 압승을 가져왔다.

또 2024년 4월 29일 이 대통령과 윤석열 전 대통령 간 영수회담을 성사시키기 위해 함성득 경기대 정치전문대학원장과 함께 비공식 라인에서 물밑 조율했다.

출 생 1952년, 경북 경주
학 력 경기고, 서울대 정치학과, 시카고대 대학원 정치학 석박사
경 력 고려대 정치외교학과 교수, 대통령 자문 정책기획위원회 위원, 대통령직 인수위원회 정치개혁
연구실장, 세계정치학회(IPSA) 집행위원

학계·산업계 가교 역할 맡은 AI 전문가

장병탁
서울대 교수

장병탁 서울대 교수는 이재명 대통령의 인공지능(AI) 정책을 이끄는 핵심 브레인으로 주목받고 있다. 장 교수는 서울대 컴퓨터공학부 POSCO 석좌교수이자 인지과학·뇌과학·인공지능 협동과정 겸임 교수, 서울대 AI연구원 원장 등 다양한 역할을 맡으며 학계와 산업계를 잇는 가교 역할을 해왔다.

장 교수는 서울대에서 학사와 석사를, 독일 라인 프리드리히 빌헬름 본대에서 컴퓨터공학 박사 학위를 취득했다. 이후 독일 국립정보기술연구소 등에서 연구 경력을 쌓았으며, 서울대 바이오지능기술연구센터장, 인지과학연구소, 비디오지능 연구센터 등 다양한 연구기관을 이끌었다.

장 교수의 주요 연구 분야는 뇌정보처리 모델링에 의한 기계학습 기반 사용자 의도 예측, 멀티모달 복합 정보 추출, 모바일 라이프로그 이용 등 첨단 AI 기술 전반에 걸쳐 있다. 특히 '상상력 기계' 등 창의적 AI 연구로 국제적 주목을 받았으며, 국내외 AI 학회와 산업협회에서 활발히 활동하며 AI 산업화에도 기여해왔다.

이 대통령과의 인연은 2025년 대선을 앞두고 더욱 두드러졌다. 이 대통령은 'AI강국위원회'를 중심으로 AI 정책을 국가적 핵심 의제로 삼았고, 장 교수는 '성장과 통합' 캠프의 공동대표이자 싱크탱크의 핵심 멤버로 참여했다.

이 대통령의 'AI 정부' 정책은 인프라, 인재, 생태계, 글로벌 협력 등 전방위적 혁신을 목표로 한다. 이 대통령은 "AI로 생산성이 높아지고 노동시간이 줄면 '워라밸'이 가능한 AI 시대가 열릴 것"이라며 "무엇보다 사람의 생명을 담보로 성장하지 않아도 되는 안전 사회를 실현할 수 있다. AI로 금융·건강·식량·재난 리스크를 분석해 국민의 삶을 지키는 'AI 기본사회'를 만들겠다"고 강조했다

장 교수는 학문적 전문성과 정책적 실무를 겸비한 인재라는 평가를 받는다. 이 대통령의 AI 정책 성공에 중추적 역할을 맡을 것으로 기대를 받고 있다.

출 생 1963년생
학 력 서울대 컴퓨터공학 학·석사, 독일 라인 프리드리히 빌헬름 본대 컴퓨터공학 박사
경 력 독일국립정보기술연구소 연구원, 건국대 컴퓨터공학과 교수, 서울대 컴퓨터공학과 교수

코로나 방역 이끈 질병 예방 전문가

정은경
전 질병관리청장

코로나19 팬데믹 대응 모범 국가로 손꼽히는 대한민국. 그 중심에 있는 인물은 당시 사령탑인 정은경 전 질병관리청장이다. 당시 외신들은 그를 영웅으로 묘사했다.

1965년 광주에서 태어난 정 전 청장은 전남여고와 서울대 의과대학을 졸업하고 서울대병원에서 가정의학과 전문의가 됐다. 맘만 먹으면 '꽃길'로 갈 수 있었지만 그는 펠로(전임의) 과정 대신 보건학 석사, 예방의학 박사 학위를 취득하며 공공의료 분야 진로를 선택했다.

1994년 처음 사회생활을 시작한 경기도 양주 보건소에서 전염병 신고 기준을 만들었던 것이 의료계 및 공직사회에 소문이 돌았다. 그래서 1998년 질병관리청의 전신인 국립보건연구원 역학조사담당관(5급)으로 특별채용된다.

정 전 청장은 2006년 보건복지부 본부로 자리를 옮긴다. 다만 당시 그는 연구를 계속하고 싶어 보건연구원에 남겠다는 의지가 강했다. 청와대 고용복지수석을 지낸 노연홍 당시 복지부 보건의료정책본부장이 세 차례 설득한 끝에 겨우 복지부로 데리고 올 수 있었다고 한다.

이후에도 꾸준히 '바이러스'와 싸웠다. 2006년 에이즈 관련 혈액 사고가 빈발하자 복지부 본부에서 혈액장기팀장으로서 혈액 관리체계 개선 임무를 수행했다. 2009년 복지부 질병정책과장 시절에는 신종플루에 대응했다. 2015년 질병관리본부 질병예방센터장으로 메르스 관련 일일 브리핑을 했으나 메르스 사태 책임을 묻는 분위기로 징계(감봉)도 받았다.

2017년 7월 차관급인 질병관리본부장으로 승진했고, 코로나19에 성공적으로 대응했다. 당시 뛰어난 능력과 함께 밤낮 없이 일하면서 '실시간으로' 초췌해지는 모습에 시민들은 지지와 격려를 보냈다. 차로 이동하면서 도시락을 먹고, 머리 감을 시간도 아까워 단발머리를 유지했다는 미담이 전해진다. 국가에 헌신하며 성과를 냈지만 실무자들에게 공을 돌리고 국민의 신뢰 덕분이라고 말하는 겸손함도 보였다.

출 생 1965년, 광주
학 력 전남여고, 서울대 의과대학
경 력 질병관리청장, 분당서울대병원 감염병정책연구위원, 서울대 의과대학 교수

통상·군축·양자관계···외교 올라운더

조현
전 외교부 1차관

조현 전 외교부 1차관은 지방자치단체에서 잔뼈가 굵은 이재명 대통령을 도와 '대통령의 어젠다'인 외교·안보정책과 공약 마련에 핵심적 기여를 한 것으로 평가받는다.

조 전 차관은 통상과 국제기구, 군축 등 여러 분야의 다자외교 경험이 풍부한 정통 외교관 출신이며 1979년에 외무고시 13회로 입부했다. 연세대 정치외교학과에 재학 중이던 조 전 차관에게 외무고시를 권한 사람이 바로 현재 이 대통령의 외교·안보 좌장 격인 위성락 더불어민주당 의원이다. 향후 두 사람은 외시 13회에 나란히 합격해 외교관의 길을 걸었고, 이 대통령 당선에도 힘을 보탰다.

노무현 정부 시기에는 외교통상부 다자통상국 심의관으로 한일 자유무역협정(FTA) 협상에 관여했다. 국제경제국장 시절에는 한·멕시코 FTA 협상 수석대표를 맡기도 했다.

그는 2015년 말부터 약 1년 반 동안 주인도대사로 재직하며 양국 경제협력 확대에 주력했다. 조전 차관은 대사 재임 때 발생한 박근혜 전 대통령 탄핵을 한국 민주주의의 '역동성'을 부각시킬 기회로 활용하는 역발상 외교술을 펼쳤다. 그는 인도 고교 교과서에 한국의 평화적 촛불시위 내용을 포함하는 데 적극적인 역할을 했다.

문재인 정부 출범 이후에는 외교부 1·2차관을 잇달아 역임하며 한국의 양자·다자외교 전반을 지휘한 흔치 않은 경험도 갖췄다. 2차관 때에는 한중 경제공동위원회 수석대표로 중국과 양국 간 각종 현안과 쟁점을 협의했다. 이후 주유엔대사에 임명돼 문재인 정부의 한반도 평화 프로세스의 추동력 유지에 주력했다.

조 전 차관은 국익과 실리, 안정에 기반한 '실용외교'에 무게를 싣는다. 그는 2025년 초 매일경제와의 인터뷰에서 '이미 민주주의와 자유시장경제 등 가치를 같이하는 미국과 굳이 가치를 앞세운 외교를 할 필요가 없다'고 지적했다. 그는 인터뷰를 통해 "미·중 갈등 역시 실용과 국익을 중심에 두고 헤쳐나가야 할 것"이라며 외교를 국내 정치에 가두는 것도 경계해야 한다는 지론을 폈다.

출 생 1957년, 전북 김제
학 력 전주고, 연세대 정치외교학
경 력 외교통상부 다자외교조정관, 외교부 1·2차관, 주유엔대사

李정부 공정경제 · 분배정책의 설계자

주병기
서울대 교수

이재명 대통령이 대선 과정에서 '우클릭' 행보를 보이면서도 분배의 가치를 놓치지 않은 데는 '분배정의 전문가' 주병기 서울대 경제학부 교수가 큰 역할을 했다는 평가가 나온다.

주 교수는 서울대 경제학과에서 학 · 석사, 미국 로체스터대에서 박사 학위를 받고, 미국 캔자스대와 고려대를 거쳐 현재 서울대에 재직 중이다. 2011년 서울대 분배정의연구센터를 설립해 소득 분배와 공정성 연구에 매진하며 '개천용지수' 등 사회적 이동성 지표를 발표해 언론의 주목을 받았다. 미시경제학, 재정학, 정치경제학을 중심으로 분배정의, 소득 불평등, 공정 경제 등을 연구하는 진보적 경제학자로 평가받는다.

주 교수와 더불어민주당의 인연은 2020년 이한주 당시 경기연구원장의 제안에서 시작됐다. 이 원장은 이 대통령의 40년 지기 정책 멘토로, 성남시장 시절부터 함께하며 기본소득 등 핵심 정책을 설계한 인물이다.

주 교수는 "이 원장님이 경제정책과 관련해 도와달라고 요청한 것이 계기가 됐다"고 밝혔다. 이후 2022년 대선에서 이 대통령의 정책자문단 '세상을 바꾸는 정치'에 합류해 경제 2분과 위원장으로 분배정책을 총괄했고, 21대 대선에서는 싱크탱크 '성장과 통합'에서 하준경 한양대 교수와 경제정책분과 공동위원장으로 활동했다. 하 교수는 거시경제와 금융, 무역 · 산업을 담당했고, 주 교수는 공정 경제, 갑을관계 개선, 재벌개혁, 노동시장, 중소기업 정책을 맡았다.

주 교수는 "가정 · 지역 환경에 따라 자기주도 학습시간과 사교육 이용 격차가 크다"며 취약계층 학생을 위한 방과 후 학습 환경 개선의 필요성을 강조했다. 이 대통령에 대해서는 "소년공 출신으로 약자의 고통을 깊이 이해하는 리더"라고 평가한다. 주 교수의 정책 조언은 이 원장과의 인연, 그리고 이 대통령의 분배 · 공정 가치와 긴밀히 맞닿아 있다.

출 생 1968년

학 력 서울대 경제학과, 미국 로체스터대

경 력 미국 캔자스대, 고려대 경제학과 교수, 한국응용경제학회장, 재정개혁특별위원회, 국민경제자문회의, 'Journal of Institutional and Theoretical Economics' 편집장, 서울대 분배정의연구센터 센터장

실물경제에 밝은 李의 경제책사

하준경
한양대 교수

이재명 대통령이 '회복과 성장'을 강조하면서 주목을 받는 이가 있다. 이 대통령의 경제책사라고 불리는 하준경 한양대 ERICA캠퍼스 경제학부 교수다. 2022년 대선에서 학자·관료 등으로 꾸려진 싱크탱크 '세상을 바꾸는 정치'를 이끌었고 2025년 대선에서도 '성장과 통합'의 핵심 인사다. 하 교수는 서울대 경제학과를 졸업하고 미국 브라운대에서 박사 학위를 취득한 '주류' 경제학자다. 강단에 오르기 전에는 한국은행에서 근무했다. 한국은행 금융경제연구원 과장을 지내는 등의 이력으로 실물경제에 밝다는 평가를 받는다. 스스로를 '슘페테리언 성장론을 전공한 케인지언'이라 소개할 정도로 진보·보수 균형감을 갖춘 경제학자로 꼽힌다.

하 교수와 이 대통령은 처음에 성남시민과 성남시장으로서 인연을 맺었다. 하 교수는 경기 성남시에서 거주하며 성남시장이었던 이 대통령이 추진한 무상교복·무상생리대 등 정책을 눈여겨봤다. 이 대통령이 시정 활동으로 괄목할 만한 성과를 거두자 "일 잘하는 사람이구나"라고 느끼게 됐다고 한다.

이 대통령도 그를 오랫동안 눈여겨봤다. 문재인 정부에서 홍남기 당시 부총리 및 기획재정부 장관과 재정건전성 및 국가채무를 놓고 설전을 벌였을 당시 이 대통령은 하 교수의 언론 칼럼을 근거 자료로 인용하며 홍 부총리를 조목조목 비판했다.

2021년 초 이 대통령이 "직접 만나보고 싶다"며 먼저 연락했고, 이후 하 교수가 경제 분야에서 조언을 시작했다. 2022년 대선에서는 전환적 공정성장위원장을 맡아 경제학자 중에선 유일하게 선거대책위원회 공식 직함을 받았다.

이 대통령이 내세운 전환적 공정성장의 이론적 토대를 마련한 인물이 하 교수다. 그는 문재인 정부의 소득주도성장을 비판하며 새로운 담론을 제시했다. 2022년 하 교수는 매일경제와의 인터뷰에서 "전환적 공정성장은 주류 경제학 최신 이론을 참고해서 한국 현실에 맞게 구성한 것"이라며 "수요보다 중요한 것은 성장 잠재력으로, 전환·공정·성장 3개가 유기적으로 연결돼 있다"고 말했다.

출 생   1969년
학 력   서울 중앙고, 서울대 경제학과
경 력   한국은행 금융경제연구원 과장, 한국금융연구원 연구위원, 한양대 교수

2회 연속 싱크탱크 수장 맡은 학자

허민
전남대 교수

허민 전남대 지구환경과학부 교수는 이재명 대통령의 대선 싱크탱크 역할을 한 '성장과 통합'에서 유종일 전 한국개발연구원(KDI) 국제정책대학원장과 함께 상임 공동대표를 맡았다.

'성장과 통합'은 관료와 교수 등 전문가 중심으로 꾸려진 정책 조직으로 진보와 보수를 아우르는 통합적 시각, 실용적 정책 개발을 목표로 했다. 이곳에서 허 교수는 34개 분과의 정책을 총괄하며 일자리, 통상·외교, 기후 위기 대응, 지역정책 등 다양한 분야의 실질적 정책 개발을 이끌었다. 2022년 20대 대선에서도 이 대통령의 정책 자문 그룹인 세상을 바꾸는 정책에서 공동대표를 맡은 인연이 있다.

허 교수는 고생물학자다. 공룡화석 발굴의 권위자이자 기후변화와 신재생에너지 분야의 전문가로 알려져 있다. 100여 편의 국내외 논문 발표, 대중도서 집필, 미디어 강연과 자문, 한국공룡연구센터 등 고생물의 학술연구와 대중화에 진력해왔다. 1996년 전남 해남에서 한국 지질학계 최초로 공룡화석을 발굴하고, 이를 계기로 각종 다큐멘터리와 영화 제작을 도우면서 자라나는 세대들이 과학에 쉽게 접근하고 친근해질 수 있도록 만들었다. 허 교수는 전남대 자연과학대학장·대외협력부처장·부총장, 대한지질학회 회장 등을 두루 역임했다.

사회 현안에도 적극 참여해왔다. 2024년 11월에는 전남대 교수들의 윤석열 정부 규탄 시국선언을 주도했다. 시국선언에 참여한 교수들은 윤석열 정부의 한미동맹 강화·대일 외교 정책을 "굴욕적"이라고 표현하며 "우크라이나 무기 지원 가능성 발언은 국가의 주권을 내팽개치고 한반도를 전쟁의 도가니로 내몰고 있다"고 주장했다.

호남에 힘을 실어줘야 한다는 입장도 보였다. 그는 2025년 대선 기간 언론과의 인터뷰에서 "호남 지역에서 40년을 살아온 만큼 누구보다 지역의 아픔을 잘 알고 있다"면서 "호남은 민주당에 기대를 제일 많이 하며 힘을 실어준 곳인 만큼, 지역의 요구가 대선 정책에 반영되도록 힘쓰겠다"고 말했다.

출 생 1961년, 전남 순천
학 력 순천고, 전남대 지질학과, 서울대 지질학 석사, 고려대 지질학 박사
경 력 전남대 지구환경과학부 교수·부총장, 대한지질학회 회장, 한국고생물학회 회장

3사 출신 4성장군…국방안보 전문가

황인권
전 육군 제2작전사령관

육군3사관학교 출신으로 4성 장군까지 오른 입지전적 군인 출신이며, 군의 정치 중립과 문민통제, 한미 동맹 및 국방 운영 효율화를 강조하는 군사 전문가다.

군 재직 시절 '독한 병영(讀한 병영)' 캠페인을 펼친 것으로 잘 알려진 '책 읽는 군인'이었다. 황인권 전 사령관은 각급 부대에서 지휘관을 역임하며 장병들의 독서를 적극적으로 권장하고 병영문화로 정착시키기 위해 노력했다. 육군 제2작전사령관 시절에는 전 장병 열외 없이 오후 1시부터 20분간 독서하는 시간을 갖게 했고, 전역장병들에게도 직접 책을 선물한 바 있다.

그는 전남 보성군 출신으로 광주석산고와 호남대 법률실무학과를 거쳐 군인의 길을 택했다. 황 전 사령관은 육군3사관학교 20기로 임관해 51보병사단장과 8군단장 등 주요 야전 지휘관을 거쳤다. 문재인 정부 시기 남북 화해·협력 드라이브의 출발점이었던 평창동계올림픽 기간에 경비·경호와 선수촌 지원 임무를 성공적으로 해냈다. 대구·경북지역 코로나19 발생 당시에는 방역작전과 지자체·범정부 지원 활동을 통해 방역 통제에 크게 이바지했다는 평가도 받았다.

전역 이후 3사 석좌교수와 모교인 호남대 초빙교수로 활동했다. 이후 20대 대선에서 이재명 캠프 '스마트강군위원회'에 합류하며 정치인의 길을 걷기 시작했다. 대선 이후인 2023년 5월에는 더불어민주당 국방안보특별위원회 공동위원장을 맡았다. 21대 대선에서는 이재명 후보 선거대책위원회에서 '편사니즘위원회(평화/안전한 사회)' 산하 국방안보위원장으로 임명돼 국방안보 분야 정책 전반을 이끌었다.

그는 예비역 장성으로는 드물게 광주 5·18 민주묘역과 제주 4·3 평화공원을 참배하고 국민을 지키는 군의 사명을 강조해 눈길을 끌었다. 그는 5·18 민주묘역에서는 "계엄군의 발포로 희생된 민주 영령들과 희생자, 유가족 그리고 광주 시민들에게 대한민국 예비역 장성단의 일원으로서 진심 어린 사죄를 드린다"며 사과하기도 했다.

출 생   1963년, 전남 보성
학 력   광주석산고, 호남대 법률실무학과, 육군3사관학교 20기
경 력   51보병사단장, 8군단장, 2작전사령관

이재명 시대 파워엘리트

초판 1쇄 2025년 6월 5일

지은이 매일경제신문 정치부
펴낸이 허연
펴낸곳 매경출판㈜
등록 2003년 4월 24일(No. 2-3759)
주소 (04557) 서울시 중구 충무로 2(필동1가) 매일경제 별관 2층 매경출판㈜
편집문의 02)2000-2270
인쇄·제본 ㈜M-print 031)8071-0961

ISBN 979-11-6484-783-9 (03340)

값 20,000원